U0602113

张万强　著

爱利万民

墨家政治哲学探源

东方出版中心

图书在版编目（CIP）数据

爱利万民：墨家政治哲学探源 / 张万强著. －上海：
东方出版中心, 2023.4

ISBN 978-7-5473-2169-0

Ⅰ.①爱… Ⅱ.①张… Ⅲ.①墨家－政治哲学－哲学
思想－研究 Ⅳ.①B224.5

中国国家版本馆CIP数据核字（2023）第046930号

爱利万民——墨家政治哲学探源

著　　者　张万强
责任编辑　陈明晓
封面设计　钟　颖

出版发行　东方出版中心有限公司
地　　址　上海市仙霞路345号
邮政编码　200336
电　　话　021-62417400
印　刷　者　上海万卷印刷股份有限公司

开　　本　890mm×1240mm 1/32
印　　张　9.25
字　　数　226千字
版　　次　2023年6月第1版
印　　次　2023年6月第1次印刷
定　　价　68.00元

版权所有　侵权必究
如图书有印装质量问题，请寄回本社出版部调换或拨打021-62597596联系。

故唯毋明乎顺天之意，奉而光施之天下，则刑政治，万民和，国家富，财用足，百姓皆得暖衣饱食，便宁无忧。

——《墨子·天志中》

子墨子游，魏越曰："既得见四方之君，子则将先语？"子墨子曰："凡入国，必择务而从事焉。国家昏乱，则语之尚贤尚同；国家贫，则语之节用节葬；国家熹音湛湎，则语之非乐非命；国家淫僻无礼，则语之尊天事鬼；国家务夺侵凌，即语之兼爱非攻。故曰：择务而从事焉。"

——《墨子·鲁问》

序

　　墨学在先秦时期被称为"显学"。《韩非子·显学》载："世之显学，儒、墨也。儒之所至，孔丘也。墨之所至，墨翟也。"墨翟又被尊称为墨子，是墨家和墨学的创立者。《淮南子·要略》说墨子"学儒者之业，受孔子之术"，但因发现儒家所提倡的周代礼乐丧葬等做法"其礼烦扰而不悦，厚葬靡财而贫民，（久）服伤身而害事"，故而"背周道而用夏政"。这一记载既交代了墨学与儒学之间的思想史渊源，也坦诚了墨学与儒学之间的巨大差异。概略地说，儒学在古代多被尊称为"圣王之道"（《荀子·王霸》）或"君子之学"（《荀子·劝学》），而墨学多被称之为"役夫之道"（《荀子·王霸》）或"贱人之所为"（《墨子·贵义》）。这表明，墨家和儒家虽然所思考的问题基本相同，但他们所提出来解决问题的方式和路径却很不一样，因为他们所代表的阶级立场、所主张的社会伦理等诸多方面，都存在着差异。

　　面对当时社会"诸侯混战""礼崩乐坏""名实相怨"的大变局，如何才能实现社会治理和国泰民安呢？墨家为了维护天下和平和民众的利益，提出了"兼爱""非攻""尚贤""尚同""非命""非乐""节用""节葬""天志""明鬼"等十大基本主张。一般地讲，这十大主张构成了墨家的政治理想或者说墨家政治哲学的主体内容。其中，强调"爱人若爱其身"的"兼爱"观，因其强烈的人道主义精神和人文价值理念，在这十大思想主张中最为核心。这也就是说，"兼爱"应当是墨家政治思想中的一个核心观念。而这一点，也已为晚清以来的许多治墨学者所充分指出。尽管如此，关于墨家政治思想的核心主张究竟应当如何界说和把握，学界仍存在一些不同意见。当然，这些意见也表明了，对墨家政治思想的哲学诠释，仍有进一步辨析与探究的空间。

张万强《爱利万民——墨家政治哲学探源》一书，试图举先秦时期堪为主流的"民本"理念，从政治哲学角度考察和叙说墨家的治道理想和为政主张。在他看来，墨学中的"民本"理念主要表达为一种以民为本、爱利民生、兴万民之利的治道原则与一系列施政举措，而墨家所倡导的"兼爱""尚贤""尚同""天志""明鬼""贵义""节葬"等具体主张，也都可以被贯通于"爱民""利民"这一价值立场之下。此外，该书还简要叙说了一些作者自己对政治哲学的理解，梳理了墨学在中国政治思想史上的大致流变，阐发了一些关于儒、墨政治思想的歧异与会通等方面的想法。他的这些工作，有助于廓清近代以来墨家政治哲学研究中存在的不同甚至相悖的诠释路径之利弊，也有助于拓展和丰富当代墨家政治哲学研究的主题和内容。

张万强的这部著作也是他在博士阶段跟我学习墨学后，坚持多年读书治学的一个结果性呈现。据我所知，张万强本科就是学习哲学专业的，从那时起就一直对中国古代的政治哲学问题很有兴趣，期间虽做过一些别的工作，但还是有志于读书和问学。2012 年，他考入中国人民大学，在我指导下学习墨学和中国逻辑史。经过 4 年的认真学习后，他选择以《墨家辩学"同异生是非"论研究》为论题，完成了博士论文，并顺利取得博士学位。毕业后，他选择到西安的高校求职、工作，坚持继续学习和研读《墨子》，主动参与墨学界的学术活动，先后斩获教育部人文社科青年基金项目、国家社科基金后期资助项目等，在墨学研究领域取得了一些成绩。

学问之事，立于德，立于浩然正气，不畏打压，在困惑中成。我相信，本书也只是张万强在学术事业上通过辛勤耕耘而掀起的一个"涟漪"。我也希望，他能以本书为开端，再接再厉，进一步拓展学术视野，把握学术前沿，走向更加广阔的墨学研究和学术研究之路，取得更大的研究成果。

杨武金

2023 年 3 月 25 日

于北京世纪城寓所

目　录

导　论　政治哲学视域中的墨家学说

　　政治哲学无疑是当下中国哲学研究中的一门"显学"。一方面，学界对约翰·罗尔斯（John Bordley Rawls）、列奥·施特劳斯（Leo Strauss）等西方政治哲学家的论著、观点和思想理路的译介与研究，为我们了解政治哲学的根源与问题、论域与方法，提供了学科范式意义上的借鉴；另一方面，以"政治哲学"的学科范式来重新审度过往的中、西、马哲学史研究，并尝试写出通史意义上的《中国政治哲学史》《西方政治哲学史》和《马克思主义政治哲学史》等论著，业已成为当代研究哲学史的一个可供选择的进路。[①] 在研究中国政治哲学史时，先秦政治哲学尤其具有特殊意义。这是因为，先秦哲学既是奠定中国古代哲学思维方式的"轴心期"突破，也对其后中国哲学的发展具有基源性意义，是我们用以比较中西政治哲学进而构建当代政治哲学视域、主题与方法的重要思想资源。因此，对先秦儒、道、墨、名、法诸家的政治哲学思想加以"古今""中西"两个维度上的研究（这里所说的"古今"维度指的是学科范式建构上的古今差异，我们究竟是用传统的子学、经学等门类，还是

[①] 这方面的一个尝试就是由中国人民大学出版社出版的"政治哲学史"丛书（总主编：张志伟、韩东辉、干春松），全套丛书由《西方政治哲学史》三卷、《中国政治哲学史》三卷和《马克思主义政治哲学史》一卷构成。

用当代的哲学、史学等学科来论述先秦政治思想。而"中西"维度指的是探究先秦政治哲学史的研究方法，我们能否脱离当代的西方政治哲学视野来展开对先秦政治哲学史的论述，或者说我们从事先秦政治哲学史研究是否需要以对西方政治哲学史的理解作为思想前提），对我们把握先秦乃至中国古代的政治哲学主题，进而阐发其对构建当代中国政治哲学的价值，无疑是非常值得关注的一个领域。

在对先秦诸子的政治哲学研究中，墨家与墨学是绕不开的一个主题。但受限于文献资料和研究方法等多种因素，学界在诠解和把握墨家政治哲学时，存在着褒扬与贬低的两极化看法。在褒扬者看来，墨家的政治与伦理、科技和逻辑等思想，是中华传统文化中能够与西学相媲美、相衔接的代表性学说体系，并能为当代和谐社会的伦理价值建构及科技理性弘扬提供某些思想资源；但在贬低者看来，墨家的整个哲学思想是浅薄乃至充满矛盾的。比如，墨家主张的以爱无差等为特质的"兼爱"观念，就对仁爱、亲亲、孝悌等人伦观念造成了严峻的思想挑战，而墨家所推崇的"尚同"等主张，则代表着一种对君主专制的极权主义的辩护或张目，是一种较坏的、必须在价值上予以彻底否定和批评的政制设想。从这些意见不难看出，现有的墨家政治哲学研究成果业已形成诸多思想张力。以下，笔者打算简略梳理一些前贤对墨家政治哲学的说法。

对墨家政治思想的讨论，首先可追溯到先秦诸子对墨家思想的批判与辩驳。无论是儒家的孟、荀，道家的庄子，还是法家的韩非，以及《吕氏春秋》《战国策》等文献，皆对墨家思想中的"兼爱""节用""非乐"等政治主张有所评论，同时也对墨家自苦以"利天下"的牺牲精神有所肯定。迨至汉代，墨家学说仍对当时的政治思想论说产生一定影响。比如，司马谈《论六家要旨》肯定了墨学"强本节用"的政治价值；《淮南子》虽以黄老道家立场批判墨家，但对墨家的政治思想并非全盘否定；刘向整理《墨子》并著《墨子别录》（今已失传）；王充亦在《论衡》中批判了墨家的"明鬼"主张。自汉代到明清时期，墨学在整体上处于一种衰绝不彰的状态，几成绝学。尽管如此，仍有西晋时期的鲁胜对《墨子》书中的《经上》《经下》《经说上》《经说下》等四篇（即狭义《墨经》），采用"引《说》就《经》，各附其章"①的注疏方法，诠解而作《墨辩注》一书，但其书今已不存，仅在《晋史·隐逸传》中存有叙言部分。据传，唐人乐台为《墨子》作注三卷，今亦散佚；韩愈则著有《读墨子》一文，并着力提倡一种儒、墨必相用的主张。宋明儒者则大多接续了孟子对墨家思想的批评，并极为注意儒、墨之间的区别。与此同时，明代还出现了一些《墨子》刻本及其批注，如唐尧臣刻本、江藩刻本以及茅坤、李贽的批校等②，明正统十年刻、万历二十六年印的道藏本《墨子》，为后人接续研究《墨子》与墨学提供了最基础的文献基础。清至民国时期，墨学研究有所复兴，无论是在文本的整理疏解方面，还是在义理阐发方面，都取得了诸多成就。傅山、毕沅、王念孙、王引之、孙诒让、曹耀湘、吴毓江等，在整理和校诂《墨子》文本的基础上，阐发了墨学中的一些重要主张。而梁启超则大开援引西学以诠解墨学的研究风尚，并专门介绍了所谓的墨家政术。王桐龄、伍非百、方授楚等或比较儒墨异同，或详究墨家思想大义，或通论墨学发展简史，对包括政治思想在内的墨家学说进行了多角度的阐发。胡适、冯友兰、张岱年、钱穆、郭沫若等则在其哲学史、思想史著作中，对墨学中的政治思想也有所论述。③

---

① 《〈墨辩注〉原叙》，载王讚源主编：《墨经正读》，上海：上海科学技术文献出版社，2011 年版，第 210 页。

② 明清时期的《墨子》刻本与批校，可参见任继愈先生主编的《墨子大全》丛书。

③ 对此一主题的详细讨论，请参见本书第二章；亦可参见盖立涛：《墨家仁义政治哲学研究》，中国人民大学博士学位论文，2017 年，第 7—12 页。

若单从近代以来直接以墨家政治哲学为主题的研究说起，首先值得重视的是陈顾远的《墨子政治哲学》一书。陈顾远讨论了墨家学说中的"兼爱""天志""尚同"等几个重要政治主张的内容与缘由。比如，墨家之所以提出"兼爱"，主要是为了消解诸侯国之间的攻伐战争，而"尚同"的提出，则有助于防范以下犯上的政治僭越，"天志"的提出则是为了更好地推行"兼爱"的政治理念。陈顾远还认为，以兼爱主义为核心的价值理想才是墨家政治哲学的真正主题，墨家的其余主张，皆是围绕"兼爱"而来的理论延伸和加强。除此之外，在笔者搜集到的资料范围内，当代学界直接以墨子的政治哲学为主题的论著还主要有：北京师范大学董志铁的《墨子的政治哲学思想及其现代启示》[①]一文，主张以"兼爱"作为墨家政治哲学的核心，以"天志""明鬼"为精神约束，并以"兼爱""非攻"为处事手段；中国墨子学会副会长、中国人民大学杨武金的《墨家的政治哲学》[②]一文亦主张墨家政治哲学的核心要义在于其"兼爱"理念，而"兼相爱，交相利"则是墨家所期许的理想社会的主要特征，"尚贤""尚同"等又是实现这一理想社会的一些手段；云林科技大学吴进安的《墨子政治哲学的政道与治术》[③]一文，则以"天志"为墨子德治主义的政治哲学的价值根源，并分析"尚贤"为墨家的用人之道，"尚同"为实现理想政治的重要途径；黑龙江大学魏义霞的《论墨子"以尚贤使能为政"的政治哲学》[④]一文，则将"以尚贤使能为政"作为墨家政治哲学的核心命题，并将"尚贤使能"视作墨家所主张的为政之本，认为"尚贤"乃是与"天志""尚同""贵义"等主要的墨家主张内在一致的；嘉应学院林振武的《亚

---

①　该文载于《职大学报》，2012 年第 6 期。

②　该文载于《职大学报》，2015 年第 2 期。该文的主旨内容还可见于梁涛教授主编的《中国政治哲学史》。

③　该文载于《哲学与文化》，1999 年第 11 期（总第 306 期）。

④　该文载于《齐鲁学刊》，2010 年第 1 期。

里士多德与墨子政治哲学比较研究》①一文，则从中西政治哲学理论的比较研究视域出发，主张权力的本质在于服务，并将"天志"看作关于权力的合法性源头的墨家政治哲学探索；陕西师范大学宋宽锋的《"正义"与"仁慈"的混淆和"兼爱共同体"的建构——墨子政治哲学新探》②一文，则以"兼爱"为墨子政治哲学的核心理念，并分析了兼爱与功利主义之间的区别，认为墨家政治哲学在根本上混淆了道德与政治问题；盖立涛的博士学位论文《墨家仁义政治哲学研究》③，则别开生面地以仁义作为墨家政治哲学的核心观念，并将"天志"解释为仁义的根据和价值保障，将"尚贤"与"尚同"解释为墨家仁义政治哲学的具体展开，将"节用""节葬""非乐""非攻"等解读为墨家仁义政治哲学的具体落实。另外，《哲学动态》在2022年第3期还刊发了一组墨家哲学专栏，主要从政治哲学和伦理学角度讨论了墨家的"尚同"思想及人性论等问题。如武汉大学吴根友和丁铭就以"共同善"理论为视角，将墨家"尚同"思想解读为一种"强调天下人共享'同义'的'整体性的共同善'"，并具有"上同于天"和"下同于民"的双重维度，故而其就不能被简单理解成一种所谓的"专制主义"。④又如上海交通大学武云则直接以"墨家主张专制吗"为题，将"尚同"思想解读为一种以推行"不可亏害人"的"公义"为内核的政治权威手段，并强调"公义"不仅只是对民众形成一种强制性约束，亦要对以天子为首的统治阶层的权力形成一种强制性约束，这就表明墨家所赞同的政制不是专制主义的，而是一种"具有正当性的社会良序"。⑤多伦多大

---

① 该文载于《齐鲁学刊》，2003年第5期。
② 该文载于宋宽锋：《先秦政治哲学史论》第七章，北京：中国社会科学出版社，2019年版。
③ 该文系中国人民大学2017年博士学位论文。
④ 吴根友、丁铭：《"共同善"视角下墨子"尚同"思想新解》，《哲学动态》，2022年第3期。
⑤ 武云：《墨家主张专制吗》，《哲学动态》，2022年第3期。

学哲学系的方可涛（Chris Fraser）则认为，墨子第一个提出了后果主义伦理学，也是最早从自然状态来解释政府起源和论述正义战争理论的政治思想家；墨家的政治理论主要包括政府起源说、"尚同"与"尚贤"论等内容。① 总之，这些直接以墨子或墨家的政治思想、政治哲学为主题的研究，都试图去构建一种体系化的墨家政治哲学，并尝试对"兼爱""尚贤""尚同""非攻""天志""明鬼""贵义"等墨学重要主张，给出某种整体性说明。

但广义上的墨家政治哲学研究，并不只局限于上述这些直接以墨子（墨家）政治哲学为研究标题的论著。从笔者搜集到的研究文献来看，墨家政治哲学的研究主要集中在如下几个主题。一是对墨家政治哲学体系中的核心观念的探究。因墨家明确提出了"兼爱""尚贤""尚同""天志"等多个具体的政治主张，因此，在建构和把握墨家政治哲学的理论体系时，究竟择取何者作为核心论题，就成为墨学研究者关心的重要话题之一。就笔者所见，有不少研究者都主张将"兼爱"作为墨家政治哲学的核心观念，"天志""尚同"等其他主张都是围绕"兼爱"而提出的，故而"兼爱"才是墨家政治哲学中最有价值和最为根本的部分。此外，亦有不少研究者坚持将"天志"诠解成墨家政治哲学的逻辑起点和核心观念。还有一些研究者指出说，"尚贤"也是墨家政治哲学的一个主导观念。有的研究者则将"尚同"视作墨家政治哲学的根基。还有研究者强调墨家政治哲学主张的是"尚贤"与"尚同"的统一。同时，因墨家最为推崇"义"，因此，有不少研究者将"义"解读为墨家政治哲学的一个核心范畴。二是对墨家政治哲学的基本性质及其代表的阶层利益的探究。当前的主流观点倾向于将墨家解读为手工业者、小生产者、底层劳动者的利益代表，故而，墨学的基本性质也就可以

---

① 参见 Chris Fraser, *The Philosophy of the Mòzǐ: The First Consequentialists*, New York: Columbia University Press, 2016。

被总结为一种底层劳动人民政治需求的理论化表达。与之针锋相对的观点则认定，墨家学说本质上是为统治阶层的利益而服务的，是符合统治阶层之政治利益的一种思想申述。亦有不少论者认为，墨家的"尚同"思想带有一种专制与权威主义色彩，并倡导告密等不良风气，至于墨家所说的"尚贤"，则可能会使贤能之士转变为专制统治的羽翼。三是对墨家政治哲学中的相关主题的比较研究。这又主要体现在儒墨两家政治哲学的比较研究，及墨学与某些西方政治哲学理论的比较研究等方面。从儒墨两家政治哲学的比较研究来说，仁爱与兼爱的同异，天与君、天与民以及君与民之间的关系等话题，都受到了较为充分的关注与讨论。如王桐龄先生就曾在详细比较儒墨政治思想的异同之后说：儒家认为国家起源于家族，墨家则认为起源于人民之同意；墨家持君权至上论，儒家则认为君只有相对尊严；但儒墨两家皆试图以天来限制君权。就墨家政治思想与西方政治哲学理论之间的比较研究来说，最引人瞩目的则是对"尚同"之说与霍布斯、洛克等人的国家起源说、君权神圣和君权限制论之间的多元比较阐释。比如，梁启超、胡适、冯友兰等先生多以"民约说"来释读墨家的"尚同"说，蒋维乔、吕振羽等先生则更进一步将其发展为一种"民主"论；与之相反，郭沫若、陈柱、陈拱等先生则认为"尚同"是完完全全的专制论；而侯外庐先生则试图统合对"尚同"的民主论与专制论释读，认为"尚同"思想兼备此两方面。上述这些对墨家政治哲学的多元乃至相互抵牾的见解，或许也可在某种程度上显示出把握和诠释墨家政治哲学的多重维度。

综合上述讨论，笔者以为，对墨家政治哲学的核心观念究竟为何还可以进行更进一步的讨论。墨家所提出的"兼爱""尚同""尚贤""天志"等政治主张，彼此之间是否可能存在某些不一致之处，又能否得到某种融贯的整体解释呢？进言之，墨家在分析现实政治秩序之所以崩坏的缘由等基础之上，提出"十事"等主张以建构理想治道，究竟又本于何种立场？其与礼乐制度和"尊天、敬德、保民"的政治思想传统之间又是何种关系？具体来说，墨家"尚同"论是否能被解读为民约、民主或专制主义？墨家所说的"义"与"利"，究竟指向于谁的利益？墨家所提出的"天志""明鬼"等主张，究竟是一种主张天鬼崇拜的宗教思想，还是一种建构君权约束力量的政治思想？如果说墨家要维护的是某种"民本"观念的话，那其与儒家所倡导的"民本"主张及民主制度又有何种区别？[①] 以笔者浅见，辨明这些问题对于准确诠释和深化墨家政治哲学思想研究，也不无裨益。

有鉴于此，笔者试图从价值理想的角度来阐发对墨家政治哲学的一些浅见。但需要说明的是，笔者在此无意也无力去讨论与墨家政治哲学研究相关的上述所有论题，而只是尝试以先秦时期流行的"民本"价值观念为主题，考察墨家的道义规范与治道主张。由此，笔者打算从政治哲学的规范性角度来申述墨家政治思想，同时，这也是笔者关注墨家是否有"民本"观念，又如何表述"民本"观念等问题的缘由所在。在笔者看来，无论是墨家对"兼爱"共同体的理想期许，还是以"尚同""尚贤""天志""明鬼"等具体治道主张来保障此一共同体之建立与维系的尝试，都始终贯穿着某种爱利民生、以民为本的价值底线。具体来说，笔者拟以"民本"理念为纲领，来贯通墨家所提倡的"兼爱""尚贤""尚同""天志""明鬼"等具体政治主张，廓清当前墨家政治哲学研究中存在的不同乃至相悖的诠释路径之优缺，以期丰富墨家政治哲学的研究主题。故

---

① 就笔者所见，有的论者已对墨家的"民本"观念有所阐述。如杨建兵就将墨家的"爱民谨忠""利民谨厚"的思想看作一种民本主义思想，并认为其可与当代的"利为民所谋，情为民所系，权为民所用"的政治价值观相互衔接（参见杨建兵：《先秦平民阶层的道德理想——墨家伦理研究》，北京：中国社会科学出版社，2012年版，第5页）。又如盖立涛所指出的，墨家继承了三代以来的"民本"政治思想，主张重民、爱民和惠民（参见盖立涛：《墨家仁义政治哲学研究》，中国人民大学博士学位论文，2017年，第201页）。

而，从研究对象说，笔者打算从政治哲学强调的规范性视角入手，以"天—君—士—民"之间的权力渊源关系及其各自的权力、义务为基本分析框架，以墨家推崇和倡导的"义""利"合一的价值观念为道义标准，对墨家政治哲学的结构体系加以研判。从研究目标说，笔者打算探讨的是"民本"能否作为墨家政治哲学的核心，能否作为贯通"兼爱""尚同""尚贤""天志""节用""明鬼"等具体治道主张的基础观念。笔者以为，墨家的"民本"理念还涉及君、士、民之间的权力渊源关系，因而也就可以从"兴天下之利"与"兴万民之利"的义利合一角度，来分析墨家对君主权力的合法性渊源及其限制方式的构想。

在具体内容上，笔者拟首先交代对政治哲学的一些简单理解（第一章），以及对墨学特别是关涉到墨家政治思想研究的发展简史（第二章）。此两部分的研究，看似与本书的主题相距较远，但考虑到过往墨学研究中出现的以墨学比附西学（无论是对墨家逻辑思想的研究还是对墨家政治哲学的研究）之现象，笔者拟通过回顾墨学研究的历史与价值，努力去说明墨家政治哲学研究可能存在的复杂性，从而去厘清理解墨家政治哲学与"民本"观念的思想史基础。从对政治哲学的粗浅认识来说，笔者以为，政治哲学是对政治的一种规范性理解，侧重对政治活动之道义合法性的说明。从墨学发展简史来说，墨学经历了先秦时代的显学阶段，再到汉代以后的衰绝阶段，进而到近代以来受西学影响而形成的重光阶段。笔者对墨学发展简史的梳理，意在说明墨学在中国政治思想史上的真实地位。事实上，若按李泽厚在《墨家初探本》中的说法，源自墨家的"贵义"、"尚贤"、崇尚谈辩、扶助弱小等精神风范，实则构成了中国古代基层社会中的一种"文化心理"基质，并在以小生产者为主体的普通民众的思想观念中也多有呈现。比如，"替天行道"和崇义重义等观念，就成了传统基层民众对自身政治文化主张与利益诉求的一种另类表达。通过对政治哲学的简要说明，有助于我们对"民本"何以能作为评判墨家政治哲学价值的基源观念的理论把握；而通过对墨学发展简史的梳理，又有助于我们深化对墨学在中国政治思想史上的地位的认识，并从中国传统政治哲学最为推崇的"民本"观念来形成对墨家政治哲学的新释读。

第三章主要讨论的是墨家以"贵义"和"利民"为本的"民本"观念。周桂钿提出，"民本"是中国政治哲学史的一个中心，而以民为本是中华文化政治智慧最核心与最精华的部分。[①] 如果他的这一判断大体可以成立的话，那么以"民本"观念来释读墨家政治哲学的理论特质，无疑是一种积极而有意义的尝试。笔者以为，墨学立足于"务为治也"的思想关切，回应了周秦之际"礼崩乐坏"的社会治理现实，并从重天下万民之利的"义"的角度形成了"兼爱""尚同""尚贤"等诸多治道主张。这些治道主张既包括"节葬""节用""非乐""非攻"等具体的施政措施，也包括"兼爱""尚同""尚贤"等重要的治道原则论（第四章），以及"天志""明鬼"等君权约束构想（第五章）。事实上，墨家的治道原则论和君权约束说主要讨论了君权来源的合法性及其约束机制的构建等问题。就君权来源而言，笔者拟首先归纳《墨子》中关于上古圣王理想的相关描述，论述圣王之治（包括圣王的选贤任能和君权禅让制）中权力运行的典范模式；其次，笔者还将分析"尚同"论中国家政权及其君主、各级官长的选立依据及方式，辨明"天志"所暗含的以"义"沟通"天""民"的"天民合一"思想，而正是这一思想构成了墨家政治哲学所要求的最高权力来源；最后，笔者打算论述君主选"士"治国何以必须坚持"尚贤"标准，"士"与"君"之间是否存在政治依附关系，"士"该如何行使权力并对"君"承担怎样的道德义务。就君权约束说而言，笔者还拟对君、士权力约束方式的构建及其不

---

① 周桂钿：《领导干部应从中华文化中汲取哪些政治智慧》，《党建》，2014年第3期。

足做出说明。首先，辨明"君""士"当效法古之圣王为崇"义"守法的模范，以强烈的自苦牺牲精神进行自我约束（如墨团中的巨子），实质是以自身道德素养约束权力滥用的可能（此一部分的讨论主要以"节用"主张为代表）。其次，通过构建"天""鬼"的意志性存在，说明"天""鬼"是一种能坚持公义标准并拥有超人的"赏善罚恶"的权力监督力量，从而实现对君主权力的外在约束（此一部分的讨论主要以"天志""明鬼"为中心）。最后，分析这一权力约束方式蔽于"天""鬼"而未注意到"民"的重要性，从而导致墨家政治哲学中关于权力监督的虚化之弊。

最后，笔者还拟从儒墨会通等角度来简要讨论墨家政治哲学的当代价值（第六章）。笔者首先以《墨子》中有关"非儒"的议论为基础，从"民本"观念的角度辩察儒墨两家政治哲学的同异。笔者以为，"仁义"与"义利"是儒、墨两家分别设定的判定政治秩序是否合理的道义评判标准。儒家强调"仁义"的内在性，而墨家强调"义利"的外在性；儒家立足于亲亲尊尊的"仁爱"秩序来展开其治道主张，而墨家则强调以周遍与相若之爱的"兼爱"秩序来展开爱民、利民的政治哲学。

总之，笔者以为，以"民本"观念为出发点来重思墨家政治哲学，有利于我们跳出墨家"十事"的具体主张来理解和把握墨学的基本精神。此一诠解理路可能还有助于学界深化对墨学思想发展史及其当代价值的认识，也有助于学界丰富对先秦乃至中国传统"民本"观念的认知和理解。但笔者必须要说明的是，从"民本"观念来把握墨家政治哲学，只是笔者理解墨家政治哲学的一些粗浅尝试，也不一定具有较为充分的说服力和解释力。但笔者还是希望可以为更深入理解墨家政治哲学的理论体系，阐发墨家政治思想的当代价值，实现墨学的创造性转化与创新性发展，略做一些新的微不足道的努力，从而使得墨学这一中华文化与思想史上的瑰宝，能融入中华优秀传统文化的主流而得以实现现代转化与发展，并为当代中国社会的文化自信与核心价值建构提供有益的传统文化资源。当然，受限于笔者能力与学识的不足，本书所述多挂一漏万，还有不少需要深入研究乃至更正之处。对此，笔者也十分期待治墨学与先秦政治哲学的师长能慷慨指出，以改进和深化墨家政治哲学的当代研究。

第一章 "政治"与"政治哲学"略说

　　本书的主题是讨论墨家的政治哲学体系。这一主题预设了如下判断，即中国先秦时期的墨家学派讨论了某些我们今天视作政治问题的话题，而墨家对政治问题的这些讨论，又可以从政治哲学的视域来加以辨析和把握。这也就意味着，在笔者正式讨论墨家政治哲学体系之前，有必要首先对自己所学习到的"政治""政治哲学"与"中国古代政治哲学"等相关概念做一个最为粗浅的交代。当然，由于本书的主题并非专究和澄明政治科学、政治哲学、政治思想史等学科的专业知识论域及范式，因而，笔者只打算在考察和阅读以往的一些政治哲学经典著作，以及被冠名为"政治思想史""政治哲学""政治学"等常识性意见的基础上，提出一些自己关于"政治学""政治哲学"方面的浅见，以作为讨论的框架基础。如若读者觉得笔者对"政治"和"政治哲学"的讨论过于肤浅，或过于粗疏，亦可对之给以充足的批评，以期学界对此类概念所蕴含之意义有更进一步的澄清。以下，笔者打算先从对"政治"的一点浅见说起，再谈一些对"政治哲学"与"中国古代政治哲学"的粗浅体认，以作为此后几章进一步讨论的基础。

第一节 "政治"含义略说

"政治"是一个我们极其熟知的词。但熟知并不等于真知，若我们谈及"政治"究竟指代何种活动、何种性质或者何种关系，似乎一时之间也难有定论。但对本书的讨论来说，对"政治"这一概念的大致说明，并在此基础上交代清楚"政治哲学"所要讨论的主要问题域及学科定位，无疑有着厘清思想地基的特殊作用。尽管如此，笔者需要预先说明的是，无论是对"政治"还是对"政治哲学"，这里都无法给出一种本质意义上的定义（即通过采取"属＋种差"这样的定义方式，来界定清楚这两个概念的内涵与外延），亦难以寻摸到足以作为人类政治活动、政治思考的典范案例，从而给出某种可以作为范例的说明，或者说给出一种"家族相似"意义上的界说，以便描述一些政治活动的常见形态。

古希腊哲人亚里士多德——西方哲学、学术和思想史上的"诸师之师"——曾说过这样一句名言："人的本性就是政治的动物。"[①]以笔者浅见，亚里士多德的话意在表明，人只有在城邦生活中才能过上自足的、"光荣而快乐"的生活，才能真正实现其作为人的理性本质，而从不自足的个人到保证人的自足生活的国家（城邦）也就相应地被理解成一个"由不完全到完全、由根本意义到十足意义上的人实现其本性的过程"[②]。反之，人不能脱离由国家（城邦）而来的政治生活而生活，"凡隔离而自外于城邦的人——或是为世俗所

---

① 吴恩裕：《论亚里士多德的〈政治学〉》，载［古希腊］亚里士多德：《政治学》，吴寿彭译，北京：商务印书馆，2019 年版，第 xii 页。需要说明的是，笔者在此援引此句话，是为了表示政治生活对人的极端重要性，并不打算对此句中所说的"人"是否只指自由民，人如何参与到城邦生活等问题做出详细解释。

② 吴恩裕：《论亚里士多德的〈政治学〉》，第 xii 页。

鄙弃而无法获得人类社会组合的便利或因高傲自满而鄙弃世俗的组合的人——他如果不是一个野兽，那就是一位神祇"①，意即从人区分于动物和神的角度来看，人的自足性生活只有在国家（城邦）的政治生活中才得以成为可能。一方面，人自一出生起，就不能脱离他人而独自生存，个体必须处在某一社会共同体之内，才能得到教育并生存，进而实现自我生命的延续和自我价值的实现；另一方面，参与政治活动，进而观察、思考和反省自身所体验到的政治现象，从而提出自身对政治的道德价值期许，也构成了人区别于其他动物的一个重要特征。质言之，政治对于人是极为重要的，而人去过一种人之为人的生活，也须臾离不得对政治活动的自觉参与。

但若让我们给"政治"下一个定义，或者说让我们遍翻典籍、遍访名师，以找到一个完美的、能说服所有人的"政治"概念界说，我们可能得到的只是一种"熟知却不真知"的感慨。这不是说我们找不到一个对"政治"的定义，而是说我们会找到若干个关于"政治"的定义，其中每种定义也都会让人们颇觉有理。比如，梁启超先生就将政治与国家联系起来说："政治者，丽于国家以行者也。欲明政治之意义，必知国家之功用；欲论政治之得失，必当先审国家之目的。"② 我国当代政治学学者施雪华教授就总结了关于"政治"含义的十多种看法，如政治是一种"道德之治"；政治是"权术"和"计谋"；政治是法律秩序和国家的人格化；政治是对国家事务的管理活动；政治是权力或权威的象征或运用；政治是一种特殊的人类关系；政治是一个决策过程；政治是"公共领域"的人类生活；政治是经济的集中表现和阶级斗争的表现形式；政治是公共权力主体对社会资源强制分配及由此达成的相互关系。③ 上述这些看法，分别从政治活动的某个角度为我们揭示了政治之为政治的特质，丰富

---

① ［古希腊］亚里士多德：《政治学》，吴寿彭译，北京：商务印书馆，2019年版，第7页。
② 梁启超：《饮冰室合集》文集第八册，北京：中华书局，2015年版，第2161页。
③ 施雪华：《政治科学原理》，广州：中山大学出版社，2001年版，第9—10页。

着我们对政治的认知维度。

　　大体上说，"政治"可能关涉到的两个最重要的基本维度就是制度和思想；换句话说，政治制度与政治思想（理论、学说、观点）是我们提起政治时最容易想到的关联术语。从制度维度与思想维度分别对"政治"加以界说，似乎也更有益于我们对"政治"的科学理解。就此而言，《布莱克维尔政治学百科全书》所作的对制度层面的政治和思想层面的政治的分别界说，可能是极富启迪的。在制度层面上，"政治是在共同体中并为共同体的利益做出决策和将其付诸实施的一种活动"；在思想层面上，"政治可以被简要定义为一群在观点或利益方面本来很不一致的人们做出集体决策的过程，这些决策一般被认为对这个群体具有约束力，并作为公共政策加以实施"①。这两个界定，首先肯定了政治是作为"众人之事"和"公共之事"而存在的，无论是其作为维护共同体利益的活动，还是其作为协调不同利益阶层的决策，都指向个体所依存的共同体。同时，政治活动得以发生的一个基本前提就是共同体成员之间的利益并不一致，而协调和解决这种不一致，就需要人们运用各种手段、寻找各种理由来调解彼此的利益纠葛。此外，政治一旦生发为公共政策，其对共同体成员就具有某种约束力。一般地讲，这种约束力或者表现为法治，或者表现为人治。就此而言，人对政治活动的体认与把握，就既要去观察政治制度的作用发挥机制，也要去追问政治制度究竟应当为个人生活提供何种价值与物质保障，以及能在多大程度上提供。最后，政治活动一定是理性之人的活动，这是因为，唯有理性之人，才能依据自己本有的信念、良知和知识，做出适合不同时间、地点、情景、身份等要素的合适选择。对于理性不健全之人或被欲望蒙蔽了理性之人来说，"政治"极容易被解读为某种缺失

---

① ［英］戴维·米勒、韦农·波格丹诺：《布莱克维尔政治学百科全书》，邓正来译，北京：中国政法大学出版社，2002年版，第629—630页。

了道义价值基础的权谋甚至是阴谋，也很容易将其延伸为一种充满情绪和陈词滥调的维护小团体利益的坊间谈资，还极易将政治活动视作一种不严肃的只与个人利益有关而与公共事务无关的工具性活动。

具体的政治统治活动（如行政管理）是否就构成了"政治"的全部外延呢？阿伦特就将"政治"概念的关键内涵界说为"公民们在'公共自由'和'公共幸福'的生活之中，完全以伙伴的身份参与公共事务"①。按这一对"政治"概念的界定，政治活动显然是发生在彼此平等的公民而非存在阶层等差的臣民之间的活动，且这一活动突出的是公共利益和公共事务（而非为了私利或私人事务）。若按此种理解，很多引以为傲的治理术（或者说统治术、行政管理术）因其指向某个特定利益阶层或利益集团，就很难配得上"政治"一词。但我们若只以此类界定去审度中国古代的政治思想与政治活动，显然是不恰当的。质言之，尽管这种关于"政治"的现代理解富有激动人心的启迪，但却难以统称古今中外所冠之以"政治"之名的一切活动。比如，孔子曾回答季康子为政之问说："政者，正也。其身正，不令而行；其身不正，虽令不从。"孔子对"政"的回答，突出的是君子为政的方式，即通过以身作则的示范活动带动所治之民的风俗良序。这种具体的为政方式，又表现为"德政"的理念。孔子指出："为政以德，譬如北辰，居其所而众星共之。"（《论语·为政》）孔子使用这种"譬"式论证（《墨子·小取》界定"譬"为"举他物而以明之也"），意在明确"德政"自然能带来良好的礼乐秩序及善治。"德政"的治理效果对民众来说，则体现为某种对礼乐秩序和道德教化的自觉和认同，这也就是《为政》所说的"道之以政，齐之以刑，民免而无耻。道之以德，齐之以礼，有耻且格"。显

---

① 转引自［美］本杰明·史华兹：《古代中国的思想世界》，程钢译，南京：江苏人民出版社，2008 年版，第 137 页。

然，这种差等关系仍符合我们对"政治"的一般界说。因此，在笔者看来，我们不妨在更为宽泛、可以包括治理之术的意义上来理解和使用"政治"这一概念，并以此来分析中国古代的政治思想及政治哲学。

第二节　政治哲学的定位与问题

当我们试图谈论政治哲学时，所要面对的第一个或许也是最为要紧的问题便是"政治哲学是什么"或"什么是政治哲学"。但对此一问题的回答，则总会令人生起一种莫衷一是之感。一方面，作为当下哲学研究中的一门"显学"，研究政治哲学的学者及学派不在少数，况且不同的政治哲学家都会尝试给出自己心目中的政治哲学范型；另一方面，政治哲学的研究范式与研究方法，也几乎未能形成一个统一的可以作为规范或典范的学科范式。比如说，二战以来当代西方政治哲学的两个杰出代表——约翰·罗尔斯与列奥·施特劳斯，对政治哲学的研究意义与研究理路就有不同乃至针锋相对的界说。前者试图从哲学对政治的规范作用出发，以作为道德哲学和政治哲学之内核的正义观念来为现实政治活动奠定某些规范，以明了政治该做什么与不该做什么、该怎么做与不该怎么做。亚当·斯威夫特在其《政治哲学导论》一书中概述此一理路所要关注的主要问题时说："什么样的道德原则应主导国家对待其公民的方式；国家应该建立什么样的社会秩序。正如这些'应该'所暗示的，政治哲学是道德哲学的分支，它对正当性感兴趣，对国家应该做或者不应该做什么感兴趣。"[①] 显然，这一理路尤为看重"政治哲学的规范

---

① ［英］亚当·斯威夫特：《政治哲学导论》，佘江涛译，南京：江苏人民出版社，2008年版，第5页。

性"。后者则与此相反，试图从社会生活、政治生活（重视各种公共意见）与哲学生活（重视对各种公共意见的反省、批判进而形成真正的知识）在根本上的背反出发，转而强调哲学对政治的导引作用，即让有理性的人逐步从政治生活上升到哲学生活。列奥·施特劳斯在其名著《什么是政治哲学》中开宗明义地指出："'政治哲学'的首要含义不是指以哲学的方式处理政治，而是指以政治的或大众的方式来处理哲学，或者说是指对哲学的政治导引——尝试将有资格的公民，或更准确地说，将他们中有资格的后代从政治生活引入哲学生活。"① 无疑，这两种对政治哲学的认识，固然都要肯定哲学之于政治的优越性，但前者更看重哲学与政治的联合，并认为哲学所讨论的实践理性，完全能够建立某种以各类应然命题为基本内容的道义思想体系，以匡正现实政治之得失，帮助人们走向一种更好的与更合理的政治生活；后者则更为看重哲学与政治间的鸿沟，并认为以追求知识和真理为旨归的哲学（及科学），与由各种意见作为要素而组成的社会，多会难以相容，如此一来，哲学就必须要学会在政治面前为自己辩护，并做出某种必要的对现实政治的妥协。上述两种对"政治哲学"看似截然相分的见解，都被我们理所当然地视为推进政治哲学研究所必须参考的思想坐标。但这两种见解，也同时告诉我们一个显而易见的事实与道理，即对"政治哲学是什么"做出某种本质主义的界说，是很难达成的。因此，当我们在讨论如何对中国古代的政治思想、哲学经典加以政治哲学诠释时，就必须避免用某种既成的政治哲学概念，"以偏概全"地作为尺度和标准，去对照和测量古人的政治学说，从而挖掘出或发明出某种西方政治哲学的中国摹本。

尽管我们难以对"政治哲学是什么"等问题给出某种本质主义

---

① ［美］列奥·施特劳斯：《什么是政治哲学》，李世祥等译，北京：华夏出版社，2011年版，第81页。

意义上的解答，但这并不等于说，任何哲学乃至任一思想都可以被称为政治哲学；换句话说，当我们面对某一思想体系、学说时，还是可以依据自身对已有的政治哲学经典文本的研读和了解，来判定其是否可以成为一种政治哲学。我们还可以借鉴后期维特根斯坦在《哲学研究》中对"游戏活动"所作的说明来把握这一点。正如我们虽无法对"游戏是什么"给出一种本质意义上的解答，但仍可以在日常生活中直觉到当下所进行的活动是否属于一种游戏活动[①]，我们也可以尝试去勾勒"政治哲学"这一概念类下的"家族相似性"，从而帮助我们来把握正在从事的工作是否可以被归类为一种政治哲学研究。如果可以将"政治哲学"这一概念类比为某个集合的话，该集合的表示法就可能有描述法（即①）和枚举法（即②）两种形式：

①$\{X | X$ 是什么$\}$

②$\{X_1，X_2，X_3，\cdots\cdots X_n，\cdots\cdots\}$

就这两种形式而言，①侧重于给出某种对"政治哲学"的本质界说或规定，而②则可以借助某种相似性来约略地把握何谓"政治哲学"。此外，形式②在用于表征 X_1 与 X_2 或 X_2 与 X_3 等之间存在着对象、性质或关系上的相似性的同时，还可以是一种向着可数无穷的方向接续前进下去的理论延展。这也就意味着，我们对"政治哲学"这一概念的理解，会在研究工作的不断进行中实现无限可能的案例叠加，从而使得政治哲学的向度既会囊括古今之政治哲学家的研究，更可以面向未来，保持问题、话题、方法等论域上的开放性与延展性。

如此一来，我们的讨论重心或许就可以转向为，现有的各种政治哲学理论究竟存在何种相似性。以笔者浅见，这一相似性首先可以表现为概念层面，比如"正义"（或"公正"）、"合法

---

① 具体可参见 ［奥］维特根斯坦：《哲学研究》，陈嘉映译，上海：上海人民出版社，2001 年版，第 48—50 页。

性"①等相关政治哲学概念的古今与中西辨析；其次还可以表现为问题层面，比如道德（德性）是否应当去规范政治活动，国家（集体）与个人的利益诉求如何实现某种公正的协调（或者说要符合什么样的道义原则），等等；再次还可以表现为论域层面，如立足于当代的学科分类范式，去探究政治哲学与政治科学间的不同（如政治哲学的研究表现出较强的规范性，主要探讨政治在道义上的应当性问题；而政治科学的研究表现出明显的描述性，主要探讨政治在事实上的性状②），以及政治哲学与政治科学之间的联系（如，政治哲学可以被解读为政治科学的根本和基石，"旨在澄清各种塑造了政治探究的基本问题、基础概念和范畴"③）。总言之，这些相似性可以表现为多个维度上的类同性，并且其又能较易为我们所领会、认识和把握。

不同的政治哲学理论的某种相似性，还会凸显出政治哲学史对于我们研习政治哲学所具有的极端重要性。以笔者浅见，若从现代学科分类的角度来观察，是否具有历史意识也构成了政治哲学与政治科学之间的一个重要区别。若从事政治哲学研究的话，我们就不得不回顾一代又一代先贤的哲学思想，不得不去重温那些被公认为经典的政治哲学文本，而且这种回顾和重温本身还会具有当下的切己性。但对从事政治科学研究而言，无论是秉持历史主义的范式，还是秉持科学主义的范式，先贤的政治思想往往都只是一种所谓

---

① "合法性"概念的意涵之一就是强调政治领导者的权利在于民众的承认，而政府的合法性理据之一，则是民众对政府在道义上的认可。按让－马克·夸克（Jean-Marc Coicaud）的说法，政治合法性的界定是"民众承认管理者的领导权，并在一定程度上承认管理者享受特权的权利"。参见 Jean-Marc Coicaud, "Legitimacy, across Borders and over Time", in *Fault Lines of International Legitimacy*, ed. Hilary Charlesworth and Jean-Marc Coicaud, Cambridge: Cambridge University Press, 2010, p.17. 本书转引自［加］贝淡宁：《贤能政治》，吴万伟译，北京：中信出版社，2016年版，第118页。

② 参见［英］乔纳森·沃尔夫：《政治哲学导论》，王涛等译，长春：吉林出版集团有限责任公司，2009年版，第2页。

③ ［美］斯蒂芬·B.斯密什：《政治哲学》，贺晴川译，北京：北京联合出版公司，2015年版，第1页。

客观的有待再次被解剖的研究对象而已。一如美国政治学者斯密什（Steven B.Smith）所指出的，政治科学研究中存在科学主义（或进步主义）与历史主义（或相对主义）两种范式，前者试图援引自然科学的对象化研究方法，将人类的政治实践活动作为研究对象，从而得出某种客观的规律性知识或结论。按照此一做法，包括亚里士多德、马基雅维利或卢梭的作品在内的政治哲学史（乃至广义上的政治思想史）之价值，只具有知识考古学的意味，而不会为今人带来什么远见卓识。后者则过于强调政治哲学的历史面向，认为所有的政治思想只不过是一定时代、一定环境（地理环境或社会环境）和一定人群（社会阶层）的产物，因而也就不会存在将柏拉图、亚里士多德、马基雅维利等政治哲学家的思想串联起来的独一思想传统。① 在笔者看来，这两种解读政治科学的方式，至少都避开了某些政治观念或问题，一经产生就会具有跨越时空的磁力的基本事实（比如正义、自由与政制问题等）。而这些问题恰恰也就会构成政治哲学研究的重要问题域。循着这些问题，人类对政治的思考和分析才得以不断推进。与政治科学相反，斯密什对政治哲学研究的定位及问题所作的如下说明：

> 政治哲学研究，并不简单地是某种历史附属品，隶属于作为主干的政治科学；它也不是在履行某种看守或管理的职能，保存过往时代的伟大荣耀，就像自然历史博物馆里保存的模样。政治哲学是对政治生活最根本、最棘手和最经久不息的问题的研究。这种问题的数量绝非无限，或许还相当少。政治哲学研究总是围绕着这样一些问题，例如："为什么我应该遵守法律？""何谓公民？公民应当得到怎样的教育？""谁是立法者？""自由与权威之间有着怎样的关系？""政治

---

① 参见［美］斯蒂芬·B.斯密什：《政治哲学》，贺晴川译，北京：北京联合出版公司，2015 年版，第 2—3 页。

与神学之间应当有着怎样的关系？"或许还有其他一些这样的问题。[1]

我们很容易发现，面对上述问题，人们很难做出某种令人信服的终极回答。这也正说明，在政治哲学研究中，问题或许远比答案要更为重要。因而，政治哲学研究也才有其得以持续推进的动力和空间。再则，若我们考虑政治哲学的特定主题——人类的政治行为，我们就会发现，人们所作的政治努力，或者是为了追求某种更好的理想政制，进而为生活提供更好的保障；或者是为了规避某些更坏的社会体制，以避免让生活变得更糟。因此，政治反思行为本身就预设着某种用以评价好或者坏的标准，比如"正义"或"公共之善"，抑或最为激动人心的"最佳政制"等。[2]或许，只要还存在着政治行为间的"是"与"应当"、现实与理想之间的背反状态，那么一种对现实政治行为（包括政制）进行反思、批判与建构的政治哲学，就必定会有持续存在和深化研究的空间。

　　此外，笔者还想简单讨论政治哲学与政治思想之间的关系。从广义上说，政治哲学应该被纳入政治思想的讨论框架之内。但政治哲学在政治思想中究竟具有何种地位，则是一个需要不断审度的问题。正如孙晓春在其《中国传统政治哲学史论》一书中，对不列颠百科全书中的政治哲学之定义做出简明扼要的解读说："政治哲学是'对于有关公共目的、信念的理性判断和估价'，简单地说，也

---

[1]　参见［美］斯蒂芬·B. 斯密什：《政治哲学》，贺晴川译，北京：北京联合出版公司，2015年版，第4页。

[2]　从柏拉图和亚里士多德对政制的讨论来说，界定政制的主要是如下一些问题：人民为什么需要政治，又如何受到治理，公共职务依据什么才能得以分配，个体的权利与义务根据什么以及如何来构成，及其所依赖的道德与宗教、风俗习惯与生活方式有何特征（政制要将一个民族、一个社会最具尊崇感、最具价值感的东西表达出来，或者可以说是："有什么样的政制，就有什么样的民族"），政制的实践维度与最佳政制与现存政制之间的关系等。参见［美］斯蒂芬·B. 斯密什：《政治哲学》，贺晴川译，北京：北京联合出版公司，2015年版，第6—10页。

就是每一历史时期思想家对于应然的社会政治生活的判断。"① 对政治哲学的这种定义，无疑是建立在对公共事务与私人事务、公共利益与私人利益能清晰区分的基础之上，并要将政治理解为一种与公共事务相关的社会活动。同时，这一定义还表明，政治哲学是哲学家们以理性为工具和尺度，来判断和估价现实发生着的政治生活，以及自己所遭遇到的各式各样的以建构或重构某些政治信念为目的的政治学说、政治思想和政治理论。作为以理性为基准的判断和估价，政治哲学势必要表现出对历史与现实、理论与实践的强烈反思与批判，但这种反思与批判并不纯然是出于破坏传统、贬斥现实的解构目的，而是为了建构某种更好的或者说更合乎人之本性、每个人全面自由发展的理想政治图景，并着力在知识和实践维度上系统化地讲清楚什么是好的政治生活（包括最好的或最合乎实际的政制，组成政治共同体的公民／人民所应具备的基本德性、个体权利和责任义务等内容），其依据和原则究竟为何（如出于公义、正义等信念），如何才能构建起这样的政治生活（通过教育、刑政等方式），谁来充任领导者（圣王、贤人或者哲学王、智慧之人等）等问题。也正是在这个意义上，政治哲学既是关于政治的伦理学（始终关注的是政治的道德层面内容），也是关于政治的形而上学（以逻辑的方式来建构、诠释和使用政治生活所应遵守的普遍原则）。② 由此，政治哲学就必须对政治生活的理性信念与道德目的，予以充分的和客观的价值估定，因而，我们就可以说，政治哲学是政治思想中最为内核、最为基础也最为重要的内容之一。

　　基于对政治哲学的上述粗浅理解，我们也有必要去考察西方政治哲学知识谱系的源头。这同时也就会使得我们都想要重温柏拉图所给出的思想原点，即"人是万物的尺度"。这类箴言所映衬出的对

① 孙晓春：《中国传统政治哲学史论》，南京：江苏人民出版社，2020 年版，第 63 页。
② 同上，第 65 页。

人类理性力量的信仰，与血缘、家庭、城邦（国家）乃至对神圣的信仰，就有可能处于某种选择的冲突境遇之下。基于此，个体（灵魂）的组成部分与城邦的组成部分如不能彼此和谐相应，就会成为最大的恶。一个和谐的城邦，必定要建立在某种正义观念①基础之上，并造就与个人的灵魂结构相应的最好个人类型。在此种和谐之城邦中，为了避免可能产生的党派冲突等不和谐因素，就需要由哲学家担任君主，或让君主成为哲学家（"哲学王"）。而由"哲学王"所施予的统治，需要取消护卫者等社会阶层中的私有财产与家庭，对全体社会成员施行公共服务与公共教育，建立诗歌等文艺方面的审查制度，乃至于运用神学甚至谎言建立某种作为政治统治工具的"意识形态"。追求个体灵魂结构（由理性、勇气和欲望三个不同阶层构成）与城邦社会结构（由统治者、护卫者和劳作者构成）之间的这种彼此相应，使得城邦就完全成了一个大号的个体"灵魂"。柏拉图的这类见解，使得他极容易被人们指控为"极权主义"的独裁统治的帮凶（正如当代英国的科技哲学与政治哲学家卡尔·波普尔在其《开放社会及其敌人》一书中所作的解释）。②但不管怎么说，以柏拉图的《理想国》为代表的政治哲学，萌发于对现实政治生活的不满意，进而去设想什么才是值得追求的好的政治生活，这种好的政治生活必须依靠什么原则才能建立，如何才能实现这种人们所意欲的好的政治生活，又该由谁来实施统治，君主与人民之间的权利义务关系如何划分等一系列问题。可以想见，哲学家对此类问题的回答，肯定与政治家（特别是具有丰富政治活动经验的政治家）有所不同。如果说政治家的着眼点基于现实的利益分配，以及包括

---

① 正义既是个人灵魂的和谐又是城邦的和谐。通过正义，城邦得以成其为城邦，而非城中之城。意即根据城邦中个体灵魂结构的特性，分配给个体不同的工作任务，从而形成不同阶层的劳动分工，使个体成其为个体。

② 参见［英］卡尔·波普尔：《开放社会及其敌人》，陆衡等译，北京：中国社会科学出版社，1999 年版。

自身在内的统治阶层之统治权力的维系等现实事务，那哲学家所要关注的则更近于应然之理的层面。

综上所述，我们或许可以这么来思考政治哲学与一般意义上的政治科学、政治思想间的区别。从定位来说，政治哲学不同于研究人们政治生活的现实与历史经验的政治科学（实然之事），而是突出政治生活所应具备的某种道德规范性（应然之理）。从问题来说，政治哲学研究的问题也是人们参与政治生活所要反思的切己性问题。笔者以为，政治哲学研究的关键，并不在于对这些关键问题寻求某种一劳永逸的彻底解答方案，而在于对身处不同时代境遇的人们，对其所过或所观之政治生活的经验反思与思想批判，并进而寻求去过一种更好的（更为理想化的）政治生活范型。质言之，只要人们还抱有对现实政治变得更好的希望，那么政治哲学就会继续延展下去，并将作为人之反省自身、参与公共生活的"第一哲学"来规约个体生命的意义。同时，政治哲学的规范性还要求我们必须要注意到，作为共同体规约而成的伦理规范，以及作为参与政治活动的个体（公民或民）自觉到其自身应有的权利与义务、权力与责任等道德内容，对政治活动所应起到的匡正作用，这既包括对不足的批判（主要以"应该如何如何"的方式展开），亦包括对成就的褒扬（主要以"现实这样这样"的方式展开）。[①] 就此而言，政治哲学会呈现为一种具有反思性、批判性、历史性与现实感的爱智活动。

[①] 关于伦理与道德的区别，我们可以参阅李泽厚先生的相关意见。李泽厚先生区分了伦理的外在规范与道德的内在规范之间的差异，进而将伦理界定为"外界社会对人的行为规范与要求，从而通常是指社会的秩序、制度、法制等等"，又将道德界定为"人的内在规范，即个体的行为、态度及其心理状态"（参见李泽厚：《伦理学纲要》，北京：人民日报出版社，2010年版，第10页）。李泽厚先生对伦理与道德的这一区分，突出了伦理的外在性与强制性，以及道德的内在性与养成性。伦理设定了身处某一社会境况下的道德主体所应被规约而成为的状态，而道德则设定的是行为主体所自觉到的自身所应达致的理想状态及其养成路径。因此，笔者以为，若说作为道德哲学之一部分的政治哲学的应有之义，当包括共同体规约而成的伦理规范与参与政治活动的个体（公民或民）自觉到其自身应有的权利与义务、权力与责任。

第三节　中国古代政治哲学的研究前设

依赖于上述对"政治"及"政治哲学"的简单认识，我们就可以进而去辨析以政治哲学来审度中国古代政治思想的可能性。一个显而易见的结论或许是，政治哲学是政治思想中最内核、最基础和最根本的内容，那么中国古代政治思想中就势必存在着某种政治哲学论说。我们所要做的工作，无非就是对古代政治思想（既可以是通史意义上的，也可以是断代史甚至某个思想家意义上的）的核心观念做出拣择，并结合相近的政治哲学概念或理论对之加以转化和发展。但这一理解隐含的前提是，作为哲学学科之专门研究方向的政治哲学，与我们对哲学的认识一样，都有其作为民族文化、民族思想的特殊性之处。这是因为，与哲学一样，中国古代政治哲学也是在中西文化交流碰撞的历史处境下，以现代学科视野对"国故"加以分门别类地整理而形成的一种自觉思想体认。由此，我们就势必会产生"哲学在中国"与"中国的哲学"之间何者为是的思想迷惑，而这也正是我们进一步讨论中国哲学史和中国古代政治哲学史所不得不面对的一个基本理论问题。就讨论此一问题而言，回顾冯友兰的相关教益，无疑会为我们增添些许理论上的自信与底气。他在《中国哲学史新编》一书中谈道："'中国哲学史'讲的是'中国'的哲学的历史，或'中国的'哲学的历史，不是'哲学在中国'。我们可以写一部'中国数学史'。这个史实际上是'数学在中国'或'数学在中国的发展'，因为'数学就是数学'，没有'中国的数学'。但哲学、文学则不同。确实有'中国的'哲学，'中国的'文学，或总称曰'中国的'文化。"[①]这一看法，揭示了文化、思想与数学的不同：虽说我们可以写作"中国数

---

① 冯友兰：《中国哲学史新编》上卷，北京：人民出版社，1998年版，第43—44页。

学史""中国物理学史",但只能是以普适的数学、物理学学科范式与知识体系为基础,而不能独出心裁地强说所谓的"中国的"数学;不过我们却可以写作"中国哲学史"与"中国文化史",并且其是以"中国哲学"与"中国文化"的存在作为前提的。遵循冯友兰的这一看法,我们也就可以将"中国政治哲学史"说成"中国政治哲学"的发展史,而非"政治哲学在中国"的发展史(此一说法有其模糊性,既可以用来指代西方各种政治哲学理论在中国的传播与接受史,还可以用来指代以政治哲学范式剪裁出的所谓"中国政治哲学"的发展史,前者是学术史梳理工作,后者是哲学史研究工作。我们在此说的主要是后一种意思)。同时,这一认识也符合我们在上一节所讲的"政治哲学"之开放性的特质。据此,笔者以为,我们讨论中国古代政治哲学的前设既在于对"政治哲学"的开放性之理解,也在于对中国古代政治哲学确有其存的理论认同。

但对"中国古代政治哲学"确有其存的强调,并不意味着我们要去否定或模糊"中国政治思想史"与"中国政治哲学史"、"政治科学"与"政治哲学"之间的名称差别,进而去规避冠名为"中国政治哲学史"的研究必须面对的现代学科范式建构问题。在笔者看来,我们对中国古代政治哲学的讨论与阐发,一种主要的研究理路仍是从我们所理解到的"政治哲学"观念出发,来梳理、诠释中国古人对于政治的言说。但这并不等于说,我们所形成的"政治哲学"观念是一些终极的、牢不可破的权威性理论,恰恰相反,它可能仍需要我们在对中国古代经典文献加以政治哲学研读的过程中,不断进行修正和增删,从而达到一种我们对"政治哲学"的理解,及其与我们对中国古代经典所做的政治哲学研读之间的双向互动,互相增益。若按宋宽锋在其《先秦政治哲学史论》一书中的说法,这一做法就是要达到某种罗尔斯所论的"反思的平衡"状态。①

---

① 参见宋宽锋:《先秦政治哲学史论》,北京:中国社会科学出版社,2019 年版,第 9 页。

中国古代政治哲学研究的一个重要方法，或许还可以呈现为一种比较哲学研究的理路样式。身处古今、中西思想大交融时代的我们，对中国政治哲学的研读与阐发，势必无法离开对西方政治哲学理论的参照与借镜。比如，我们在分析墨家"尚同"学说所提到的"未有刑政之时"的前政治状态时，就可以援引霍布斯的"自然状态"以为类比，进而来探究墨家设定这种前政治状态的信念与理由。质言之，也正是在对西方政治哲学的广泛参照中，我们对中国古代政治哲学的现代理解和把握才得以生成。同时，借助西方政治哲学的若干理论来诠解乃至建构中国政治哲学史（"以西释中"），也并不必然导致我们在理解古代思想文本时会断章取义，以至于沦为"以中说西"的附会之言。恰恰相反，我们对中国古代政治哲学和中国政治哲学史的理解与把握，势必不能离开对西方政治哲学经典文本、理论、问题与方法的参照。要言之，我们对中国古代政治哲学的研究，也正是要综合运用古今、中西政治哲学理论，以比较研究的方法理路，来把握某个流派、某个思想家的政治哲学思考，从而诠释和建构起该流派和该思想家的政治哲学运思体系，并阐发出我们自身对其所讨论之问题的一种文化反思。

第二章　中国政治思想史中的墨学

　　本书既要讨论墨家的政治哲学，那么除了简要交代笔者对政治哲学的认识之外，还要交代笔者对《墨子》与墨子、墨学究竟何指，以及墨学在中国政治思想史上的地位变迁及价值等方面的简单认识，以作为更进一步讨论的思想基础。众所周知，由墨子所创立的墨家及墨学，是中国先秦时期极有影响力的一个重要学派。据《韩非子·显学》等古代文献记载，墨学在先秦的学术与社会影响力，足以与儒学相抗衡。但在后来的传统文化发展谱系中，墨学经历了一个由显到衰再到绝的地位变迁。迨至近代，随着西学东渐以来的文化反思，墨学被用作对接西方学术、思想与文明的传统资源，得到思想界和知识界的重视，从而又有由"绝学"转为"显学"的思想态势。笔者以为，墨学在思想史上的这一发展历程，及其所倡导的"兼爱""尚贤""节用""法仪"等思想内容，对诠解与践行当代社会的一些政治思想上的价值观念都有一定的借鉴作用。

第一节　《墨子》与墨学

　　墨子的里籍、主张与生平行状，并不如孔、孟等儒家先贤一样，为后人所确定无疑地认知与把握。对墨子生平与墨家行状的常见说法如下：（1）作为"史家之绝唱"的《史记》一书，只是在谈及孟子和荀子时附带提及了墨子，即"盖墨翟，宋之大夫，善守御，为节用，或曰并孔子时，或曰在其后"（《史记·孟子荀卿列传》）。《史记》对墨子这短短的24字记载，既未能对墨子的生平做出详细交代，也未能对墨子与墨家的政治主张做出完备解说。（2）《汉书·艺文志》则从诸子出于王官学的角度出发，认定墨家是出于"清庙之守"，故"茅屋采椽，是以贵俭；养三老五更，是以兼爱；选士大射，是以上贤；宗祀严父，是以右鬼；顺四时而行，是以非命；以孝视天下，是以上同"。[①] 这似乎是要将墨学所主张的兼爱、尚贤、明鬼、尚同等主张归结为所谓的"清庙之守"。（3）《淮南子·要略》则谈及了墨子与儒家的关系。"墨子学儒者之业，受孔子之术，以为其礼烦扰而不说，厚葬靡财而贫民，（久）服伤生而害事，故背周道而用夏政。"这似乎指出了墨子初为儒家弟子后又反对儒学，墨家思想与儒家思想之间既有相通亦有相反的思想史事实。此外，《吕氏春秋》《韩非子》《庄子》等著作亦对墨子和墨家、墨学有所谈及。但自近代始，钱穆、冯友兰等人通过考察和评估《墨子》及相关古籍中关于墨子及墨家的记载，还原了墨子的大致生平行状（如钱穆在《先秦诸子系年》中对墨子生平行状的断定），并指出墨子堂而皇之地用"墨"作为自己的姓氏，作为自己学派的名号，也就是承认自己代表着社会底层。"墨"，一方面可能是指黑衣、黑肤、黑脸，一派社会底层的形象；另一方面，"墨"可能是当时的一种刑罚——墨刑，代表着比社会底层更加艰苦的刑徒。顾颉刚指出，墨姓当得名于宋公子目夷，可作"墨台"解。[②] 当代墨学专家张知寒依据梁启超的《墨子学案》、钱穆的《先秦诸子系年》、王献唐的《炎黄氏族文化考》、童书业的《春秋左传研究》、方授楚的《墨学源流》等

① 《汉书·艺文志》，北京：中华书局，1962年版，第1738页。
② 参见顾颉刚：《顾颉刚古史论文集》卷一，北京：中华书局，2011年版，第458页。

近代墨学研究成果及亲身实地考察，得出墨子为鲁人（今山东滕州人）的结论。① 近来，高华平亦撰文提出，墨家应起源于以"平水土""营城郭"和"监百工"为主要职业的"司空之官"。② 但不管具体情况如何，墨子虽说可能出身于农、工等社会底层，但还是自我认同为有志于参与政治活动、能得君以行其志的"士"或"贤人"之一员，并为此提出了"兼爱""尚贤""尚同"等政治主张。此外，也不乏有论者将墨学与印度之婆罗门教或者说印度教加以比较，并将墨子认作印度人（胡怀琛、卫聚贤等），甚至还有的论者将墨子说成阿拉伯人中的穆斯林（如金祖同等）。③ 这些林林总总的意见，给我们提供了关于墨子其人的丰富想象。总之，上述这些意见可视作对墨子与墨家起源问题的诸种猜想，有助于从文化与政治史维度把握墨家学派的起源及其代表的利益群体。

作为墨家和墨学的创始人与代表者，墨子则是中国思想史上一个有着重要影响力的思想家。任继愈曾简要总结墨子的思想影响说：

> 墨子是公元前 5 世纪末中国具有独创精神的伟大思想家。他对劳动者有着深切的关怀……他一生为改善小生产者和劳动者的物质生活、提高他们的社会地位而斗争。他提出极有价值的认识论和思想方法。他创立了艰苦力行、求真理、爱和平、有组织、有纪律的学派。在墨子的影响下，形成了后期墨家。后期墨家进一步发展了墨子哲学精粹，完善了中国古代的逻辑科学，并且在自然科学领域取得了一些

---

① 参见朱传棨：《墨家思想研究论稿》，北京：人民出版社，2020 年版，第 4 页。

② 参见高华平：《墨家远源考论——先秦墨家与上古的氏族、部落及国家》，《文史哲》，2022 年第 3 期。

③ 如胡怀琛曾著有《墨翟为印度人辨》和《墨子学辨》等文，主张墨子是印度佛教徒或婆罗门教徒。金祖同曾著有《墨子为回教徒考》等文，主张墨子乃是阿拉伯人中的穆斯林。方授楚则在《墨学源流》一书的下卷第二、三、四章，对上述观点及其论证进行了严谨细致的考辨，指出了这些主张的错讹与虚谬之处（参见方授楚：《墨学源流》，北京：商务印书馆，2017 年版，第 251—330 页）。

突出成果，代表了那个时代最高的科学认识水平，成为鼎盛于战国中后期影响最大的学派之一。特别是有关科学技术方面的成果闪耀着其他学派难以企及的光彩。①

　　显然，对墨子生平与里籍的研究，以及对墨家科技思想的历史贡献的研究，都属于墨学研究中非常值得讨论的内容。但本书受限于主题和篇幅，主要讨论的是墨家的政治思想，而无意对墨子生平与思想做出详尽与周全的辨析，即便是对墨家科技与逻辑思想的讨论，也是从政治哲学的角度入手的。故而，笔者打算依据《墨子》一书，来探讨墨学中的相关政治主张，并以之作为我们研究墨学思想主旨的根本文献。

　　《墨子》一书当是记载墨子言行和墨家学派政治思想主张的总集。一般认为，《墨子》由墨子弟子和各代门徒记录、整理、编纂而成。此外，墨子及其弟子的言论，散见于各种典籍之中，如《新序》《尸子》《晏子春秋》《韩非子》《吕氏春秋》《淮南子》《列子》《战国策》《诸宫旧事》《神仙传》等等。按西汉刘向的《汉书·艺文志》所述，《墨子》成书共七十一篇。但经过历代的亡佚，到宋代时，《墨子》一书仅存六十余篇。今人所见的《墨子》一书，只存五十三篇（分为十五卷），已亡佚十八篇，包括的主要篇目有《节用》下，《节葬》上、中，《明鬼》上、中，《非乐》中、下，《非儒》上，等等。此外，《墨子》一书亦可谓是自秦汉以降较少有学者对其加以研究注疏之书。虽说有西晋学者鲁胜、明末清初的傅山等人对《墨子》书中部分篇章的诠解，以及明嘉靖年间唐尧臣、江藩等人的刻本和茅坤、李贽的选校选批，但直到清人毕沅，才首次以道藏本为底本，参照其他刻本和引文，初步整理了《墨子》全书。自此之后，王念孙、王引之父子以及俞樾、汪中、张惠言等人对墨学展开了一定的

① 任继愈：《墨子与墨家》，北京：商务印书馆，1998年版，第112页。

初步研究。迨至孙诒让注疏《墨子》而成《墨子间诂》一书，遂为墨家思想研究奠定了较为扎实的文献基础。孙诒让之后注疏《墨子》全部文本的又一重要成果则是吴毓江的《墨子校注》一书。《墨子校注》一书附录了吴毓江关于《墨子》佚文、《墨子》旧本的版本流变、《墨子》各篇的真伪问题以及墨子姓氏里籍出生年和墨学之真谛的思考，对我们系统了解墨子和墨学，不失为一个较好的文献资料参考。因此，本书之讨论，除却《墨子》书中的墨辩部分之外，皆以《墨子间诂》和《墨子校注》作为谈论和阐发墨家学说的最主要文本依据。

《墨子》一书从结构上说，可分为两大部分：一部分是记载墨子言行和阐述墨子思想的相关篇目，一般认为，这主要反映的是前期墨家的思想；另一部分是《墨子》中的《经上》《经下》《经说上》《经说下》《大取》《小取》等6篇，现在一般称作《墨辩》或《墨经》，主要阐述了墨家的认识论、伦理学和逻辑思想，还论述了一些力学、光学、几何学、天文学等自然科学知识。此外，《墨子》一书还包含了记述墨子及其弟子言行的《耕柱》《贵义》《鲁问》诸篇，以及以讲述墨家守御之道为核心的《备城门》等兵学诸篇。按当代墨学研究大家孙中原的解释，《墨子》全书的53篇可分作5组，即《墨经》部分6篇，包括《经》上下、《经说》上下、《大取》和《小取》；《墨论》部分23篇，包括从《尚贤》到《非乐》《非命》等"十论"部分；《杂论》部分8篇，包括《亲士》《修身》《所染》《七患》《法仪》《三辩》《辞过》《非儒》等篇；《墨语》部分5篇，包括《耕柱》《贵义》《公孟》《鲁问》《公输》等篇，这主要记载的是墨子的言行与事迹；《墨守》部分11篇，即从《备城门》到《杂守》的兵学诸篇。[①] 单就讨论墨家的政治、伦理思想而言，《墨守》部分亦可作为我们谈论墨家政治思想和政治哲学的补充

---

① 参见孙中原：《墨子解读》，北京：中国人民大学出版社，2013年版，第1—2页。

文献。

　　以对《墨子》一书的研读为根本依托，历代学人对墨学的核心观念多有总结与阐发。比如，清人俞樾就总结墨学说："惟兼爱是以尚同，惟尚同是以非攻，惟非攻是以讲求备御之法。"[①] 这种看法乃是以兼爱、尚同、非攻作为墨学中最有价值的主张，并将墨学总结为一个以"兼爱"为核心而逐层展开的思想体系。又如，清人孙诒让则解释墨学为"先秦诸子学中唯一反映下层利益、反贵族化最鲜明的学说"[②]。这也就是将墨学视为一种申述民生民利、反对贵族的思想学说。与俞樾和孙诒让不同，吴毓江继承了孙中山关于墨学是古代最讲"爱"的学说，以及蔡元培关于先秦唯有墨家治科学等思想史论断，并在此基础上将墨学的要义总结为"爱、智双修"，"爱"即是"以感情亲爱人类"，也就是墨家用以处理人与人之间关系的基本价值准则，着力突出的是墨家的价值理想与人文情怀；"智"即是"以理智分析物象"，也就是墨家用以处理人与物、人与自然间关系的理性思维原则，着力突出的是墨家的科技精神。吴毓江又进一步将"爱、智双修"的墨学纲领细分为"爱"方面的兼爱精神与牺牲精神和"智"方面的科学精神、创造精神与力行精神。[③]吴毓江还认为，墨家的科学精神尤为注重科学方法的发现，而墨家的名学（即辩学、逻辑思想）又是可以与西方逻辑学和印度因明学相媲美的"世界学术史上有价值之科学方法"。[④]吴毓江还精要地比较儒学与墨学之间的差异说："孔学以封建社会为基础，以礼之差等为骨干，以安分守身为美德，以述而不作为精神，以君主为楷柱者也。故欲收敛人心、保持现状者，则崇尚孔学。墨学以共享社会为理想，以人类平等为骨干，以为人损己为美德，以述作兼施为精神，

① 〔清〕孙诒让：《墨子间诂》"俞序"。北京：中华书局，2001 年版，第 2 页。
② 〔清〕孙诒让：《墨子间诂》"前言"，北京：中华书局，2001 年版，第 3 页。
③ 吴毓江：《墨子校注》，北京：中华书局，2006 年版，第 1075、1076 页。
④ 同上，第 1078 页。

以民众为楷柱者也。故欲启发民智、改进现状者，则崇尚墨学。"①
而孙中原曾如是总结墨子、墨家和墨学说："墨子是劳动者的圣人；
墨家是劳动者的学派；墨学是劳动者的学说。"②对墨家与墨学的这
些判定，实则都意在突出墨学的重民之"力"、重民之"利"的务
实观念。这些注疏《墨子》、研究墨学的学界前辈对墨学基本精神
的体认，对我们从包括政治哲学、伦理学和逻辑思想在内的多个角
度去重构墨家思想体系，无疑有启发作用。

第二节　墨学的中国古代政治思想史定位

在一般的流行观念中，儒、释、道被视作中华传统文化的主干。
从中华文化与思想史的整体发展历程而言，这一普遍认识当属成
立。然具体到不同的历史时期，其时最有影响力的流派往往呈现为
多元生态。如考究"轴心时期"的中华传统文化的原初觉醒，则不
能不重视墨学的巨大影响。按现有的相关典籍记载，墨学是先秦时
期诸子百家中与儒学并称并争的显学流派。如《韩非子·显学》中
说"世之显学，儒墨也"，《吕氏春秋·有度》则称"孔、墨之弟子
徒属充满天下，皆以仁义之术教于天下"③，由此可知墨学在先秦
时期的流传之广、影响之大。然迨至汉代，"'尊崇'儒术"的国策
订立，所有不在"六艺之科孔子之术者，皆绝其道，勿使并进"④，
作为学派的墨学思想势必受到作为思想传承载体的士人的忽视。长

---

① 吴毓江：《墨子校注》，北京：中华书局，2006 年版，第 1085 页。
② 对此的具体论述可参见孙中原：《墨子是劳动者的圣人》，《滕州日报》2022 年 6 月
　　23 日第 7 版；《墨家是劳动者的学派》，《滕州日报》2022 年 6 月 24 日第 7 版；《墨学
　　是劳动者的学说》，《滕州日报》2022 年 6 月 24 日第 6—7 版。
③ 许维遹：《吕氏春秋集释》，北京：中华书局，2017 年版，第 665 页。
④ 《汉书·董仲舒传》，北京：中华书局，1962 年版，第 2523 页。

此以往，墨学颇有"明珠蒙尘"的历史遗憾与感叹。然而这一对墨学由"显"转"隐"再转"绝"、由"荣"变"衰"再变"微"的线性历史过程描述，实则遮蔽了一个重要问题，即墨学在传统文化中所处的真实地位究竟为何？质言之，自汉以后，墨学是否真的就丧失了其应有的生命力，而不对其他诸家的思想传统产生影响呢？

对这一问题的回答显然是否定的。笔者以为，自先秦至明清时期，墨学始终扮演着一种"反向"之"幽灵"角色，构筑着中华传统文化的心理基底。之所以说墨学是"反向"之"幽灵"，主要是基于如下几点：（1）儒士对墨子及墨学的或部分或全部的批判，说明墨家学说以一种"异端"的身份存续于传统文化之中。（2）墨学肇始于对儒家思想及其实践的不满，墨学倡导的节葬、非命、非乐等亦是从对儒家相关主张的反动而来，同时墨学倡导谈辩与从事的积极价值，强调"察类"与"明故"。特别是《小取》所总结的譬、侔、援、推等论式，既代表了中国古代逻辑与论证理论的高峰，又构成了其他诸家运用这些论式以证成自身主张的规则依据。鲁胜指出这一点说："墨子著书，作《辩经》以立名本。惠施公孙龙祖述其学，以正刑名显于世。孟子非墨子，其辩言正辞则与墨同。荀卿庄周等皆非毁名家，而不能易其论也。"[1] 尽管这一论述本身存有错误，但其对墨家逻辑思想的独特价值及地位的论述，确是极富创见的。（3）墨学的非儒、尚辩、重事等特征，使得其在实质与形式上皆可作为传统文化中的"反向"因素而存在。（4）墨学本为社会中下层人士的思想形态及利益张目，其所倡导的"贵义"、"尚贤"、崇尚谈辩、扶助弱小等精神风范构成了中国传统基层社会中的一种"文化心理"基质，在以小生产者为主体的普通民众思想中也多有

---

[1] 〔晋〕鲁胜：《〈墨辩注〉叙》，《缩印百衲本二十四史·晋书》，北京：商务印书馆，1958年版，第5468页。

呈现。[①] 据此可知，墨学并非全然消解于传统文化的思想谱系之中，而是内化为与其他诸子有所不同的某种"反向"之"幽灵"，构筑着传统哲学中的思维与论辩智慧基底，构成了儒者申述自家主张的反面案例，进而也就成了民族文化心理的基础构成之一。

自先秦至明清时期的历代学人（尤其是儒士）对于墨学的评价历史，是其为传统文化中"反向"之"幽灵"的历史显现。概略地说，先秦至明清时期的墨子及墨学评价史[②]，可略分为如下四个阶段：

（1）先秦至两汉之间。这一时期的墨家及墨学传承是显性和有巨大影响力、竞争力的学派，受到了孟子、荀子为代表的儒家，庄子为代表的道家，韩非子为代表的法家等褒贬不一的评价。其中，孟子批评墨家学说最为厉害，认为墨学是"无父"而为"禽兽"之道（《孟子·滕文公》），但孟子同时也肯定墨子之人格说"墨子兼爱，摩顶放踵利天下为之"（《孟子·尽心上》）。荀子整体上将墨学视作不知轻重、崇尚功用俭约、轻慢差等格局的"欺惑愚众"之术（《荀子·非十二子》），并认为墨子之言是"昭昭然为天下忧不足。夫不足，非天下之公患也，特墨子之私忧过计也"（《荀子·富国》）。从孟、荀为代表的儒家立场来看，墨学的主要问题是轻视甚至无视以君臣、父子等级关系为代表的社会差序格局，从而非但无法解决"礼崩乐坏"的天下乱局，反会加剧种种僭越行为。《庄子·天下》对墨子的评价与孟、荀有所不同，认为墨子是"不侈于后世，不靡于万物，不晖于数度，以绳墨自矫而备世之急，古之道术有在于是者。……墨子真天下之好也，将求之不得也，虽枯槁不舍也，才士也夫！"意即墨子是时时以节俭之作风，公义之标准来矫正自己的言行，以求匡扶天下之急，解悬黎民之苦；同时还认为

---

① 参见李泽厚：《墨家初探本》，载《中国古代思想史论》，北京：人民出版社，1985年版，第65—69页。

② 本处对墨学发展史的考察参考了谭家健《墨子研究》中的相关说法。

墨学代表着一种难以实行的理想主义情怀，即"其生也勤，其死也薄，其道大觳，使人忧，使人悲，其行难为也。恐其不可以为圣人之道，反天下之心，天下不堪。墨子虽能独任，奈天下何？"韩非子则以法家立场将儒、墨混为一谈，认为皆是"愚诬之学"和"杂反之学"（《韩非子·显学》）。司马谈《论六家要旨》则肯定墨家"万世不可易"的最大特长是"强本节用"之道。总之，在先秦至两汉思想家的笔下，墨子及其墨家学派是一个自苦为极、以天下为己任、救民水火、不怕牺牲、公正无私、才智惊艳的团体。这与墨家所倡导的"兼爱""天志""谈辩"和"从事"的精神相关，也与墨家在光学、几何学、物理学、逻辑学和军事学等方面取得的光辉成就相关，还与一代代墨者的牺牲和付出相关。

（2）魏晋隋唐之间，对墨子、墨学的评价皆类《论六家要旨》之说，而墨学主张的强本节用、兼爱尚同等学说也有一定影响。如魏武帝曹操在《度关山》中就有"侈恶之大，俭为共德"和"兼爱尚同，疏者为戚"的说法，并将之作为执政的重要原则。唐初名臣魏征等主编的《隋书·经籍志》一书，亦将墨学视为一种强本节用之术，并评价墨者之言行说："墨者强本节用之术也，上述尧舜之道，夏禹之行，茅茨不翦，粝粱之食，铜棺三寸，贵俭兼爱，严父上德，以孝示天下，右鬼神而非命。"[1] 这一评论在提及"兼爱""明鬼""非命"等墨学主张的同时，还描述了墨者以尧舜之道和夏禹之行自许的思想态度，以及自苦以为天下的行事风格。中唐以来，以复兴儒学为己任并建立儒家道统说的韩愈，则在其《读〈墨子〉》一文中提出"儒墨必相用"的思想观点，"孔子必用墨子，墨子必用孔子，不相用不足为孔墨"[2]。这一观点试图调和儒学与墨学的紧张，并将儒、墨之间的辩难看作二家末学所持守的门派偏见，而非儒、

① 《隋书·志第二十九·经籍三（子）》，北京：中华书局，1978年版，第1005页。
② 〔唐〕韩愈著，严昌校点：《韩愈集》，长沙：岳麓书社，2000年版，第156页。

墨学说的本来之义。由此可见，魏晋隋唐之间的士人，大多都以墨学为一种强本节用之术，并对墨学中的尚俭、兼爱等极具理想色彩的思想主张有所肯定。

（3）宋代儒学复兴以来，士人对墨子和墨学的评价整体转向以负面为主。在宋儒眼中，墨家学说大本已差，多为逆理邪说而不足取。比如，积极参与和推动北宋儒学复兴的政治家和文学家欧阳修就提出说："墨家者流，其言贵俭兼爱，尊贤右鬼，非命上同，此墨家之所行也。孟子之时，墨与杨其道塞路，轲以墨子之术俭而难遵，兼爱而不知亲疏，故辞而辟之。然其强本节用之说，有足取焉。"①（《崇文总目叙释·墨家类》）在欧阳修看来，墨家提倡的"兼爱""节用""尚贤""明鬼""非命""尚同"等主要政治主张，除了"强本节用"值得肯定之外，其余则是或不知亲疏之别或难以实行的妄言空想，并已为孟子所批判。宋代儒学中最具影响力的新学和理学，也多从儒家本位立场出发，继承孟子的辟墨之论，更进一步对墨子和墨学形成负面评价。比如，北宋政治改革家和新学代表人物王安石则评论墨子说："墨子者，废人物亲疏之别，方以天下为己任，是其所欲以利人者，适所以为天下害患也，岂不过甚哉！"②这里所论的"废人物亲疏之别"，显然是从人伦角度而作的对"兼爱"说的批判，而这无疑也是继承了自孟子以来儒者批墨的一贯论调。如此一来，王安石在指出墨子以天下为己任的济世情怀的同时，还批评了墨学所追求的利人之道，却恰恰为天下之人带来了祸患。理学的代表人物二程和朱子，更是在继承孟子批墨的基础上，集中驳斥了墨家的"兼爱"说。如程颐就评价墨子与墨学说"墨子兼爱则是仁，惟差之毫厘，失之千里"，"墨氏兼爱，疑于

---

① 〔宋〕欧阳修撰，李逸安点校：《欧阳修全集》第 5 册，北京：中华书局，2001 年版，第 1892 页。
② 〔宋〕王安石：《王文公文集》卷第二十六，上海：上海人民出版社，1974 年版，第 309 页。

义"①，这就从儒家的仁义之道出发，剖析了"兼爱"说的不足。而宋代理学的集大成者朱子更进一步将墨学论定为诬民之邪说，并认为墨学的"兼爱"主张危害尤其严重。朱子指出说："墨氏'爱无差等'，故视其父如路人。……杨墨即是逆理，不循理耳……如杨墨逆理，无父无君，邪说诬民，仁义充塞，便至于'率兽食人，人相食'。"②朱子继承了孟子批墨时的"无父无君"论调，并以"爱无差等"来解释"兼爱"，并引申出"兼爱"实为"视其父如路人"，终会带来"率兽食人，人相食"的悲惨境地。因循上述意见，宋末元初的儒者黄震则进一步批判了韩愈的"儒墨相用论"，认为墨子之说是"似是而不可为"，并提出"孔子必不用墨子，而墨子亦必不用孔子"③等说法，从而将儒、墨两家学说对立起来。要言之，在宋代儒者眼中，墨学是儒学的反面，也是必须要加以彻底批判和剖析乃至清除的思想对象。

（4）自明初以来，士人论墨多承袭汉魏隋唐之说，在肯定墨学强本节用主张具有的积极价值的同时，还有一些学者整理和注疏《墨子》文本，并对"兼爱"学说有所肯定。比如，明初的"开国文臣之首"、一代大儒宋濂就强调说："墨者，强本节用之术也。……墨子其甚俭者哉，卑宫室，菲饮食，恶衣服，大禹之薄于自奉者。孔子亦曰：'奢则不逊，俭则固。'然则俭固孔子之所不弃哉。"④这就在以墨学为一种"强本节用之术"的同时，还肯定了其与儒学在俭约方面的一致之处。明代心学宗师王阳明则尤为注意区分"万物一体"与"兼爱"之间的差别，并评论"兼爱"说："墨氏兼爱

① 〔宋〕程颐、程颢：《二程集》，北京：中华书局，2004年版，第389、558页。

② 〔宋〕黎靖德编：《朱子语类》，北京：中华书局，1986年版，第1319页。

③ 〔宋〕黄震：《黄震全集》第5册，张伟、何忠礼主编，杭州：浙江大学出版社，2013年版，第1748—1749页。

④ 〔明〕宋濂：《宋濂全集》第2册，杭州：浙江古籍出版社，2014年版，第264页。

无差等，将自家父子兄弟与途人一般看，便自没了发端处。"①而晚明时期的思想家焦竑，则试图以儒学的兼济天下之道来观察"兼爱"之说，并指出墨学的主要问题在于"见俭之利而因以非礼，推兼爱之意而不殊亲疏"②。泰州学派的思想家李贽，则对墨子与墨学有较高评价。例如，他肯定《辞过》所述的节俭之道为"生财之要，节用爱人之大道，简而易操，约而易成"③；又评点"兼爱"说的要旨为"兼爱者，相爱之谓也"④，这也就从人与人之间互爱互利的角度把握住了"兼爱"说的根本；他还站在墨家"兼相爱"的立场，反驳了孟子以"兼爱"为"无父"之说的偏见，"我爱人之父，然后人皆爱我之父，何说无父？若谓使人皆爱我父乃是无父，则必使人贼我父者乃是有父乎？是何异禽兽夷狄人也？"⑤他还在考察《节葬》的基础上，指出"节葬"并非要"薄其亲而弃之沟壑，以与狐狸食也"⑥，并批评历来诬"节葬"为"不葬"的不实之辞乃是"诬人强入人罪"⑦，更直率地指出"儒者好入人罪，自孟氏已然矣"⑧。明末清初的思想家傅山曾校勘道藏本《墨子》，并在《霜红龛集》中专门对《大取》进行了诠解。乾嘉学派中的毕沅、王念孙和王引之父子、张惠言、孙诒让等，开始对《墨子》进行注疏和研究。清人汪中则重新界定墨学为"述尧舜，陈仁义，禁攻暴，止淫用，感王者之不作，而哀生人之长勤，百世之下，如见其心焉。诗所谓'凡民有丧，匍匐救之'之仁人也。其在九流之

---

① 《语录一》，载《王阳明全集》卷一，上海：上海古籍出版社，1992 年版，第 26 页。
② 〔明〕焦竑：《澹园集卷二十三·经籍志论·子部·墨家》，李剑雄整理，北京：中华书局，1999 年版，第 33 页。
③ 〔明〕李贽：《墨子批选》卷之一，载任继愈主编：《墨子大全》第 1 编第 6 册，北京：北京图书馆出版社，2002 年版，第 518 页。
④ 同上，第 556 页。
⑤ 同上，第 556 页。
⑥ 同上，第 601 页。
⑦ 同上，第 601 页。
⑧ 同上，第 601 页。

中，惟儒足与之相抗，自余诸子皆非其比"[1]的仁义之学。要言之，明清以来的士人在看待墨学时，并不对之全然否定，而多阐明墨学中的积极因素；更有李贽等论者，试图站在墨学立场来反驳以孟子为代表的儒家对墨子及墨学的批判，以显明墨学所具有的积极政治价值。

综上所述，在先秦至明清的传统文化发展脉络中，墨学确有一个由显学到绝学的流变过程。然墨学之进入历代学人的思想视野，构成一种或批判或再解释的对象，也是一个确凿的思想史事实。这一事实说明，墨学贯穿于自先秦起的中国传统文化历史流变谱系之始终，只是表现为或显或隐的历史形态。就显的形态而言，墨学可与儒、道并成显学，并作为与儒学相竞争的反向形态而出现，展现出极大的吸引力与影响力。就隐的形态而言，墨学则成为盘亘在儒者视野中的必须加以批判或再解释的"幽灵"似的思想资源，使得历代不少学人都必须对其加以批判性的注意。以笔者浅见，墨学是传统文化中与儒、道不同的反向性存在面向，而这种反向性既体现在其所强调的屈己爱人和兴利除害的价值主张，也体现为尚谈辩、重实利的致思风格。由此，墨学实与儒相伴而内嵌于传统文化之中。这就使得今人若欲探究中国古代政治思想和传统政治哲学，形成对古代治理之道（术）的自信与自豪，那也就应当对墨家的政治哲学给予一定的重视和关注。

第三节　墨学与中国近代政治思想

近代政治思想史上的墨学，为"革命文化"的形成提供了传统政治思想资源。一般以为，"革命文化是中国共产党领导中国人民

---

[1]　转引自〔清〕孙诒让：《墨子间诂》，北京：中华书局，2001年版，第670页。

进行革命斗争实践的文化结晶"①。在某种程度上说，革命文化的形成与发展，既根植于近代中国的革命实践历史，也脱胎于中华优秀传统文化中的某些思想因素。在革命文化的形成与发展中，墨学承担着特别重要的文化角色与思想使命。事实上，近代墨学的复兴与繁荣，恰是与在欧风美雨飘摇神州大地的大时代变局的处境之下，有识之士提振国人文化自信，寻求国学与西学的交合与融汇，进而构建强国富民之术的努力紧密相关。以下，笔者打算以墨学与革命文化间的关系为主线，简要介绍近代政治思想史上关于墨学的若干评议。

近人对墨学的认识与对西学的接触、接受和传播紧密相关，大概经历了"西学源出墨学说""西学墨学共通说"和"以西释墨和墨学复兴"三个阶段。②不同阶段的墨学研究与诠释，相应于不同历史时期的传统文化使命与具体革命形态。"西学源出墨学说"盛于洋务运动时期，以邹伯奇、黄遵宪等思想开明之士为代表，体现出"人有我有，且源于我"的文化上国心态，也暗含有以墨学为托实则吸纳西学以图自新的文化使命。"西学墨学共通说"则倡于戊戌维新派和辛亥革命派之间，以孙中山、梁启超和谭嗣同等对墨学的认识与发展为代表，呈现出以墨学对接西学的思想形态和发挥墨学"摩顶放踵以利天下"的革命实践精神。"以西释墨和墨学复兴"阶段则流布于"五四"以来的革命思想与实践中，一方面扬墨抑儒，以墨学的发展与弘扬来推动民主与科学精神的落地生根；另一方面则以域外的政治与科学知识及社会主义思潮来改造墨学，使之成为能改造国家、国民的新的文化形态。笔者以为，近代墨学的复兴与发展，与旧、新民主主义革命者的不同诉求紧密相关，而有不少的墨学传承者、弘扬者与宣传者，也都兼具思想家与实践家的双重身份。就

① 白纯：《革命文化是文化自信的重要资源》，《中国社会科学报》，2017 年 2 月 9 日，第 1 版。

② 参见马克锋：《近代墨学复兴的历史轨迹》，《教学与研究》，2004 年第 1 期。

此而言，近代墨学所承担的文化使命，与其说是重续传统，还不如说是开新思想。基于此，近代墨学的传承、研究与发展，就是革命文化得以形成的一个重要思想渊源，也是近现代中国政治思想的启蒙先声。

从理论联系的横向角度来说，近代墨学研究的主要内容与革命文化的内在特征之间存有一定相应性。一般来说，革命文化的内在特征体现为"民族的科学的大众的"[①]，是"反帝反封建"的有力思想武器。革命文化的民族性包括了对传统文化的"批判性继承"，这意味着革命文化的形成离不开包括墨学在内的民族传统文化内容。革命文化对科学性和大众性（民主性）的强调则基于"五四"以来"德""赛"二先生的时代主旋律。因《墨经》中内蕴的几何学、逻辑学、光学等科技知识，使得墨学成为民族文化中的科学内涵，而对《墨经》中名辩思想的研究也日趋成为近代学术界的一个关注重点与热点。墨学"尚同""尚贤"等主张中，包含了对国家起源、选贤任能等一些政治哲学问题的叙述，而这些论述又在形式与内容上与霍布斯、卢梭等西方启蒙思想家的政治哲学理论具有某种近似性，这就使得墨学被以梁启超、胡适等为代表的新文化运动健将诠释出了民主政治的萌芽色彩。比如，梁启超受孙诒让之启发，重点对《墨经》中的逻辑思想进行了比较研究，同时还以西学为底板，对墨家之政治、伦理、人生哲学等思想加以整理诠释。梁启超将墨家要旨视作"摩顶放踵以利天下"，并肯定墨学是救国之良药，他说："欲救今日之中国，舍墨学之忍苦痛则何以哉？舍墨学之轻生死则何以哉？"[②]梁启超还有感于国际关系的恃强凌弱，特别肯定墨家的和平之旨是改造国际秩序、国际关系的良方。此外，梁启超将墨子推崇为千古以来最强调实践精神的大实行家，即"墨子为中国独一无

---

① 毛泽东：《新民主主义论》，载《毛泽东选集》第二卷，北京：人民出版社，1991年版，第706页。

② 梁启超：《子墨子学说》，台北：台湾中华书局，1985年版，第48页。

二之大实行家"①。胡适则将墨学研究的重点放在逻辑学和科学思想上来，认为墨学是中国古代最近于西学的学问，这也是其他诸家所不能及的。胡适曾高度评价墨子说："墨翟也许是中国出现过的最伟大的人物，是伟大的科学家、逻辑学家和哲学家，为中国贡献了逻辑方法的最系统的发达学说。"②蔡元培也肯定了墨子的科学家身份，他论述道："然墨子，科学家也，实利家也。其所言名数质力诸理，多合于近世科学。其论证，则多用归纳法。"③由此可知，近现代不少学人在论及墨子与墨家、墨学时，都以其为救时之必需，并认为墨家传承的湮灭与墨学的中断，实为中华传统文化发展中的一大缺憾。就此亦可看出，墨学思想所内蕴的科学、民主等萌芽论说，使其成为传统文化中最契合现代精神的历史资源，故其也就在近代承担起了凋敝传统中最为瑰丽的民族文化自信的历史使命，成为近代政治思想发展史上被充分肯定的传统思想资源。

从历史实践发展的纵向角度考察，墨学的近代复兴史，其与革命文化的关联既发生在以维新派与辛亥革命派为代表的旧民主主义革命时代，成为推动先进志士改造思想、从事革命活动的重要思想动力，更发生在"五四"以来的新民主主义革命时代，成为重整传统、对接社会主义思想、推动现代文明传播的传统文化主脉。其中，墨家"兴天下之利、除天下之害"和"摩顶放踵以利天下"的牺牲精神，更成为一代代革命志士为求民族独立、国家富强而抛头颅、洒热血的极大思想推动力。例如，为变法图强而横刀向天笑的维新志士谭嗣同，就是以墨家摩顶放踵利天下之志自励，他在《仁学·自序》中写道："……由是益轻其生命，以为块然躯壳，除利人之外，复何足惜！深念高望，私怀墨子摩顶放踵之志矣。"④足见

① 梁启超：《子墨子学说》，台北：台湾中华书局，1985年版，第41页。
② 胡适：《先秦名学史》，上海：学林出版社，1983年版，第53页。
③ 蔡元培：《中国伦理学史》，北京：中国画报出版社，2010年版，第36页。
④ 〔清〕谭嗣同：《仁学》，吴海兰评注，北京：华夏出版社，2002年版，第1页。

墨学对其个人品格影响之大。事实上，谭嗣同短暂一生，其学出入儒释道耶诸教之间，又兼采国故与西学，然于墨家则最为肯定，将墨家精神断为两派："一曰任侠，吾所谓仁也，在汉有党锢，在宋有永嘉，略得其一体；一曰格致，吾所谓学也，在秦有《吕览》，在汉有《淮南》，各识其偏端。仁而学，学而仁，今之士其勿为高远哉！即墨之两派，以近合孔耶，远探佛法，亦云汰矣。"① 据此可见，谭嗣同试图以墨学为本，倡导任侠的仁义精神和科学的求知思想，而将其他思想皆整合于墨家系统之中。再如，近代民族革命的伟人孙中山先生高度肯定了墨家的兼爱之说，认为"古时候最讲'爱'字的莫过于墨子，墨子所讲的兼爱与耶稣所讲的博爱是一样的"②，并在《民报》创刊号上将墨子与黄帝、华盛顿、卢梭并列为世界四大圣人，还特别指出墨子是"世界第一平等博爱主义大家"③。

自"五四"以来，以中国共产党人为代表的新的革命力量，基于不同的思想视角，对墨家和墨学也多有研究、肯定和赞美。④ 比如，毛泽东在延安时期就高度肯定墨子说"历史上的禹王，他是做官的，但也耕田。墨子是一个劳动者，他不做官，但他是比孔子高明的圣人。孔子不耕地，墨子自己动手做桌子、椅子"⑤，这也就是将墨子看作劳动者的圣人；毛泽东还在与陈伯达讨论《墨子的哲学思想》一文时，提出题目"似改为'古代辩证唯物论大家——墨子的哲学思想'或'墨子的唯物哲学'较好"⑥，这也就是以墨子为"古代辩证唯物论大家"。这些重要论述也就从马克思主义哲学的基本观点和劳动者的

---

① 〔清〕谭嗣同：《仁学》，吴海兰评注，北京：华夏出版社，2002 年版，第 1 页。

② 孙文：《孙中山选集》，北京：人民出版社，1956 年版，第 649 页。

③ 参见李广星：《孙中山与墨子》，《职大学报》，2016 年第 6 期。

④ 此方面的相关研究可参见郑林华：《毛泽东和党的其他早期领导人与墨家思想略论》，《党的文献》，2009 年第 3 期。

⑤ 周溯源编著：《毛泽东评点古今人物：精华本》，上海：上海人民出版社，2015 年版，第 23 页。

⑥ 同上，第 23 页。

阶级立场出发，肯定了墨子和墨学的政治思想史地位。同时，1938年在延安成立了以毛泽东为首的中国古代哲学研究会，其骨干成员之一陈伯达就对墨家哲学思想进行了全面整理与研究，写成了《墨子哲学思想》一文（该文先后于 1939—1940 年间发表于《解放》杂志的第 82 期、第 102 期和 104 期），其研究的基本结论是墨学是下层劳动者利益的代表，墨学的名实观相应于唯物论，知行观相应于实践论，论理学相应于辩证法，义利观相应于原始的唯物史观。

此外，中国共产党的其他早期思想家和革命文化代表者也多以墨学对接社会主义思潮，并认为墨学为传统文化中最革命、最先进之学派。比如，陈独秀在 1939 年 7 月 21 日的《联合报》上说："假若墨学不绝，汉以来的历史绝不会如此。"又如，蔡和森则肯定墨家的革命思想与列宁领导的苏俄社会主义革命相类似，他说："只计大体之功利，不计小己之利害。墨翟倡之，近来俄之列宁颇能行之，弟愿则而效之。"[①] 还如，鲁迅比较儒、墨二家说："孔子之徒为儒，墨子之徒为侠。'儒者，柔也'，当然不会危险的。惟侠老实，所以墨者的末流，至于以'死'为终极的目的。"（《朝花夕拾·流氓的变迁》）鲁迅又以墨子止楚攻宋的故事为原型创造了小说《非攻》，称颂墨子"是'中国的脊梁'，传奇式的伟大英雄"。正是在对墨子和墨学作为革命文化思想资源加以诠释的理路中，墨子获得了"平民圣人""劳动者的圣人"等美誉，墨家也被称赞为先秦诸子中最能体现革命精神的派别。

墨子与墨学的奉献与牺牲精神，确实在近代政治思想史上备受肯定。如梁启超在《先秦政治思想史》中高度肯定墨子的精神生活道："墨子固自有其最高之精神生活存，彼固以彼之自由意志力，遏其物质生活几至于零度以求完成其精神生活者也。古今中外哲人中，同情心之厚，义务观念之强，牺牲精神之富，基督而外，墨子而

① 蔡和森：《蔡和森文集》，北京：人民出版社，1980 年版，第 8 页。

已。"①梁启超的这一评价，肯定了墨子极其浓厚的义务观念和牺牲精神，从而在近代政治思想史中描摹了几于完人的墨子形象。此外，还有论者将墨子的牺牲精神与基督教加以比较，阐发出极具现实讽刺意味的政治论说，如吴雷川在比较墨学和基督教在义理旨趣上的同异时，指出这两大思想体系间的内在一致性说："耶墨一派的刻苦自励，原不是普通人全能领受。……但我们须知，他们如此刻苦，原始倡导的人必要以身作则。他们许多严厉的训言，也都是为预备做领袖的徒党而发，并非希望人尽如是。……可见他们的深意，都是要使当下有少数人肯牺牲个人的利益，作为未来社会进步的代价。不然，墨翟固尝主张先质而后文，耶稣标举天国，更是要为全人类谋取永久的幸福，他们岂是空有绝高的理论而不愿普通的人情？所以如果认准耶墨所主张的真是现代中国所需要。因而期其实现，做领袖的就必要不畏艰难，多负责任。"②笔者以为，这些评价虽不纯然是从政治思想史角度所作的对墨学价值的评议，但仍有其政治思想史方面的向度，所以在讨论墨学与近代政治思想之间的关系时，仍是值得重视的重要组成部分。

当然，墨学在近代思想史上的复兴，也受到了一些思想家的批评。其中，有不少论者沿袭儒家对墨学的传统判定，继续将墨学视作不通人情的邪诬之说。比如，张之洞就在其《劝学篇》中指出："墨子除《兼爱》已见斥于孟子外，其《非儒》《公孟》两篇至为狂悍，《经》上下、《经说》上下四篇，乃是名家清言，虽略有算学、重学、光学之理，残不可读，无裨致用。"③张之洞彻底否定了《兼爱》和《非儒》《公孟》诸篇，其缘由或许就在于这几篇是墨家挑战儒家最为彻底、最为公开、最具特色的思想声明。至于近代学人着

① 梁启超：《先秦政治思想史》，天津：天津古籍出版社，2003 年版，第 150 页。
② 吴雷川：《墨翟与耶稣》，载任继愈主编：《墨子大全》第 2 编第 50 册，北京：北京图书馆出版社，2003 年版，第 338 页。
③ 〔清〕张之洞：《劝学篇·輶轩语》，北京：中国盲文出版社，2014 年版，第 27 页。

力整肃的《墨经》诸篇，则断定其是几无价值的。又如，近代史学家刘咸炘则继续将墨学视作一种"无父"之说，这是因为墨子"重大群而以之没小己，其视天下也，惟有大群之效率耳。凡在群之中皆当服其首领，舍身家以奉公利，自首领以下皆等视之，即父亦群之一耳，古曰无父"[1]。此处所要着重强调的是，墨家在其共同体之组织内，奉行某种空想的彻底平等主义，从而无法将父子关系与其他的共同体成员间的关系区分开来，也就无法突出父亲身份的特殊性而使其泯然众人。总之，以上略举一二，目的在于明了近代政治思想史对墨学评议中的复杂面向。

要言之，墨学研究在近现代兴盛的缘由虽多，但较根本的还在于墨学文本中内蕴的可与民主、科学等现代理念相衔接的思想因子。这些思想因子一经梁启超、胡适等人的整理诠释，则使得墨学成为近现代思想文化中的"显学"，并对"民族的科学的大众的"的革命文化的形成与发展产生一定的影响。尤其是"五四"以来以墨学对接社会主义的思潮风尚，使得墨子变身为"平民圣人"和"劳动者的圣人"，墨学转换为传统文化中的革命一派，并成为近代政治思想上的传统文化资源之一。由此，今人欲理解近代政治思想史上的革命文化，就完全可以以墨学的近代转换发展的由与道为视角，对之加以管窥，从而帮助我们了解传统文化与革命文化的渊源关系，并树立起对近代政治思想的了然与自信。

第四节　墨学研究的当代价值

墨学现代价值的阐发与诠释是 20 世纪 80 年代以来的当代墨学研究的一个重点方向。如孙中原主编的《墨学与现代文化》等论著，

---

① 刘咸炘：《推十书》第 2 册，上海：上海科学技术文献出版社，2009 年版，第 651 页。

以及撰写的《墨学与现代社会》[1]等系列论文，就立足于现代社会政治、经济、文化发展所需的科学精神与人文素养、辩证哲理等内容探讨墨学发展的现代范式转换，及其对当代治国理政、社会价值建构所具有的重要借鉴意义。又如曾繁仁在其《千年"绝学"的伟大"复兴"——墨学研究的百年回顾与前瞻》一文中指出，墨家的"兼爱"与"非攻"思想对新时代的国际社会治理有重要理论借鉴意义，"非命""节用"思想则可以成为中华民族艰苦奋斗、自强不息的强大精神动力，其科学思想对于提升民族自信心和贯彻"科教兴国"战略具有基础价值。[2]此外，还有不少论者谈及墨学中的"兼爱""贵义""尚贤"等思想对于当代的和谐社会建构、经济与商业伦理发展、人才战略等可能具有的启发性意义。尤其是近年来还有一些论者倡导所谓的"新墨学"建设。[3]朱传棨则将墨家文化的基本特征概括为"兴万民之利"的核心内容、实践的针对性和道技统一的文化观。[4]总言之，墨学因其思想体系本身所内蕴的与现代社会可相适应的因子（如"兼爱"与陌生人人际交往伦理构建、重逻辑分析和科学精神的理论品格），加之于近代以来一代代墨学研究者的文本诠释与义理构建，使得墨学能够成为构建现代社会核心价值的可资借鉴的有力传统思想资源。

　　当然，探讨墨学与现代社会间的关系问题存有多种研究维度和向度，自非笔者所能遍及。但笔者以为，如若单以当代社会价值建构所需的思想自信为观察视角，可以从如下三个层面申论墨学对当代社会的价值建构所具有的作用，进而阐明墨学何以能够成为当代社会核心价值建构的思想涵养源。

---

[1]　孙中原：《墨学与现代社会》，《人民政协报》，2017年4月24日，第11版。

[2]　参见曾繁仁：《千年"绝学"的伟大"复兴"——墨学研究的百年回顾与前瞻》，《文史哲》，1999年第6期。

[3]　如张斌峰和张晓芒的《新墨学如何可能》（载于《哲学动态》，1997年第12期）等。

[4]　参见朱传棨：《墨家思想研究论稿》，北京：人民出版社，2020年版，第22—26页。

第一，墨学所内蕴的强本节用之术、兼爱尚贤之道。墨家认为，实现强国富民之道首要在于解决内患，爱惜民力，加强生产，避免铺张浪费，唯有如此，才能"用财不费，民德不劳，其兴利多矣"（《节用上》），并最终实现"为政一国，一国可倍也；大之为政天下，天下可倍也"（《节用上》）的施政目标。墨家强调"非命重力"，认为人异于他物的根本在于"赖其力者生"，这说明了生产劳动对于人类社会发展的根本重要性。这种强本节用之术被历代学人视作墨学万世不可易的最大价值。这种强本节用之说，对今天强调消费行为中符号功能至上的消费社会而言，无疑具有正本清源的启示意义。显然，墨家这种强调劳动，注重节约的思想主张，对于实践"富强"的国家层面核心价值建构具有一定意义的重要性。墨家强调为政之本在于"兼爱""尚贤"，墨家的"兼爱"之说，阐发"爱人之身若爱其身""视人身若其身""视人家若视其家""视人国若视其国"（《兼爱上》）的思想主旨，认为唯如此才能最终实现"兴天下之利，除去天下之害"（《兼爱中》）的理想社会目标。显然，"兼爱"思想上可为构建人类命运共同体及国际交往新秩序的价值建构和实现国际社会治理的"兼相爱，交相利"（《兼爱中》）提供宝贵思想资源，下可为构建良好的社会风尚和人际交往的和谐社会提供思想指南。据此，墨学中的"兼爱""节用"之道对于我们实践"富强""和谐"的社会价值具有极强的思想借鉴作用。

第二，墨学所倡导的"贵义""法仪"等学说对"公正""平等"的现代价值观念具有较强的思想助力作用。墨家强调"万事莫贵于义"（《贵义》），而"义，正也"（《天志下》），"义，利也"（《经上》），也就是强调处事要考虑到天下人的普遍利益（公义）。可见，墨家"贵义"思想的实质在于强调公正精神，要求兼顾他者的利益而不能"亏人以自利"。墨家要求士人当效法于天，君主官属要上顺应天志之义，下为人民谋利，并成为实行公正的典范。此外，墨家还强调一种立足于天志和功利基础上的平等主义，要求包括国君在内的所有人都要遵守"天志"，即"天下之百姓，皆上同于天"（《尚同上》），这也就是遵守"兼爱交利"的思想主张，汲汲于"兴利除害"；墨家还反对由血缘亲缘关系而来的无功之富贵，强调为政应"不党父兄，不偏富贵"而"举贤任能"，"举贤"则要不避"贫贱""亲疏"和"远近"，而只以"德"和"能"为准（《尚贤中》）。墨子还是先秦诸子中较早强调"法"（规矩、标准）的重要性的思想家，提出"三表法"以作为判断言辞是非真假的根本标准，并强调"法，所若而然也"（《经上》），即依据同样的规则和标准来创制工具和处理事务。墨家的这种平等观、公正观和法治思想在《吕氏春秋·去私》中所记叙的"腹䵍杀子"之事例中有所明证，《吕氏春秋》对此评议说："子，人之所私也，忍所私以行大义，巨子可谓公矣。"①这也旁证了墨家是公正无私和遵守公义的典范。

第三，墨家的"修身"之道、"尚贤"之说对于个人修养方面的现代意义。墨家特别看重忠、信的个人品德，并认为这是贤人的必备之德。墨家认为，"信"的内涵是"言"合于"意"，意即不自欺也不欺瞒人。墨家强调贤人的品德之一是"有力者疾以助人，有财者勉以分人，有道者劝以教人"（《尚贤下》），这种"三有"精神，实质上就正好强调了墨家所论贤人亏己以利人的大德。贤人的品德之二是为义时的自省之道，即为民兴利而不成时毋庸怀疑自身之道是否能行，而要反省自身以求做到更好。对墨者而言，评价是否为贤人也主要是看"取"而非"名"，即要"合其志功而观焉"。贤人的品德之三是事君以"忠"，墨子认为所谓"忠臣"就是能"上有过则微之以谏；己有善则访之上，而无敢以告外，匡其邪而入其善。尚同而无下比，是以美善在上，而怨雠在下；安乐在上，而忧戚在臣。此翟之所谓忠臣者也"（《鲁问》），意即"忠"并不是对君

---

① 许维遹：《吕氏春秋集释》，北京：中华书局，2017年版，第32页。

上唯命是从、唯唯诺诺，而是要有过则谏，且劝谏要伺机而行；还要将自身见解上告以君而非告以他人；国君外在之言行能够得到匡正，从而能行义事；能自觉服从君上而不在下营私；能上替君分忧，让君上享有美誉安乐，却将冤仇忧戚留于自身。墨家特别看重"友善"对于人格养成的重要作用，即"修身"应当"贫则见廉，富则见义，生则见爱，死则见哀，四行者不可虚假，反之身者也"（《修身》），这种"廉""义""爱""哀"既是君子为人之情感的自然流露，也是反身而诚的重要处事法则。墨家还特别看重交友之道对人道德养成的重要性，强调修身应当与淳朴谨慎之善人、贤人交游而不与营私苟且之损友往来，从而成就君子之道，也就是"必谨所堪"。可见，如能弘扬墨家的尚贤、修身之说，对于我们理解当代社会的个人德性修养，有着一定的思想借鉴作用。

综上所述，墨家学说中藏有丰富的可相应于当代社会核心价值构建的不同维度的宝贵思想资源。尽管如此，我们也必须认识到，这些思想资源的作用发挥，还需要当代的墨学研究者结合时代精神需求以进行创造性的诠释与转化。展开墨学的现代诠释与转化的基本维度之一，还体现为其对于当代社会核心价值理论建构与践行的积极意义。正如马克思所说："理论在一个国家实现的程度，总是决定于理论满足这个国家的需要的程度……光是思想力求成为现实是不够的，现实本身应当趋向思想。"[1] 以笔者浅见，唯有对墨学加以创造性的转化与发展，方才有可能续发出墨学研究的新的"灵根"。

综本章所述，笔者在简单回溯《墨子》文本与墨学基本精神的基础上，纵向梳理了古代政治思想史与近现代政治思想史上与墨学相关的一些评议，并简要交代了墨学研究与当代社会价值建构之间

---

① ［德］卡尔·马克思：《〈黑格尔法哲学批判〉导言》，载《马克思恩格斯选集》第 1 卷，北京：人民出版社，2012 年版，第 11 页。

的关系。笔者的这些讨论，乍看起来，似乎与本书的讨论主题距离较远。但笔者考虑到墨学在思想史发展中的衰绝曲折，故对此多做些简单交代，以便申明墨学研究之于政治思想史研究和当代社会价值观念建设所具有的意义。接下来，笔者将接续以上对中国古代政治哲学和墨学发展史的宏观认识，转入对墨家政治哲学的具体研究之中。笔者的基本思路是，首先交代墨家对从事政治活动的道义原则（"义"）的认识，接着交代墨家的治道理论与政治制度设想，以申明墨家政治哲学的核心理念在于"民本"精神与"威权"手段，最后还拟简单讨论一些政治哲学的规范性视角下，儒墨两家"民本"理念所具有的差异，以及墨家政治哲学的逻辑论证方式及其不足，从而更进一步明确墨家政治哲学的特点与价值。

第三章 "民本"理念的墨学表述

"民本"观念是中国古代政治思想中的一个突出观点。周桂钿指出,"民本"理念主要包括如下内容:一是强调民为国之根本,是天下的主人;二是在君民关系上主张"民贵君轻";三是在官吏与民众的关系上主张"吏为民役",即官吏群体是为民服务的;四是以"利民为公义"。① 如果以周先生的这一总结和分析为依据,不难发现,墨学中蕴藏着丰富的"民本"论述。首先,墨家以"义"为自己思想学说体系的价值总纲,并明确说到"万事莫贵于义"(《贵义》),而墨家所论的"义"又以"利"为根本,所谓"义,利也"(《经上》),但墨家所论的义、利并非个人私利,而是"天下万民之利"。所以说,墨家的"义""利"合一观是"利民为公义"的重要体现。其次,墨家虽在现实政治中主张由民到政长再到诸侯国君终而到天子的层层"尚同"的政治体制,并强调以"天子"之"义"为天下公义,看似是"重君轻民",但考究墨家"尚同"思想的价值基底,不难发现,其以兼爱万民之"天"的"义"作为天下之义的根本准则。"尚同"的价值链条必须顺延包括"天子"在内的天下之人皆要与"天"在道义上保持统一,唯有如此,以天子为首的人间尚同秩序才有其合法性理据。在墨家看来,"天"选立天子的目的

---

① 参见周桂钿:《领导干部应从中华文化中汲取哪些政治智慧》,《党建》,2014年第3期。

是利民，这既体现在"君"必须是能施行"有力者疾以助人，有财者勉以分人，有道者劝以教人"（《尚贤下》）的天下最贤之士，还体现在"君"必须要求自己去模仿"天"来践行"兼爱万民"的"天志"，因而其实质仍在于爱民、重民和利民。故而，墨家在君民关系上也是主张"立君以利民"的。再次，墨家强调的是"以尚贤使能为政"的"贤人政治"，而墨家所论的"贤人"，具体表现为"厚乎德行，辩乎言谈，博乎道术"（《尚贤上》），这也就意味着，贤人为政要效法于"天志"的"兼爱""兼利"万民之义，也就是要行兼道以实现万民之利，这也就可以说是作为统治阶层的"士"还需要为"民"服务。最后，墨家虽未明确指出"民"为天下与国家的根本，但从墨家所论的用以判断一切言辞之是非的"三表法"之"原"与"用"（如《非命上》所说的"发以为刑政，观其中国家百姓人民之利"）来说，都强调了百姓人民之利而非天子之利才是判定国家刑政好坏的根本。故而我们也就可以说，墨家也会坚持和赞成民为国本的政治主张。正如盖立涛所指出的："墨家继承了三代以来的民本思想，主张重民、爱民、惠民，倾听民之诉求，体察民之疾苦。墨子从平民立场与功利角度出发，对周代礼制和儒家思想提出了批评，提出了节用、节葬、非乐的思想，并提出了自己的节用之法和节葬之法。"[①] 以下，笔者先从先秦的"民本"思想说起，继而分析墨家政治哲学中所内蕴的民本价值理念的主要表现。

第一节 先秦"民本"观念略说

"民本"是中国古代政治思想和政治哲学的核心观念之一。这一点也已为诸多研究中国古代政治思想史的学者所认识和肯定。比如，

---

① 盖立涛：《墨家仁义政治哲学研究》，中国人民大学博士学位论文，2017 年，第 201 页。

梁启超在谈论中国古代的政治思想时曾说到："我国有力之政治思想，乃欲在君主统治之下，行民本主义之精神。此理想虽不能完全实现，然影响于国民意识者既已甚深。故虽累经专制摧残，而精神不能磨灭。"① 这也就表明，梁启超在承认中国古代以君主（帝王）统治为主要模式的政治制度的事实之上，还肯定了其所内蕴的践行"民本"观念的精神理想。倘若梁启超的这一判断大体无差的话，"民本"观念无疑就成为中国古代政治思想中最具关键地位的政治理想和评价标准之一，并可与君主统治的政治模式相为协调。与之相较，金耀基则将"民本"看成中国古代政治思想史中的一个最为基础和最为核心的观念。他认为，"民本"思想贯穿于整个中国古代政治之始终，并经历了三个主要的发展阶段，即民本与神本的交融、民本与君权的结合和民本与民权的汇流。这也就是"民本"思想的三期发展说："吾国因有民本思想之彻上彻下，第一期与神本政治交融，乃成为有'神之主在民'的观念之'神''天'合一的政治；第二期与君权政治结合，乃成为有'君客民主'的意识之开明专制；第三期与民权政治汇流，乃成为有'四万万人皆有作皇帝'之新思想的民主政治。基此，吾人若谓中国五千年来之政治为民本思想做根底的政治，非不可也。"② 显然，在金耀基看来，无论是神权政治中的天为民主、天民互通，还是君权政治中的重民利民、民为国本，抑或是近代以来高扬"德先生"的民权为上，都是"民本"思想的不同体现；他还认为，"民本"思想中已经包含和肯定了民主政治的三大基本精神，即"人民为国家之主体""国事以民意为依归"和"人皆有人格尊严，生存权利"③。此外，还有论者在指出"民本"观念在中国政治思想史上的重要地位的同时，论述了"民本"与"君本"观念针对问题的不同：一方面，"中国古代的民本思想是历朝历代统治思想的重要组成部分"，另一

① 梁启超：《先秦政治思想史》，天津：天津古籍出版社，2003年版，第7页。
② 金耀基：《中国民本思想史》，北京：法律出版社，2008年版，第196—197页。
③ 同上，第197页。

方面，"在讨论国家的来源、根本和基础的时候，人们认为'民为国本'；在讨论政治的首脑、主体和关键的时候，人们认为'君为政本'"①。总而言之，以"民本"观念为中国古代政治思想的一个基础组成和最高理想，应是一个完全可以成立的思想史论断。

"民本"思想萌芽于尧舜禹的上古时代，并在夏商周时代就开始逐步成为一个主流的政治观念。无论是商汤之伐夏桀，还是武王之伐商纣，其所坚持的一个重要道义依据就在于大禹、商汤、文王、武王等圣王能选贤任能，重民保民。特别是周人在伐商的过程中，更是形成了以民本与天命相对的"敬德报民"等思想，逐步奠定了"民本"思想的萌芽，亦对中国古代政治思想造成了深远影响。② 从文献角度说，在追溯"民本"观念的思想史起源时，一般都会提及伪古文尚书中的《五子之歌》。该篇论述了大禹之孙太康因淫逸而失国后，其弟对所谓的皇祖之训的反思，提出了"民可近，不可下。民惟邦本，本固邦宁"的政治思想。究其实质，"民惟邦本"突出的是民在天下和国家治乱兴衰中的重要作用，也就是要"以民为本"。

此外，《尚书》《左传》《礼记》等典籍更进一步丰富和深化了"民本"的思想史意涵。首先，这体现为"天""民"关系维度上的"天民同一"观。比如，《尚书·皋陶谟》提出了一种天民合一的政治哲学观点，强调"天聪明，自我民聪明；天明畏，自我民明畏"，这也就为"民本"思想奠定了某种神学意义上的绝对性与权威性理据。又比如，《尚书·泰誓》也提出了"天矜民，民之所欲，天必从之""天视自我民视，天听自我民听"等著名的"民本"政治主张；而《尚书·蔡仲之命》更是深刻总结了"天""民"之间的政治关系，形成了"皇天无亲，惟德是辅，民心无常，惟惠是怀"的政治主张，强调以天子或国君为代表的统治阶层要做到敬德保民和惠民利民。其次，"民本"观念

---

① 张分田、张鸿：《中国古代"民本思想"内涵与外延刍议》，《西北大学学报》，2005 年第 1 期。
② 参见韩星：《三代民本思想及其历史影响》，《中原文化研究》，2020 年第 2 期。

还体现为君民关系维度上的"民重于君"和"君民一体"。比如,《左传》中提出了"天生民而立之君,使司牧之,勿使失性"(《左传·襄公十四年》)的政治主张。这一主张既明确提出了"君权天授",也着力突出了"君"的政治义务与使命就是要保养万民,因此,君主没有凌驾与宰制天下万民的道德权利,"天之爱民甚矣,岂其使一人肆于民上,以从其淫,而弃天地之性? 必不然矣"(《左传·襄公十四年》)。又如,邾文公在回应史官提出的"利于民而不利于君"的疑问时说道:"天生民而树之君,以利之也。民既利矣,孤必与焉。"(《左传·文公十三年》)这也就是将君视作由天所立,将君的使命视作利民,并将君、国与民的利益统一了起来。更进一步,《左传》还从总结历史经验的高度提出"国将兴,听于民;国将亡,听于神"(《左传·庄公三十二年》),将天下和国家安危治乱的根本系之于民而非神。《礼记·缁衣》亦从君民关系的角度谈及了"民本"观念:"民以君为心,君以民为体;心庄则体舒,心肃则容敬。心好之,身必安之;君好之,民必欲之。心以体全,亦以体伤;君以民存,亦以民亡。"此处以人之"心"和"体"的关系为喻,阐述了君和民之间的一体关系,并强调君之存亡的根本系之于民。上述这些治道思想,若从君民关系的角度说,皆主张君主为政应做到以民为本;从天民关系的角度来说,主张天与民在政治理想价值上的同一性,天生民而爱利于民,也正是因为天爱民才为之选立君主,以使民勿失其自然之性。

先秦"民本"理念的又一个重要方面,是特别看重满足人民基本物质和精神生活(生存)需求的重要性。《尚书·洪范》[①]

---

① 一般认为,《洪范》所述的思想主旨当属商代。这一点亦为当代以疑古著称的顾颉刚、刘起釪等人所认可:"《洪范》原稿由商代传至周,经过了加工,到春秋前期已基本写定成今日所见的本子。"(参见顾颉刚、刘起釪:《尚书校释释论》第三册,北京:中华书局,2005 年版,第 1218 页)由《洪范》而来的"作民父母"的政治理念,后为儒家所继承并经孟子和荀子而有所发展,遂成为先秦儒家以道德为本的政治思想和政治哲学的重要议题之一。对此观点的详细论述可参见刘丰:《"为民父母"与先秦儒家的政治哲学》,《现代哲学》,2019 年第 1 期。

将"食""货"等经济事宜列为"八政"之首。何以为政必须要以"食""货"为首？《汉书·食货志》解释这一点说："食谓农殖嘉谷可食之物；货谓布帛可衣，及金刀龟贝以为所以分财布利通有无者也。二者，生民之本也。"①这既具体解释了"食"与"货"的所指，以"食"为满足人之口腹欲求的农耕之事，以"货"为沟通有无的商贸之事，又明确将这二者视为民生需求的根本。相较而言，"食"更是"八政"之先，《大传》具体解释道："食者，万物之始，人事之所本也，故八政先食是也。"②因此，以"食""货"为代表的最基本的民生需求，也就成了君主治国理政的首要之事、当务之急。同时，《洪范》还指出天子（君）与民的关系说，"曰天子作民父母，以为天下王"③。这显然以父母养育子女为喻，阐述了天子与民之间的关系。天子作为民之父母，就既需要具备能生能食的母之德（突出物质生活的满足），又需要具备能教能诲的父之德（突出精神生活的丰富），才能实现爱民、养民、利民意义上的"敬德保民"。此种以天子或君主为民之父母的看法，在《荀子》及其后世的《太平御览》等典籍中得到了更为详尽的解释与引申。如《荀子·礼论》有言："父能生之，不能养之；母能食之，不能教诲之；君者，已能食之矣，又善教诲之者也。"又如《太平御览》就援引《尚书大传》对圣人何以能作"民之父母"的解释说："圣人者，民之父母也。母能生之，能食之；父能教之，能诲之。圣王曲备之者也，能生之，能食之，能教之，能诲之也。为之城郭以居，为之宫室以处之，为之庠序学校以教诲之，为之列地制亩以饮食之。故《书》曰：'作民父母，以为天下王。'此之谓也。"④显然，此处乃是对"天子作民

---

① 〔清〕孙星衍：《尚书今古文注释》，北京：中华书局，2004 年版，第 300 页。

② 同上，第 300 页。

③ 同上，第 306 页。

④ 〔宋〕李昉等撰：《太平御览·人事部四二·叙圣》，北京：中华书局，1960 年版，第 1852 页下。

父母"的更进一步发挥，通过将天子（君主）对于民众的责任归结为养民与教民两个方面，以提出天子对民要教、养结合，使民能亲、敬结合。《洪范》还论述了君臣相处之道，认为只有君才能"作福、作威、玉食"，而臣则不能"作福、作威、玉食"，否则就会礼崩乐坏、秩序涣散了。

综上所述，"民本"观念所包括的民为国本、天民合一等意涵，在《尚书》等先秦典籍中已得到了充分论述，并构成了儒、墨等先秦诸家政治哲学所共有的思想文化背景。就此而言，先秦诸子对"民本"观念的论述，就有其政治思想史上的文献与理论基础了。

儒家是先秦诸家中极力倡导"民本"政治观念的代表性学派。孔子、子思、孟子、荀子等儒家圣贤，皆对爱民、养民、使民做出了极为充分而细致的论述。比如，孔子主张君主应以义使民，要"节用而爱人，使民以时"（《论语·学而》），这无疑突出了一种爱民、利民的德政观念；孔子还认为，一个好的统治者应该以惠养民，以义使民，这又体现为孔子对子产的为政之道的赞许，即"其养民也惠，其使民也义"（《论语·公冶长》）。又如，郭店楚简中的《鲁穆公问子思》更是明确提出了天设君以利民的说法，"天之生民，非为君也；天之立君，以为民也"，这就从为政目的与手段的关系角度入手，认为民比君要更为根本和尊贵，构成了君之为政的目的与合法性依据，而君所担负的主要政治使命就体现为为民服务，这也是一种以"民众目的化，君主工具化"[1]为特质的"民本"政治观。再如，孟子将"民本"观念高度概括为"民贵君轻"，"民为贵，社稷次之，君为轻"（《孟子·尽心下》），对民、国家（社稷）、君等三个政治主体进行了一种价值上的排序，突出了民在治

---

[1] 参见王中江：《权力的正当性基础：早期儒家"民意论"的形态和构成》，《学术月刊》，2021年第3期。

道中的基础与根本地位。孟子还论述了一种君臣之间的相对对等关系："君之视臣如手足，则臣视君如腹心；君之视臣如犬马，则臣视君如国人；君之视臣如土芥，则臣视君如寇仇。"（《孟子·离娄下》）显然，孟子并不强调臣对君的一味顺从与愚忠，而是突出了臣下对待君主的态度，要取决于君主对待臣下的态度。孟子认为，天之所以设立君主，在根本上乃是为了民，"天降下民，作之君"（《孟子·梁惠王下》），这仍是一种以民为君的目的、君为民的工具的"民本"观念。就此而言，孟子特别注重为政者要"平其政"，而不必一味去对民众施以小恩小惠。孟子曾评论子产主持郑国政治时用自己的车架帮助百姓渡过溱水和洧水的行为说："惠而不知为政。岁十一月，徒杠成；十二月，舆梁成，民未病涉也。君子平其政，行辟人可也，焉得人人而济之？故为政者，每人而悦之，日亦不足矣。"（《孟子·离娄下》）这也就是说，君子为政的要点不在于给予民众以小恩小惠，而是要关注民生需求的根本，依照时令做好便利民生的规划。还如，荀子援引舟水之喻来说明国与民、君与民之间的关系，所谓"君者，舟也。庶人者，水也。水则载舟，水则覆舟"（《荀子·王制》），这就从君民关系的角度提出了民贵于君的观点，如同舟离不开水、水可载舟亦可覆舟一样，君也离不开民，民既能拥护和服从君主的治理，也能推翻君主的统治。在君民关系上，荀子仍然持守了以民为目的、以君为工具的儒家政治哲学观点。荀子认为："天之生民，非为君也。天之立君，以为民也。故古者列地建国，非以贵诸侯而已；列官职，差爵禄，非以尊大夫而已。"（《荀子·大略》）荀子认为，君、诸侯、大夫等为政者，在根本上仍是为民而存在的。此外，荀子还特别看重对民的富与教，认为只有使民众衣食无忧且受到教导，才可能实现王道，正所谓"不富无以养民情，不教无以理民性。故家五亩宅，百亩田，务其业而勿夺其时，所以富之也。立大学，设庠序，修六礼，明十教，所以道之也。诗曰：'饮之食之，教之诲之。'王事具矣"（《荀子·大略》）。总之，上述这些儒家论述，皆折射出了"民本"观念的实质在于处理邦国与民众、君主与民众之间的关系。一方面，民众、庶人是君主实现天下和国家长治久安、保有政权的合法性基础，而"民本"亦成为儒家反思历代失国之君的政治经验之得失的观念指归。另一方面，民之于君则处于一种相对弱势的无权（无权力亦无权利）地位，故只能通过祈请天或圣王来实现自己的政治诉求。这也使得民既无法决定也无法反对君主所作的与其自身利益攸关的诸种决定和举措，而只能待诸天之罚或圣王之伐了。

即便是十分注重君主威权的法家，也强调为政应考虑民之性情，注重满足民之利益的必要性。比如，《慎子·佚文》就用造棺之匠人的事例比喻了民情的复杂，"匠人成棺，不憎人死；利之所在，忘其丑也"，足够的利益的确会让人忘却事件本身所带来的不体面。而商鞅则更一般地谈及民之性情说"民生则计利，死则虑名"（《商君书·算地》），即使利害与名誉不是民之生、死所挂碍的唯一问题，也算得上是民最为重要的生活关怀。对于人性的这种好利避害，韩非则指出其缘由说，人"上不属天而下不著地，以肠胃为根本，不食则不能活，是以不免于欲利之心"（《韩非子·解老》）。韩非的论述也说明，以饮食为根本的人性人情必须得到足够的照拂与关怀。由此种好利的人性观察出发，韩非子洞见到了君与臣民之间的关系，完全就是赤裸裸的利益计算与交换。"君臣之际，非父子之亲也，计数之所出也"（《韩非子·难一》），"君臣之交，计也。……君臣也者，以计合者也"（《韩非子·饰邪》）。一方面，臣民为君殚精竭虑以求其利；另一方面，君则须对臣民付出相应的爵禄以利臣民，故而在君与臣民之间，不过是陌生人之间的利害之"市"（交换关系）而已。故而，君主若要维系自己的统治，就必须让臣民的利益也得到某种程度的满足。这也就从现实政治运作的角度，突出了满足民情民利在君主为政中的重要性。

与儒家一样，墨子也继承了"民本"观念，并特别强调满足饮食等基本民生需求对于君主为政的必要性与重要性。如《七患》就指出，五谷所代表的饮食是"民之所仰"以及"君之所以为养"的关键。反之，若民无食，也就无法从事于其他事务（"民无食，则不可事"）。同时，年成的好坏与民情的良善凶恶亦紧密相关，"时年岁善，则民仁且良；时年岁凶，则民吝且恶"（《七患》）。与之相应，《天志中》也说道："故唯毋明乎顺天之意，奉而光施之天下，则刑政治，万民和，国家富，财用足，百姓皆得暖衣饱食，便宁无忧。"显然，这些论述都是在强调百姓暖衣饱食对于维系政治秩序的重要性。同时，这一点这也与孟子所论的"民之为道"是"有恒产者有恒心，无恒产者无恒心。苟无恒心，放避邪侈，无不为己"（《孟子·滕文公上》）的基本判断也有相通之处。亦有论者指出说，孟子在批判墨家"兼爱"等主张的同时，也汲取了某些"兼爱"思想的精神实质，其中，孟子关于"性善论"之"至善"思想的渊源之一，就是墨子《天志》所论的"天民"思想；而孟子的"民本"说，又与墨子《尚贤》中的"官无常贵，民无终贱""农与工肆之人，有能则举之，无能则下之"等主张，存在着一定的思想渊源关系。[①] 以笔者浅见，尽管此类论述缺乏相应的文献材料以为论据，也不一定就成立，但其对孟子与墨子思想之间的相应与关联的可能性作出的探索，则是值得重视的。总之，在墨子和墨家看来，民情之良善吝恶乃是与其基本的民生需求是否能得到满足紧密相关的，故而，君主若欲治平天下，就必须破解"为之者寡，食之者众"的政治生活难题。为此，墨家还提出了以"利民"为本的"贵义"政治价值理念，以及"节用""节葬""非乐"等一系列具体的"惠民"与"利民"政制。

---

① 参见朱传棨：《墨家思想研究论稿》，北京：人民出版社，2020 年版，第 107 页。

第二节 "利民"与"贵义"的价值理念

"义"是墨家政治和伦理思想中的核心概念之一。这首先体现在墨家崇"义"的一些重要论述之中，比如，墨子就明确说"万事莫贵于义"(《贵义》)，"夫义，天下之大器也"(《公孟》)，"天下有义则生，无义则死；有义则富，无义则贫；有义则治，无义则乱"(《天志上》)。显然，墨家将"义"视作天下治乱的关键所系。但墨家论"义"，既重"利"也重"正"。如《经上》第八条就界说"义"为"利"，"义，利也"，由此就显明了一种"义利合一"的解释，而这明显是与儒家"义""利"分离的观点有所差别的。孔子曾论"义"和"利"说"君子喻于义，小人喻于利"(《论语·里仁》)；孟子亦在回答梁惠王问政时说道"王亦曰仁义而已矣，何必曰利"(《孟子·梁惠王上》)。以笔者浅见，儒家侧重从伦理道德层面来严"义""利"之辩，重"义"而轻"利"；而墨家论"义"，则旁涉到伦理道德与社会政治等多个维度，并将"义"回溯于天下万民之利，从而致力于"兴天下之利，除天下之害"的义政。

"义"在墨子哲学中，无疑是一个高频词汇。据孙中原的统计，《墨子》一书中"义"字出现高达 294 次[1]。新儒家学者唐君毅则在《原道篇》中说道："……在墨子兼爱之教中，其言爱虽似孔子之仁道，然实只是以义说仁，而为一义道。"[2]唐君毅将"爱"看作类似于孔子所论之"仁"，并将墨家论"爱"的实质解释为"义"，故而墨学在根本上就表现为一种"义道"学说。蔡仁厚则更进一步地指出，"义"是包括"十事"在内的墨学所有观念的实质，即"兼

---

[1] 孙中原：《墨子大辞典》，北京：商务印书馆，2016 年版，第 447 页。

[2] 唐君毅：《中国哲学原论·原道篇》，北京：中国社会科学出版社，2006 年版，第 64 页。

爱是义，非攻是义，其余尚贤、尚同、非乐、非命……等，亦都是
义"①。这也就是要以"义"来统摄包括"十事"在内的所有墨学主
张。一如唐、蔡二位先生所论，"义"是墨家诸观念的实质与核心。
但墨家所论之"义"，与儒家所论的"仁"之偏重家庭伦理不同，
而要更"偏重社会伦理"，故而"义"可以被解释为一种"普遍性
的原则、正当性的原则"②。然而，作为中国哲学史上的一个重要概
念，"义"的含义无疑是颇为丰富的，那墨家论"义"又有何种特殊
性呢？

从字义来说，今人多用"宜"来说"义"。《礼记·中庸》解
释说："义者，宜也，尊贤为大。"此处的"宜"指的是事理之道义
应当状态。与之相似，《郭店楚墓竹简·语丛三》亦解释"义"为
"宜"；《礼记·祭义》也用"宜"来界说"义"，"仁者，仁此者也；
礼者，履此者也；义者，宜此者也；信者，信此者也"。此外，这种
以"宜"解"义"的说法还可见于《管子·心术上》："义者，谓各
处其宜也。礼者，因人之情，缘义之理，而为之节文者也。故礼者
谓有理也，理也者，明分以谕义之意也。故礼出乎义，义出乎理，
理因乎宜者也。"显然，依照《管子》的解释，"义"就是"宜"体，
而"义""理""宜""礼"等又是统一的，这就说明了"义"表现
为某种应当具有的状态。《韩非子·解老》也遵循了此种以"宜"解
"义"的理路："义者，君臣上下之事，父子贵贱之差也，知交朋友
之接也，亲疏内外之分也。臣事君宜，下怀上宜，子事父宜，贱敬
贵宜，知交友朋之相助也宜，亲者内而疏者外宜。义者，谓其宜也，
宜而为之。故曰：'上义为之而有以为也。'"这里则将"义"与君
臣上下、父子贵贱、知交朋友、亲疏内外等具体身份之间的纲常关
系相合而论，从而申明了"义"是规约和处理这些纲常关系的应当

---

①　蔡仁厚：《墨家哲学》，台北：东大图书公司，1993 年版，第 68—69 页。
②　盖立涛：《墨家仁义政治哲学研究》，中国人民大学博士学位论文，2017 年，第
　　123 页。

之则。若按《说文解字》对"宜"的解释，"宜"为"所安"①，有合宜、适宜等义，那以"宜"说"义"就无疑是偏重应然而轻实然的。又由于"宜"还具有适宜、应当、正当等含义，故而"义"也就相应地具有上述含义了。

墨家对"义"的发明则更为深入。这首先就可以从《说文解字》中得到旁证，《说文解字》解释"义"字说："己之威仪也。从我羊。羛，《墨翟书》义从弗。"②从《说文解字》来说，"义"通"仪"，即"己之威仪也"。同时，《说文解字》还特别提到了《墨子》书中对"义"含义的引申。那又该如何理解墨家对"义"字的延伸呢？一个可信的说法是庞朴在《试析仁义内外之辨》一文中的考辨。庞先生指出，"义"字所通的"宜"字，本义是"杀割，与'俎'字、'肴'字同根"③。这主要指的是"义"所施行的范围在于同族之外，也就是通过诛灭他族以谋求本族的生存发展。庞先生进而肯定墨家的"义从弗"观念说："谈义谈得多的，首先是墨子。……墨子有个发明，那就是他书中的'义'字，不从羊我，而从羊弗作羛（《说文》：《墨翟书》义从弗），不从我，而从弗，用弗来代替我，明示着是对'我'字的否定。而对'我'字的否定，当系针对'我'字左旁的古'杀'字而来。这是墨子兼爱非攻思想的逻辑引申。这一点，从后来义字在郭店简中之再被儒化改造，也可得到反证。"④显然，庞先生的这一论述，既肯定了墨家对"义"字内涵的发明，也将"义"与"兼爱""非攻"的墨家主张结合了起来，以示某种对自我、自族的否定，从而凸显出了牺牲自我以求天下万民之利的所谓

---

① 〔汉〕许慎撰，〔清〕段玉裁注：《说文解字注》，上海：上海古籍出版社，1988年版，第340页下。

② 同上，第633页上。

③ 庞朴：《试析仁义内外之辨》，《文史哲》，2006年第5期。

④ 庞朴：《郢燕书说——郭店楚简及中山三器心旁文字试说》，载《三生万物：庞朴自选集》，北京：首都师范大学出版社，2011年版，第375页。

大"义"。由此观之，在墨家的政治与伦理学说中，"义"也就可以成为最高的价值原则与道德规范。

墨家首先在《天志下》中将"义"解释为"正"，即"义者，正也"。《天志下》更进一步解释"义"之为"正"说：

> 何以知义之为正也？天下有义则治，无义则乱，我以此知之为正也。然而正者，无自下正上者，必自上正下。是故庶人不得次己而为正，有士正之；士不得次己而为正，有大夫正之；大夫不得次己而为正，有诸侯正之；诸侯不得次己而为正，有三公正之；三公不得次己而为正，有天子正之；天子不得次己而为政，有天正之。

此处的"正"既有"政"的含义，也可以理解为正当或正确。此段文字，亦颇能显现出墨家"尚同"学说的主旨。一方面，墨家认为"义"是天下治乱的关键，"有义"则能众之、富之、治之，"无义"则会寡之、贫之和乱之。故而，"义"就具有正当性、正确性的意涵在内。另一方面，所谓"义自贵且智者出"，庶人、士、大夫、诸侯、三公、天子、天等不同类型的道义主体就构成了一个依次层次递进的关系，在下者必须要服从于在上者之"义"，并最终树立"天"之"义"的根本权威性，以"义自天出"来建构和维系整个天下之义的统一。显然，墨家在此处是将"义"与"天"联系起来说的，这无疑突出了"义"的外在性与普遍性。墨家所采取的这种以"正"释"义"的诠释理路，还可以参见《礼记·乐记》中的"仁以爱之，义以正之"，以及《礼记·丧服四制》中的"礼以治之，义以正之"等说法。

其次，墨家论"义"还突出了"义"在价值层级上的最高地位。《贵义》说"万事莫贵于义"，并从权衡价值重要性的角度论证了"义贵于身"。《贵义》主要用如下几个命题来阐明了这一点：

（1）予人衣冠而断人之手足，人不为；

（2）予人天下而杀人之身，人不为；

（3）争一言以相杀。

而人争一言实则是争"义"，故而人皆贵"义"于身和天下。从"权其轻重"的角度说，争"义"会导致人与人之间的相害相杀，而这比断人手足、杀人之身的危害性要更大，因此，万事之中"义"为最贵。同时，墨家还将"义"看作天下之人的生死、富贫和治乱的关键所系，所谓"天下有义则生，无义则死；有义则富，无义则贫；有义则治，无义则乱"（《天志上》），故而也可以说"义"是"天下之大器"，人皆应自觉去从事和为"义"。从以上论述也可以看出，墨家贵"义"重"义"的致思与实践趋向，而"义"又反过来彰显了墨学在价值论维度上的特质。

再次，墨家论"义"还要将"义"与天志和鬼神联系起来。在墨家看来，天下之所以要在政治上实现"尚同"，根本上就是要将人各是其义的局面转变为统一天下之"义"，且这种"义"的统一还需要回溯到最为公正、最为兼爱的"天志"之上。墨家认为，天志是"义"，"鬼神"也是依照"义"道而行赏罚之事。如此一来，墨家所说的"义"就具有公义性与普遍性的意涵在内，而"义"的实质也就转变为了墨家所期许的"兼相爱，交相利"。

再次，墨家的为"义"之道还体现在君子和贤人的"疾以助人"上。《贵义》说："今有人于此，负粟息于路侧，欲起而不能，君子见之，无长少贵贱，必起之。何故也？曰义也。"简略地说，这一情景描述的是君子面对不能起的负重之人时，并不会刻意去区分这个人的年龄、身份等外在因素，而是积极去帮助他。君子之所以要这样做，就在于君子要求"义"为"义"。反之，也正是因为"义"是对他人乃至社会纯然有益的，故而墨家眼中的君子或者贤人就要去"有道者劝以教人"。《鲁问》曾记载墨子之言说："天下匹夫徒步之士，少知义，而教天下以义者功亦多，何故弗言也？若得鼓而进于义，则吾义岂不益进哉？"这一方面承认了知道墨家所论之"义"的天下人并不算多，另一方面又突出了以"义"来教人所带来的功绩颇多，而君子或贤人的积极为义，最终又可以实现"能谈辩者谈辩，能从事者从事，能说书者说书"的为"义"局面。据此，我们就可以说，墨家所论的"义"在积极层面上就体现为"助人利人"的道义趋向。

再次，墨家论"义"还体现为某种底线伦理。墨家认为，人不能也不应当行不义之事，这也就是说人不能也不应当突破底线伦理。墨家的底线伦理主要表现为一种不能亏人、害人以自利的公义标准。例如，《吕氏春秋·去私》记载的秦国墨者腹䵍杀子之事，就彰显出了墨家对公共生活领域内的底线伦理的坚守。其中，"杀人者死，伤人者刑"是所谓的墨者之法和秦国之法，而禁止杀人、伤人以自利则是"天下之大义"所在；反之，这种"天下之大义"映衬出的正是不能亏害于人以自利的底线伦理。墨家在其论述中，多次运用了"明于小而不明于大""不明其故"等说理方式，来申述和阐发此一底线伦理。比如，墨子在《节用》中描述了这样一组类比，天下之人都知道偷盗是个人的不义行为，那国家铺张浪费大量的人力财力物力，则就是国家的不义行为。唯有以同样的"义"作为标准，才能分辨出个体以及国家的某种行为是"义"还是"不义"。而不偷盗于人、不杀伤于人的底线伦理，又构成了墨家坚持"义"道并倡导"非攻""节用""节葬"的道义基础。

最后，墨家还从"利"的角度论述了"义"，并主张"义"与"利"之间的统一。《墨子》一书中论"利"，既有个体生存所需的衣食之利，如"衣食者，人之生利也"（《节葬下》），也有国家的人口之众、财货之富和政治之治的大利。关于"利"的实质，张岱年曾总结说："所谓利，即是能维持和增进人之生活者，亦即能满足人之生活需要者。……墨家所谓利，概指公利。"[1] 显然，墨家所说之"利"虽包括"自利"与"利人"等不同面向，但墨家要反对那种"亏人以自利"的不义之举，倡导或肯定"兴天下之利"的"利民

---

[1] 参见张岱年：《中国哲学大纲》，北京：商务印书馆，2017 年版，第 569 页。

之利",也唯有后一意义上的"利"才可以成为"义"的实质。墨家对"自利"之"利"不是"义"的讨论,明确见于《耕柱》所载的高石子"倍禄而向义"的故事。按《耕柱》记载,高石子得到卫国的厚禄,对他本人来说可以是"自利",但却因其主张不能在卫国得以实行,故而选择离开了卫国;墨子十分赞许高石子的此一做法,并将之称为"义";墨子的赞许也可以表明,那种只求个人的高官厚禄等利益的自利,并不能被视作一种"义举"。如此一来,墨家所说的"义""利"统一之"利",就必须延展到天下和人民之大利,而非一人一族之私利:《墨子》书中言利,都是说'人民之大利'、'民之利'、'天下之大利'、'国家百姓之利'。墨子所谓利,乃指公利而非私利,不是一个人的利,而是最大多数人的利。"[1] "墨子哲学之出发点是利。墨子所谓利乃指人民之大利,而非一人之私利。墨子的一切主张,都以求天下人民之大利为基本。"[2] 由此观之,墨家既贵义也重利,并一贯主张要"兴天下之利,除天下之害",倡导一种义利合一的后果论道义观。而由墨家所坚持的"义利一元"的义利统一观,可以说是墨家和墨学在中国政治思想史上的一个创举。[3] 具体来说,墨家对"利"与"义"的讨论,首先体现在其对"义,利也"(《经上》)的界说之中。《经说上》又进一步说得明白:"志以天下为分,而能能利之。"这也就是说"义"的实质在于给人以实实在在的利益,而贤人或君子的心志在于为天下和人民求利,其才能也足以利益天下和人民。同时,墨子还以"义"作为所谓的"天下之良宝"。《耕柱》说:"今用义为政于国家,人民必众,刑政必治,社稷必安。所为贵良宝者,可以利民也,而义可以利人,

---

① 参见张岱年:《中国哲学大纲》,北京:商务印书馆,2017年版,第574页。

② 同上,第416页。

③ 吴进安认为,墨家所说之利是"实现社会公义的外在事工","把义与利并举并且合而为一之说,以指陈义利之价值,此种'义利一元'的观点独墨子敢言"(参见吴进安:《墨家哲学》,台北:五南图书出版公司,2003年版,第138页)。

故曰，义，天下之良宝也。"这也就明确表明，国家以"义"执政，可以利人利民，实现"众""富""治"的治理效果。总之，墨子之贵义，就在于"义"能落实为国家百姓人民之利；而墨子言"利"，所称赞的往往也都是"国家百姓之利""人民之利""民之利"和"天下之利"。[①]一如《天志下》所论："若事上利天，中利鬼，下利人，三利而无所不利，是谓天德。故凡从事此者，圣知也，仁义也，忠惠也，慈孝也，是故聚敛天下之善名而加之。"墨家在此处所论之"利"，无疑就是利天、利鬼和利人之利，也就是天下之利。要言之，墨家所构建的"义""利"统一的道义观，既以"利"作为"义"的内容和本质，又以"义"作为"利"的道德形式与实现途径[②]，从而形成了中国思想史上极具特色的义利观论述。

综上所述，墨家将"义"视作其学说体系的最高价值和根本原则。墨家一方面抬高"义"，并以"义"来正人，另一方面又主张"义利合一"。墨家所论的作为"义"的"利"，主要指向的是国家百姓人民之利和天下之大利。故而，以笔者浅见，墨家所持之"义"的道义观念，在根本上来说仍要落实为"爱民""利民"，也就是要将能否满足民众之利视作天下治乱的道义依据。这或许也意味着，墨家完全是以一种朴素的"民本"政治观念来提出和阐发自家的学说体系，并以之建构起自己"贵义"主张的实质。

第三节 "爱民""利民"的为政举措

墨家极为看重政治谈辩的言论主张所能带给百姓人民的实际效益。对国家和底层劳动人民来讲，这些实际利益需要真切地体

---

① 参见张岱年：《中国哲学大纲》，北京：商务印书馆，2017 年版，第 574 页。
② 参见黄伟合：《墨子的义利观》，《中国社会科学》，1985 年第 3 期。

现为"众之""富之""治之"等良好政治秩序（政制）。在墨家的政治理想中，"重民""爱民""利民"多被推想为所谓的古时圣王为政之要，从而使得"爱民谨忠，利民谨厚"具有为政典范的权威意义。比如，墨家明确指出说："古者明王圣人所以王天下，正诸侯者，彼其爱民谨忠，利民谨厚，忠信相连，又示之以利，是以终身不餍，殁世而不卷。"（《节用中》）这也就是说，作为为政典范的古代圣王，之所以能让天下称颂，心悦诚服，就在于他们能爱民利民，让人民得到丰厚的实利。故而也就可以说，以民为本、爱民利民是古者圣王施政的根本价值理念，也是古时圣王之所以能够王天下的一个必要条件。同时，墨家还认为，天子和各级政长得以设立的缘由，就是为了"兴天下之利，除天下之害"，一如《尚同中》所明确表示的："古者上帝鬼神之建设国都立正长也，非高其爵、厚其禄、富贵佚而错之也，将以为万民兴利除害、富贫众寡、安危治乱也。"就此而言，墨家虽以"上帝鬼神"的神学观念来解释政治权力的来源，但这一解释的实质却在于寻求对统治者权力和权利的约束，特别是寻求某种对统治者富贵淫逸之生活的威权警惕，并强调统治者行使权力的使命也在于为天下之民兴利除害，建立良好的政治和社会秩序。故此，在笔者看来，墨家完全是以"爱民""利民"的民本观念来看待天下治理之道之得失的。

在墨家所论"十事"中，最能直接体现这种"爱民利民"理念的当属节用、节葬、非乐、非攻等具体的施政措施。墨家以"上古圣王之事"为思想依托，确立了"节用之法"和"节葬之法"。从广义上来说，"节葬"也可以理解为"节用"的一部分。"节用"的要义在于"去无用之费"（《节用上》），这里的"用"又进一步表现为"凡足以奉给民用诸，加费不加民利则止"（《节用中》）。墨家认为，此一"节用"的做法就是"圣王之道"与"天下之大利"（《节用上》）。以下，笔者拟对贯彻墨家民本观念的具体施政措施略作交代。

（一）"节用之法"所体现的"民本"精神

　　作为中华民族的优秀传统美德，崇节尚俭有其一以贯之的经典传承和箴言表述。无论是孔子在论"礼"之本时所提及的"礼，与其奢也，宁俭"（《论语·八佾》），以及"奢则不孙，俭则固。与其不孙也，宁固"（《论语·述而》），还是《道德经》所论的"俭"为"三宝"之一及"俭，故能广"（《道德经·六十七章》），都凸显出节俭之于人的德性养成及国家治理所发挥出的重要作用。在这些阐发节俭思想的浩瀚论议中，墨家的"节用"[①]主张以其鲜明的爱民利民价值导向，强调民利优先与适度使用民力的理论原则，以及对统治阶层之衣、食、住、行、葬诸方面所作的"俭节则昌，淫佚则亡"（《辞过》）的警世恒言，而具有极大的思想影响。与此相应，墨学往往也被一些论墨者视作某种"强本节用"和"人给家足之道"（如《论六家要旨》之论）的治国之术，而"节用"之论也被看作墨家诸论中较值得珍重、最有价值的瑰宝。虽说墨家"节用"之论渊薮于秩序崩坏、战乱频仍以致人不相爱的先秦时代，但对物财相对丰富的当代社会节约风尚的提倡，仍具有一定的启发与借鉴意义。

　　墨家对"节用"思想的论述，主要见于《墨子》一书中的《节用》《节葬》《非乐》《七患》《辞过》诸篇。其中，《节用》《节葬》是墨家集中论述节俭思想的核心文献，而《七患》《辞过》所论则是"《节用》之余义"[②]，特别是《辞过》所论更是与"《节用》篇文意略

---

① 《墨子》中谈到节用之道的主要语词有"节"（如《辞过》中的"其用财节"、《七患》中的"用不可不节"、《兼爱中》中的"皆以一饭为节"等）、"俭节"（主要见于《辞过》中的"圣人之所俭节也……俭节则昌，淫佚则亡"）、"节用"等。因"节用"是今人所熟知的墨家十事之一，故此，笔者使用"节用"一词来泛指墨家所论述的节用之道。

② 〔清〕孙诒让：《墨子间诂》，北京：中华书局，2001年版，第23页。

同"①。在这些篇章中，墨家围绕着如何正确处理人与物、人与人的关系，阐发和论证了自己的"节用"主张。墨家基于保护民众的利益而特别强调说，人们特别是居于上位者应节制自己在宫室、衣服、饮食、舟车、男女、丧葬等方面的过度欲望，不因无用之费而滥使物财民力，从而避免造成民贫国乱的崩坏局面。由此，"节用"之道既是实现国强民富、岁给民丰的圣王之政，还是一种调谐日用、锤炼德行的修身之要。

墨家节用学说的根本宗旨是实现爱民利民的义政之道。墨家之所以提倡节用之说，首先是为了解决国家财用不足、民生难继的现实政治问题。《鲁问》在谈到墨者入国应"择务而从事"时说到"国家贫，则语之节用、节葬"，这也表明了节用的主要目的是解决国贫民弱的发展难题。墨家认为，作为理想政治模式的古时圣王之政，并不会采取对外攻伐侵凌的方式来实现本国土地、人口和财富的增加（事实上，墨子并不特别看重土地之可倍，而是强调土地与人民间的合理足用之道。就此，墨子针对当时国与国间相侵凌的战争状况而提出"……土地者，所有余也，王民者，所不足也。今尽王民之死，严下上之患，以争虚城，则是弃所不足，而重所有余也"［《非攻中》］），而是要通过"去其无用之费"的圣王之道来实现"为政一国，一国可倍；大之为政天下，天下可倍"的"兴利多矣"的政治目标（《节用上》）。这里的"倍国""倍天下"，最难也最为可贵的则是人的可倍，墨子明确提及这一点说："孰为难倍？唯人为难倍，然人有可倍也。"（《节用上》）因此，圣王在为政中就要谨守"爱民谨忠，利民谨厚，忠信相连，示之以利"（《节用中》）的爱民利民价值准则。

墨家孜孜以求的是"兴天下之利，除天下之害"的义政义事。一如上文所述，"义"是墨家政治哲学与伦理思想中的一个核心概

---

① 〔清〕孙诒让：《墨子间诂》，北京：中华书局，2001年版，第30页。

念，而"兼爱""尚贤""节用""节葬""非乐"等主张也皆是践行义政义事的不同途径与策略。墨家所说的"义"，又落实为利，义就是利，利就是义，所谓"义，利也"（《经上》），"仁，爱也；义，利也"（《经说下》），"义，利；不义，害"（《大取》）。在墨家看来，人们所普遍承认的"忠""孝"等具体德性，也都要落实于对所施对象之"利"，如"忠"就是要做对国家和君上有利之事，即"以为利而强君"（《经上》）；"孝"则是要做对父母有利之事，即"利亲"（《经上》）和"以利亲为分"（《经说上》）。因此，"义"与"德"的实质都是"利"。墨家进而又界定"利"为"所得而喜也"，而与"利"相对的"害"则是"所得而恶也"（《经上》）。显然，墨家将利、害的道义原则还原为人民的好恶性情。但墨家所论之利，并非为满足自身欲求的个体之利、为己之利，而是"视人之身若视其身，视人之国若视其国"（《兼爱中》）的人民之利、为人之利。墨家还在其用以判断一切言论之是非标准的"三表法"中提到，要"观其中国家百姓人民之利"。墨家认为，"利"的一个重要特征是可以"权"，意即"利之中取大，害之中取小"，譬如"断指以存腕"和"舍己以救世"等道义抉择。这也就表明，墨家所论的"义"与"利"，实则是具有追求最大多数人民之利的后果主义伦理原则；而"节用"的主张也正是为了讲求天下之利、人民之利。

既然"节用"的目标是要实现天下之利和人民之利，那"节用"的主体首先就应是握有更大权力与更多财富的为政之人。墨家认为，其时的为政者更容易陷入一种欲求与行为间的南辕北辙式的悖谬。一方面，为政者想要实现一种国强民富、财足民众的"众人之道"；另一方面，为政者又在为政方式上看重宫室、服饰、饮食、舟车和丧葬之奢华，以及甲兵、蓄私之广数，从而造成财力和人力的铺张浪费，而这些作为又都是妥妥的"寡人之道"（《节用上》）。唯一能克服这种欲求与行为间悖谬的则是所谓的圣人之政，圣人为政的要义之一就是通过"去无用之费"（即节用、节俭原则）来实现"天下之大利"。因此，墨家的节用之说，无疑就主要体现为一种重民、爱民、利民、倍民的政治伦理主张和为义、为政之道。

重实用之利也是墨家节用学说的根本要义。作为对此一"爱民""利民"的义政之道的具体落实，墨子援引古之圣王而申明了"节用"之法。在墨家的历史视野中，古者圣王之事具有特别重要的权威意义。墨家认为，判断言论是非的"三表法"之"本"就在于"古者圣王之事"，意即以大禹为代表的古时圣王的所作所为，是法天之所欲而劳苦自身以期兼爱天下和人民的，也是为民、爱民和利民的，从而也就成了后人言论谈辩之是非的历史、事实与道义标准。因此，"节用"既为古者圣王之法，也就必定具有理论与实践上的合理性。同时，墨子还认为，"节用"既是圣王所创制之"法"，而"法"的界定又是"所若而然也"（《经上》），那么，"节用"观念也就成为人们思维、语言与行为所应效法的对象和所要遵守的基本原则之一。

墨子阐述"节用"的总原则说，天下百工"各从事其所能"的适度原则当是"凡足以奉给民用……则止"（《节用中》）。一方面，"节用"之法要讲"足"，即提倡各行各业尽其所能以事生产，以实现奉给民用、满足民利的目标；另一方面，"节用"之法又要讲"止"，各行各业的生产劳作不应带来奉给民用之外的淫逸浪费、骄奢风气。而把握"足"与"止"的关键又是"度"，即依照爱民利民的标准，坚决不从事"加费不加于民利者"（《节用中》）之事，也就是不从事逾越民之实利的生产与消费活动。

墨家对"节用"学说还做了衣食住行葬诸方面的具体内容展开。这些展开一般采用古今对比、扬古劝今的方式进行引申阐发，意即通过古代圣王教民饮食、宫室、制衣、舟车、丧葬方面的适度原则，与其时之君主求取饮食、衣服、宫室、舟车之华丽和厚葬久丧等形成鲜明对比，从而回溯人们在衣食住行等基本生存需求层面的正当要求与适度原则（《辞过》全篇皆以此种方式论证）。具体包括：

（1）饮食之法："足以充虚继气，强股肱，使耳目聪明，则止。"（《节用中》）在墨子看来，饮食应以求饱强体为原则，而不必追求珍馐饮食，以免奢靡并劳民伤财。（2）衣服之法则有"凡为衣裳之道，冬加温，夏加清者"（《节用上》），冬"衣轻且暖"、夏"衣轻且清"（《节用中》）。墨子认为，衣物当以冬保温、夏防暑为原则，而不必过于追求纹绣华丽。（3）宫室之法则有"冬以圉风寒，夏以圉暑雨"（《节用上》），"其旁可以圉风寒，上可以圉雪霜雨露，其中蠲洁，可以祭祀，宫墙足以为男女之别，则止诸"（《节用中》）。意即宫室（住处）当以防寒防暑、防雨防盗、别男女和尚祭祀的实际民生需求为原则，而不必过于追求广厦高梁、雕梁画栋。（4）舟车之法则有"以通四方之利。凡为舟车之道，加轻以利者"（《节用上》）。意即交通工具亦只以便捷利于奔走为原则，而不必过于讲究文采镂刻。（5）甲兵之法："以圉寇乱盗贼……凡为甲盾五兵加轻以利、坚而难折。"（《节用上》）意即甲兵皆当以安全防御、免受侵害为界。（6）丧葬之法："衣三领，足以朽肉；棺三寸，足以朽骸；堀穴，深不通于泉，流不发泄，则止。"（《节用中》）即对逝者来说，做到衣、棺、穴之平实、体面而不害于人，就已足够；生者在将逝者埋葬之后，不必"久丧用哀"（《节用中》），以免影响正常的生产生活。（7）蓄私（男女）之法："不以伤行……内无拘女，外无寡夫。"（《辞过》）意即要尊重男女间的天然性情，君主更莫要广蓄私而伤民，以免"男女失时"而导致民寡人少。通过申述这些具体的"节用"之法，墨家进一步落实了"凡足以奉给民用则止"的节用总原则，也明确了人们在衣食住行葬诸方面所应谨守的基本行为规范，而这些具体规范又无不折射出重民生利益、重实际效用的思想特质与内容主旨。因此，重实用之利无疑就成了墨家节用学说最为根本的判断理据与根本要义。

"节用"也是士人践行为义之道的修身之要。与先秦其他学派一样，墨家也极为重视学人的修身与德行修养问题。《修身》指出："君子战虽有阵，而勇为本焉；丧虽有礼，而哀为本焉；士虽有学，而行为本。"墨家认为，君子之名不可"简而成"，君子之誉不可"巧而立"，君子就是要"以身戴行"（《修身》）。在墨家看来，君子修身之道的根本在于去勉力践行为义之道，从消极方面来说就是要做到"贫则见廉，富则见义，生则见爱，死则见哀"（《修身》），从积极方面来说则是要做到"有力者疾以助人，有财者勉以分人，有道者劝以教人"（《尚贤下》）。然而，无论是贫、富之时的见廉与见义，还是有力、有财之时的助人、分人，本质上都表现为一种约束自己的用度以求人利、民利的"节用"精神。与此一践行为义之道的具体要求相应，墨子还明确提出说，节俭和淫逸之别是圣人（君子）和小人相分的最重要标志之一，《辞过》明确谈到，在衣食住行和男女问题上，"圣人之所俭节也，小人之所淫佚也"。质言之，圣人在日常生活中会本之于兼爱的价值理想来践行节用之道，而小人往往会选择去过一种为己的淫逸生活。由此观之，墨家的"节用"之道若推之于人的自身行为，就可以成为人们践行兼爱等为义之事的一种重要修身方式。

作为修身之道的"节用"观念，也体现在墨家所推崇的道德人格典范身上。众所周知，墨家最为崇敬和赞颂的圣王形象是大禹，同时墨家还以"禹之道"来自许自勉。墨子曾称颂大禹说，"操橐耜而九杂天下之川。腓无胈，胫无毛，沐甚雨，栉疾风，置万国"（《庄子·天下》）。一方面，大禹治理洪水的行为真切体现了墨家孜孜以求的"兴天下之利，除天下之害"、"兼爱"天下万民的功利价值理想；另一方面，大禹又是以身作则、操劳不休、俭省自身以致自苦至极的政治与道德人格之典范。墨家对大禹形象的这种历史叙事描摹，既与其"节用"学说所要倡导的爱民、利民价值理想内在一致，也是对"节用"之法的主导原则和具体措施的生动示范。正基于此，墨者才甘之若饴地去选择过一种"多以裘褐为衣，以跂跻为服，日夜不休，以自苦为极"（《庄子·天下》）的生活模式。显然，这种生活模式并不追求人们在衣食住行葬方面的华丽排场，从而来凸显某种自身所应具有的礼仪身份，而是强调人们当以俭节之行来体察墨家"为义"之道的精髓，从而不断砥砺自身去实现为民兴利除害的社会理想。

要言之，墨家的"节用"之说，既是一种出于"爱民""利民"的价值观念而尤为重视实际效用的义政举措，也是墨家眼中的圣贤君子俭省自身、砥砺德行并践行为义之道的修身方法。同时，墨者的"节用"之法，并非要所有人都平等地去压低自身本有的正常生存需求，而是要去约束那些权贵之人的骄奢淫逸行为，以免其伤害到人民生存与发展等基本需求的满足。朱传棨曾精要地概括墨家的"节用"和"节葬"主张为墨子"倡导兼爱利民的一个基本内容，是针对统治者骄奢淫逸，横征暴敛的腐败生活方式提出来的，并借'天志'的名义要求统治者仿效古代'圣王'的生活方式"①。尽管墨家"节用"学说所针对的具体时代与所依赖的具体语境已不复存在，但其所内蕴的爱利民生的基本精神，以及注重人们衣食住行葬诸方面需求之适度与合理满足的思想内涵和节以修身、勉力行义的日常生活典范，无疑都体现了浓厚的"爱民""利民"的民本观念。

（二）从"节用之法"到"节葬之法"

墨家的"节葬"之法是节用之法在丧葬问题上的具体落实。墨家所论的"节葬"，本质上追求的是一种死者和生者的大利之法。在面对如何葬亲的问题上，墨子以功利的态度主张，要废除三年之丧，行薄葬之策。初看起来，墨家的这种主张有悖于"孝"的观念，因为按照孔子的主张，"孝"的一个重要体现就在于"生，事之以礼；死，葬之以礼，祭之以礼"（《论语·为政》）。这也就是说，在亲人死亡之后，依照周礼的标准进行丧葬与祭祀，是人所具有的

---

① 朱传棨：《墨子思想与当代中国社会经济政治发展论要》，载任继愈、李广星主编：《墨子大全》第3编第70册，北京：北京图书馆出版社，2004年版，第303页。

"孝"之美德的一个重要表现。同时，儒家还提倡"三年之丧"，主张"三年无改于父之道，可谓孝矣"（可见《论语·学而》和《论语·里仁》）。如此一来，墨家主张薄葬并反对三年之丧，是否就意味着墨家要反对作为人之美德的孝呢？

从《墨子》书中的论述来看，墨家并不反对服务亲人的孝之美德。在《兼爱中》里，墨家将"父子不慈孝"视作必定要除去的"天下之大害"，从而反过来肯定了父慈子孝的美德伦理。《兼爱下》更是将"孝"与"惠""忠""友""悌"同等视作人所必备的良善品德，比如，"为人君必惠，为人臣必忠，为人子必孝，为人兄必友，为人弟必悌"，又比如，"君子莫若欲为惠君、忠臣、慈父、孝子、友兄、悌弟，当若兼之，不可不行也"，此处所论的君子，无疑就是具备了"惠、忠、慈、孝、友、悌"等美德之人。质言之，在墨家看来，"孝"也是人们身处"子"这种角色时所不得不尽的一项道德义务。那么，我们也就有理由去追问，墨家一方面肯定了"孝"的道德价值，另一方面又反对厚葬久丧，这是否就意味着墨家的节葬学说中内蕴着矛盾呢？

墨家对这一问题的回答显然是否定的。恰恰相反，墨家认为，节葬才是对父母亲人的一种大孝。而这一点则是通过墨家对孝与厚葬久丧的剥离得以实现的。墨家认为，孝的实质在于利亲，"孝，利亲也"（《经上》）。如何来理解这种对孝的功利解读呢？墨子在《经说上》又进一步解释说"孝，以亲为芬，而能能利亲，不必得"，这也就是说，孝的本分在于"利亲"，也唯有以"有利于双亲为本分，而后才能利于双亲，但却不一定能得到双亲的欢心或认可"[1]。墨家认为，孝一定是在客观后果上有利于双亲的道德行为。按这一对"孝"的后果论解读，判断厚葬久丧与节葬哪个行为是孝，关键就在于哪个行为在客观上有利于双亲。相较而言，孔子则在回答子夏问

---

[1] 王讚源主编：《墨经正读》，上海：上海科学技术文献出版社，2011年版，第12页。

孝时说："色难。有事，弟子服其劳；有酒食，先生馔，曾是以为孝乎？"（《论语·为政》）显然，在孔子看来，孝不只是从功利后果上去满足父母的利益，而是要做到心甘情愿与和颜悦色侍奉亲长。如果说儒家将孝视作一种为子之人要发自内心、主动自觉地侍奉父母亲长的义务，那在墨家看来，孝的意涵不只在于取得父母此时此地的满意或欢心，还更要在功利后果上给予父母足够的利益。

同时，墨家在解释孝时，还要将其置于"兼爱"的理论视野之下。也就是说，墨家没有突出孝亲的特殊地位，并且认为要视人之亲若视其亲，爱人之亲若爱其亲，打破孝亲所具有的亲疏差别。墨家的这一看法，与儒家将"孝"视作"为仁之本"的观点在根本上有所不同。孔子的弟子有子描述孝悌在人之美德中所具有的特殊地位说："其为人也孝弟，而好犯上者，鲜矣；不好犯上而好作乱者，未之有也。君子务本，本立而道生。孝弟也者，其为仁之本与！"（《论语·学而》）而《孝经》更是在开篇就开宗明义地提出："夫孝，德之本也，教之所由生也。"以"孝"为"仁本"与"德本"，看重的是亲亲所具有的道义独特性。而墨家论孝则废除了亲疏之别，并以爱人之亲若爱其亲的方式来推扩孝之德行。

通过对孝做出这种后果主义的功利式解释，墨家进而将"孝"与对厚葬久丧的三年之丧的批判联系了起来。孔子指出"夫三年之丧，天下之通丧也"，理由在于"子生三年，然后免于父母之怀"（《论语·阳货》）。墨家则解构了三年之丧为天下通丧的说法。在《节葬下》中，墨子举了輆沐之国将长子解而食之的习俗（昔者越之东有輆沐之国者，其长子生，则解而食之。谓之"宜弟"），炎人之国以在其亲死后将之剔肉埋骨为孝的习俗（楚之南有炎人国者，其亲戚死，朽其肉而弃之，然后埋其骨，乃成为孝子）和仪渠之国以在亲人死后焚其尸体乃为孝的习俗（秦之西有仪渠之国者，其亲戚死，聚柴薪而焚之，熏上，谓之登遐，然后成为孝子），指出不同文化群落对"孝"的认识乃是与该地区的丧葬习俗紧密相关的，这也就是所谓的"便其习而义其俗"。此外，墨子还举古代圣王的葬礼为例，以反对三年之丧。比如，墨子举古时圣王尧、舜、禹的例子说，"昔者尧北教乎八狄，道死，葬蛩山之阴。衣衾三领，穀木之棺，葛以缄之，既犯而后哭，满坎无封。已葬，而牛马乘之"（《节葬下》），尧死于向北教化八狄的路上，最后只是就近葬于蛩山阴面，整个葬礼都遵循了薄葬的原则；舜也是如此，"西教乎七戎，道死，葬南己之市。衣衾三领，穀木之棺，葛以缄之。已葬，而市人乘之"（《节葬下》）；禹还是如此，"东教乎九夷，道死，葬会稽之山，衣衾三领，桐棺三寸，葛以缄之，绞之不合，通之不坎。土地之深，下毋及泉，上毋通臭。既葬，收余壤其上，垄若参耕之亩，则止矣"（《节葬下》）。通过列举不同地域和不同时间的诸多事例，墨子及其墨家就进一步解构了所谓三年之丧的厚葬久丧之法，以期倡明节葬之法所具有的现实合理性意义。

墨家还从功利的角度反对了厚葬久丧。墨家认为，厚葬久丧不能实现"富贫众寡，安危治乱"（《节葬下》）的现实治道目标。具体来说，墨家首先认为厚葬久丧浪费了国家的财富，阻碍了人民的生产，所谓"计厚葬为多埋赋财者也，计久丧为久禁从事者也"（《节葬下》）。其次，厚葬久丧还不利于人口的再生产，按照久丧之法，会"败男女之交多矣"（《节葬下》）。再次，厚葬久丧还可能存在着人祭和人殉[1]现象，不合乎爱人利人的道义要求。墨子指出的"天

---

[1] 人祭和人殉是先秦丧葬制度中的两种现象。王恩田先生曾仔细考辨这两个概念之间的不同说，人殉即"以人从死"，人祭则以人作为祭品；使用人殉的目的在于让死者在死亡之后仍能得到别人的侍奉，而使用人祭的目的则在于以人作为奉献给祖先和神的祭品，以便他们像飨用牛羊猪等牺牲一样去食之；人殉的使用对象主要是死者生前的妻妾与近臣，而人祭的使用对象主要是战俘；人殉既可以采用自杀的办法，也可以采用他杀的办法，但一般不会砍头，而人祭的处死方法则主要为杀头。商周时期，人祭逐步减少，而人殉仍普遍存在。春秋战国时期的秦、齐、宋、鲁等国，皆有人殉事例，比如《史记·秦始皇本纪》记载的秦武公死，殉66人；秦穆公死，殉177人等。见王恩田：《关于殉葬问题的再认识》，载《先秦制度考论》，北京：商务印书馆，2021年版，第417—422页。

子杀殉，众者数百，寡者数十。将军大夫杀殉，众者数十，寡者数人"（《节葬下》）等现象，既反映了商周时期存在的人殉现象，也揭示了此种厚葬久丧的做法并不合于"爱民""利民"之道。再次，厚葬久丧也不利于在上位者听政治国，在下位者从事生产，"若法若言，行若道，使为上者行此，则不能听治；使为下者行此，则不能从事"（《节葬下》）。再次，厚葬久丧也无法保障小国弱国的国家安全，无法禁止大国之征伐小国。在墨子看来，大国之所以不攻打小国，就在于小国"积委多，城郭修，上下调和，是故大国不耆攻者"（《节葬下》），设若小国耽于厚葬久丧，则小国无战略储备，不整修城池，上下也不再调和，从而会招致大国的征伐，而给人民造成苦难。最后，厚葬久丧还不利于人民祭祀鬼神以得福，"若苟贫，是粢盛酒醴不净洁也；若苟寡，是事上帝鬼神者寡也；若苟乱，是祭祀不时度也"（《节葬下》），因厚葬久丧会让国家和人民陷入"贫""寡""乱"的大害局面，故而也会造成祭祀的不洁净、不丰富和不按时序，而这些都是招致上帝鬼神降灾祸的重要原因。总言之，在墨家看来，厚葬久丧上不合于尧舜禹等古时圣王之道，下不合于国家百姓人民之利，所以，其就应该是被批评而非被肯定的丧礼制度。

通过分割孝之美德与厚葬久丧之间的直接联系，进而剖析厚葬久丧只是处于一定时空环境内的风俗习惯，且不合于古时圣王之道，在实践上会妨害到国家人民的"富之""众之"和"治之"，墨家完成了对厚葬久丧的批判，并针锋相对地提出了所谓"节葬之法"。墨家的节葬之法直接取法于其所推崇的圣王大禹之道，即"棺三寸，足以朽体；衣衾三领，足以覆恶。以及其葬也，下毋及泉，上毋通臭，垄若参耕之亩，则止矣"（《节葬下》）。显然，墨家"节葬之法"所秉持的基本原则，仍是"凡足以奉给民用则止"的"节用"原则。墨家认为，这一丧葬之法是古之圣王及天子、国君等统治阶层的人，与普通平民百姓皆应一体遵循的丧葬之法。由此，墨家的丧葬之法就遵循一种平等而普遍的丧事从简原则。如此的丧葬之法，既体现了生死皆应节用的基本生活原则，也符合死者和生者的实际利益，所谓"子墨子之法，不失死生之利"（《节用下》），故而薄葬的理念也是墨家所肯定的仁人君子要秉持的为"孝"理念。

墨家节葬之法所追求的平等性，无疑是从"爱民""利民"的价值立场出发，反对当时王公大人在追求厚葬久丧时所造成的"辍民之事，靡民之财，不可胜计"（《节葬下》）。显然，墨家的节用节葬主张，只是遵循"凡足以奉给民用则止"的重民、爱民、利民的价值理念，令统治者的生死用度皆有所节制，皆能遵循爱利人民的为政之道，进而形成一种对国家和人民的"众之""富之""治之"的良好治理后果。就此而言，那种认为墨家的节葬之法是弃父母亡后的身体于不顾，从而悖逆了人普遍具有的自然情感的观点，明显是错误的。墨家只是主张薄葬，而非裸葬或不葬；同时墨家还特别提出"葬"的根本在于"哀"，而非厚葬久丧的礼制，所谓"丧虽有礼，而哀为本焉"（《修身》）。综合上述议论，笔者以为，墨家所提倡的节葬之法，与其节用之法一样，都应被理解为一项本之于"爱民""利民"的"民本"观念而来的政制主张。

（三）作为"节用之法"的"非乐"主张

墨家还基于"爱民""利民"的"民本"立场，从功利角度否定了"乐"。就其实质而言，"非乐"也是"节用"的一种，伍非百指出这一点说："非乐，亦节用之义也。墨家言用，专注于物质而遗去精神一面。"[1]墨家"非乐"的基本理念，在先秦时期也几为公认，如《庄子·天下》说："生不歌，死无服。墨子泛爱兼利而非斗，其道不怒。又好学而博，不异，不与先王同，毁古之礼乐。"这里将"非乐"与"节葬"相提并论，从而认为墨家毁弃了古代的礼乐制

---

① 伍非百：《墨子大义述》，济南：山东文艺出版社，2018年版，第124页。

度。那么，墨家难道不知道"乐"对于人生和社会的好处吗？又何以一定要毁弃古时的礼乐制度呢？

有前贤指出说："墨者非乐，非不知乐，为救世之急也。"① 近代弘扬墨学的大家梁启超也认为"墨子之非乐，亦节用之一附属条目，皆为生计问题而起也。……墨子非乐之精神，全起于生计问题"②。前贤的这些论断，也为我们揭橥了墨子和墨家之所以"非乐"的缘由。墨家完全是出于"兴天下之利，除天下之害"的价值立场，揭示了统治者过分造"乐"用"乐"的行为对于民生、民利所造成的诸多困患。比如，《非乐上》就指出说："仁人之事者，必务求兴天下之利，除天下之害。将以为法乎天下，利人乎即为，不利人乎即止。且夫仁者之为天下度也，非为其目之所美，耳之所乐，口之所甘，身体之所安，以此亏夺民衣食之财，仁者弗为也。"这也就是说，仁人为政，评判一件事当做不当做的标准，不在于自身的身心愉悦享受，而在于其能否利人，能利人者则为之，不能利人者则止之。显然，墨家完全是以是否利民的标准来观察和考究"乐"，并认定"乐"不具有利民的功用，所以应该非之。由是观之，墨家完全是从是否利民的实际功利角度，来看待"乐"的价值的。

需要交代的是，墨家虽然主张"非乐"，但却并没有否定乐所具有的艺术与审美价值。《非乐上》在指出墨子和墨家主张"非乐"的缘故时说："是故子墨子之所以非乐者，非以大钟、鸣鼓、琴瑟、竽笙之声以为不乐也……虽身知其安也，口知其甘也，目知其美也，耳知其乐也，然上考之不中圣王之事，下度之不中万民之利。"一方面，墨家认识到，钟、鼓、琴、瑟、竽、笙等乐器演奏的音乐，并非不能愉悦人的耳目，正如华丽的图文色彩、烹调精细的美味美食、高台厚榭的安居之所等，都能给人带来身心愉悦的享受，而这

---

① 伍非百：《墨子大义述》，济南：山东文艺出版社，2018年版，第125页。
② 梁启超：《子墨子学说》，台北：台湾中华书局，1985年版，第23—24页。

些无疑也都说明，墨家对"乐"所具有的审美与艺术价值完全是肯定的。与此同时，墨家还指出，诸如"乐"等注重人之耳目享受的事物，若按古时圣王之事和万民之利的检验标准来看，却没有什么值得特别称道的。这也就是说，墨家是从为政的"兴天下之利，除天下之害"的效用角度出发，否弃掉了音乐在治国理政中的政治价值。设若可以将作为政治功能与艺术功能的"乐"分开而论，那么我们或许也就可以说，墨家试图否定和批判的"乐"，乃是那种具有礼乐教化的政治功能意义的"乐"，而非审美和艺术维度的"乐"。

墨家从以下几个方面详细解释了其"非乐"的具体缘由。首先，墨家从王公大人作乐对百姓带来的困扰出发，观察到制作乐器给百姓带来了很大的赋税负担。《非乐上》说，倡导礼乐之政的王公大人们在制作乐器时，"将必厚措敛乎万民，以为大钟、鸣鼓、琴瑟、竽笙之声"。而这些乐器又不能像舟、车那样，对国家和万民产生实际的利益。因而，为了制造这些乐器而去"厚措敛乎万民"，就与为了制造舟、车等必需的生产生活用具而"厚措敛乎万民"不相类同，前者对万民不能产生任何实际利益，而后者则符合国家和人民的利益，故而前者不合乎"爱民""利民"的民本价值观念，也就应该被批评和否定。

其次，墨家还认为，作乐对于保障国家安全和维系天下的政治秩序，并不能发挥出任何实际效用。《非乐上》说，在强以凌弱、贵以傲贱、智以诈愚的天下失序的现实政治世界里，"为之撞巨钟，击鸣鼓，弹琴瑟，吹竽笙而扬干戚，天下之乱也，将安可得而治与？"这也就意味着，在墨家看来，以乐为政，明显无益于天下的由乱归治，实现良好的社会治理。而"治"则是墨家非常看重的一个合乎人民之利的善品，故而也就可以说，为乐不能增益国家人民百姓的实际利益，所以应当非之而非倡之。

再次，墨家从为乐所需要依赖的人力和物力出发，指出为乐会浪费大量的人力物力，从而妨害到正常的农事活动。墨家分析说，统治者考虑到演奏乐器的实际效果，必定会大量使用年轻力壮、耳聪目明的人力去演奏乐器，如此一来，"使丈夫为之，废丈夫耕稼树艺之时；使妇人为之，废妇人纺绩织纴之事"（《非乐上》），无论是使男为乐师还是使女为乐师，都会妨害到人民所必须满足的衣食需求，而人民最大的祸患则在于"饥者不得食，寒者不得衣，劳者不得息"（《非乐上》）。要排除这些祸患，满足民众的生存需求，就要符合"赖其力者生，不赖其力者不生"（《非乐上》）的观念。墨家认为，人之区别于其他动物的地方就在于其需要"赖其力"，对于在上者来说就是勉力从事治理之事，对于在下者来说就是积极从事农业生产。因此，从节约为乐所使用的劳动力的角度来说，士大夫就应该秉持一种"非乐"的观念。

最后，墨家还指出，作乐也不合于古时的圣王之政，所谓"圣王不为乐"（《三辩》）。在墨家看来，礼乐经历了一个历史变迁的过程，由尧舜禹时代的以"茅茨"为礼乐治天下，再到商汤作《护》和修《九招》之乐以治天下，进而到武王"因先王之乐"且作《象》之乐以治天下，终而到周成王"因先王之乐"且作《驺虞》之乐以治天下。同时，圣王制作礼乐时的一个必要条件是，"事成功立，无大后患"（《三辩》）。尽管如此，在墨家看来，礼乐所经历的这样一个由简到繁的历史变迁过程，并不代表着社会治理的进步，所谓"周成王之治天下也，不若武王；武王之治天下也，不若成汤；成汤之治天下也，不若尧舜。故其乐逾繁者，其治逾寡"（《三辩》）。所以，音乐的简繁与天下治理的好坏，并不存在必然联系，这也就解构了作"乐"以治天下的神圣性，为批判"乐"奠定历史与理论前提。

综上所述，墨家之所以"非乐"，并非要否定"乐"之于人所具有的审美与艺术价值，而是从"乐"有害于"治"的角度来观察、分析和讨论的。"乐"对于"治"的不利影响，主要体现于其在现实政治运作中会造成无益于人民利益的沉重赋税，无益于"爱民""利民"、使天下由"乱"转"治"之事，有害于劳动者的勉力从事。同时，以"乐"为政也不合于尧舜等古时的圣王之政。因而，墨家认为，以"乐"为政就是不合理的，也是要必须彻底否定的。要言之，墨家仍是从其"爱民""利民"的节用立场出发，从维护天下和万民的利益的效用角度出发，否定了以"乐"为政的治道意义。以笔者浅见，这一具体的施政主张，所体现的正是墨家所坚持的以民生为重的"爱民""利民"的"民本"观念。

还需要说明的是，即便是在众多肯定墨学价值的人看来，"非乐"也显得有些有碍于人情，使这一主张成了墨学的一个极大不足。一方面，墨子纯粹以功利和效用的角度来看待"乐"在政治上的价值，无疑是极为片面的。诚如荀子所说，"夫乐者，乐也，人情之所必不免也，故人不能无乐"（《荀子·乐论》），乐对于调谐人情、增益社会和谐都具有极大的作用。在儒家看来，礼乐之教对于人之性情和人之品格的养成，具有非常正面的价值。墨子忽视乃至否定了"乐"所具有的这种合于人情的道德与社会功用，无疑会催逼人去过一种无法运用"乐"来调养休息的"自苦之极"的生活，而这显然是不合于人情人性之本然需求的。冯友兰在评价墨子"非乐"主张时说得极为明白："音乐美术，皆系情感之产物，亦只能动情感，墨子以为无用而摈斥之；其对于情感之态度，于此可见。由墨子极端功利主义之观点观之，人之许多情感，皆为无用，且亦无意义；须压抑之，勿使为吾人行为之障碍。"[1]他的这一评论无疑切中了墨学重实用而轻人情之要害。另一方面，墨子持非乐之主张，实则是从民生民利的角度出发的。墨子看到了当时的统治者制礼作乐所造成的财力物力人力之浪费，故而便以其"凡足以奉给民用则止"的"节用"主张来判断"乐"在政治上的价值，并认为作"乐"是不利

---

[1]　冯友兰：《中国哲学史》上册，北京：商务印书馆，2011年版，第104页。

于民生民利的为政措施。在笔者看来，设若统治者能从其"不忍人之心"出发，从而以"不忍人之心，行不忍人之政"（《孟子·公孙丑上》），真正在以"乐"为政方面做到"与民同乐"，那么墨家所主张的"非乐"之说，或许也就难以服人了。当然，在民众"饥者不得食，寒者不得衣，劳者不得息"（《非乐上》）的情况下，统治者仍坚持以"乐"为政，无疑是不切实际的。故此，后人也就不难理解墨家"食必常饱，然后求美；衣必常暖，然后求丽；居必常安，然后求乐"①之感慨了。总之，墨家的"非乐"主张虽有其不足，但仍是一种"为生民计不足"的不足，仍是一种体现出"爱民""利民"的"民本"价值观念的大醇小瑕意义上的不足。

（四）体现"民本"观念的"非攻"之说

本之于"兼爱"理念而来的"非攻"主张，再一次体现了墨家"重民""爱民""利民"的"民本"政治观念。墨家围绕战争发生的原因、带给人民的切身伤害以及战争所具有的不义性质，展开了对"非攻"主张的议论。但墨家非攻而不非诛，肯定汤武革命等战争为以义伐不义的合乎道义的正当行为。若将墨家的战争观与先秦其他学派的战争观相较，则可以说儒家主张一种"慎战"意见，以是否"犯上作乱"为标准，并主张对"犯上"的行为要给予征伐；老子主张"不争"，强调要反对一切战争；法家主张"以战去战，虽战可也"，立足于"势"和"数"的变化，来研究战争的应对之道；与这些主张不同，墨家则要以"义"或者说人民利益是否受损作为标准，并以此来评判战争的正当与否，如此一来，墨家"非攻而不非诛"的战争观就显得更为全面和合理了。②

墨家首先分析了何以会出现侵略战争的缘由。伍非百曾总

---

① 〔清〕孙诒让：《墨子间诂》，北京：中华书局，2001年版，第658页。
② 参见朱传棨：《墨家思想研究论稿》，北京：人民出版社，2020年版，第176—177页。

结说，墨家将不义之战得以发生的缘由主要梳理为如下几条："（一）贪伐胜之名。（二）贪得之利。（三）以义名立下。"[1] 盖立涛则从人性的自私自利、贪伐胜之名和以战争为义等三个方面，总结了墨家对发生不义之战的原因的思考。[2] 具体来说，墨家将统治者发动侵略战争的主要缘由总结为如下几点：

第一，墨家认为，统治者发动侵略战争主要是为了求土地之广、财货之丰和人口之众等实际利益。正是出于这些贪图私利的现实利益需求，统治者才会发动突破底线伦理的"亏人以自利"的不义的战争行为。墨家在《非攻》上、中、下三篇中通过类比来说明偷盗与战争之间的相似性，指出这二者都属于"亏人以自利"的不义行为。比如《非攻上》说，人们都知道盗窃别人果园里的桃李属于不义行为，并对之加以贬斥惩治；人们进而也会对盗窃别人家的牲畜加以贬斥惩治，并认为这是胜于盗窃桃李的不义行为，其理由在于后者给人带来的损失要远远大于前者；以此类推，杀害无辜之人的行为在不义程度上要胜于盗窃别人的牛马，故而大国攻伐小国，实际上就是亏害他国以利己之国，所造成的不义程度也要更大（或者说是所有不义行为中危害程度最大的），因而，从道义的角度来说，否弃和反对战争的主要理由之一就在于其是一种"亏人以自利"的不义行为。总之，在墨家看来，不义之战得以发生的一个重要原因，就在于统治者试图"亏人以自利"的贪利趋向。

第二，墨家在《非攻中》还描述了统治者发动侵略战争的又一个借口："贪伐胜之名，及得利，故为之。"一方面，统治者也会承认说，发动侵略战争会带来人民生命与财产的大量亏害，但仍是出于贪名得利的缘故，坚持发动对他国的侵略战争；另一方面，统治者为了掩盖其不义行为，而又多盗用"义"的名义来混淆视听，《非

---

① 伍非百：《墨子大义述》，济南：山东文艺出版社，2018 年版，第 65 页。
② 参见盖立涛：《墨家仁义政治哲学研究》，中国人民大学博士学位论文，2017 年，第 226—228 页。

攻下》说："我欲以义名立于天下，以德来诸侯也。"即将伐胜之名和得利的不义之事，转换为以仁义之名和德行来实行攻伐战争之言。事实上，墨子也完全认可王道政治理念，即以仁义之名和德行之实来实现天下的一统。比如《非攻下》就说："今若有能以义名立于天下，以德来诸侯者，天下之服可立而待也。"但墨家显然是从兴天下万民之利的角度来看待战争的正义与否的，而并不是以是否使用"仁义之名"作为判断战争正义是否的标准。而这也与墨家"取实予名""言行一致"的名实观是完全一致的，《贵义》借用盲人只是知道"黑""白"之名而不知黑、白之实的事例，来说明不能只知"仁""义"之名而不观察仁、义之实。显然，在墨家看来，伐胜之名与得利之实则是统治者借以发动战争的又一个重要理由。

第三，墨家认为统治者发动不义之战的又一个原因就是以战争为义。在墨家重民、爱民、利民的思想视野内，发动战争实际上乃是最为不义的行为。墨家特别反对那种以战争为义的观点。《非攻上》批评以攻伐之战为义说："今至大为不义攻国，则弗知而非，从而誉之，谓之义。"一方面，王公大人和士君子都知道窃人之家为不义；另一方面，他们却以攻伐别国为义。但从"义"所要求的"不亏人以自利"的底线伦理角度来说，盗窃别人家中的财货与攻伐别国，都属于同种类型的不义行为。墨家认为，这种言行是典型的"不察类""不明其故"以及"明于小而不明于大"的行为。而王公大人和士大夫之所以不认为发动侵略战争是不义的，主要就在于他们"明于小而不明于大"，以战争为义，又可能会促使他们去发动战争。

从根本上说，墨家之所以认为攻伐战争是大不义的行为，主要就在于战争会对人民带来极大的危害。墨家认为，攻伐战争上不利于天，中不利于鬼，下不利于人。具体来说：其一，攻伐战争上不利于天体现为"夫取天之人，以攻天之邑，此刺杀天民，剥振神之位，倾覆社稷，攘杀其牺牲，则此上不中天之利矣"（《非攻下》）。墨家以"天"为普遍且超越的主宰，并认为天下之城邑皆为天之城邑，天下之万民皆为天之民。因此，攻伐战争在实质上就是以天之民攻伐天之民，并且不利于天下之民对天和鬼神的祭祀，这也就意味着攻伐战争不合乎"兼爱"之天志，从而也就是上不"中天之利"了。其二，攻伐战争也不利于鬼神之利，这体现为"夫杀之神灭鬼神之主，废灭先王，贼虐万民，百姓离散，则此中不中鬼之利矣"（《非攻下》）。发动攻伐战争也会灭绝对鬼神和先王的祭祀，并造成对万民之利的损害，从而妨害到鬼神庇佑人民的意志，所以说攻伐战争是"中不利于鬼"。其三，攻伐战争还不利于人，这体现为"夫杀之人，为利人也博矣！又计其费，此为周生之本，竭天下百姓之财用不可胜数也，则此下不中人之利矣"（《非攻下》）。攻伐战争会造成人力、财力、物力等资源的巨大浪费，危害到了人民最为基本的生存利益。《非攻中》则说得更详细："今师徒唯毋兴起，冬行恐寒，夏行恐暑，此不可以冬夏为者也。春则废民耕稼树艺，秋则废民获敛。"墨家认为，不论是在哪个季节发动战争，都会对民生造成伤害，故不义之战完全是不爱利于人的。同时，从王公大人的角度来说，发动战争本是为了获得更多的土地、人口与财富，但从现实结果来说，"计其所得，反不如所丧者之多"（《非攻中》），故而发动战争所获得的实际利益与统治者的预期是不相符乃至背反的。综上所述，墨家将天、鬼的意志与人民的利益紧密联系在一起，所谓不义之战上不利于天、中不利于鬼、下不利于人，说到底还是落实在不义之战损害了民生的基本需求，带来了天下和人民的贫（国家与社会财富的过分消耗）、寡（人口的大量减少）、乱（政治的失序状态）的祸患，故而是不义的，也是需要在价值上加以彻底否弃的。

既然墨家看到了战争所带来的危害，那是否又意味着，墨家要反对所有形式的战争呢？若从墨家所推崇的尧、舜、禹、汤等古之圣王的为政之事来观察，圣王也有发动战争之事。如此一来，墨家又该如何应对当时的王公大人对古之圣王也发动战争的诘难呢？墨家通过区分义战和不义之战回答了这一诘难。墨家认为，古之圣王发动的战争属于义战，而当今的王公大人所发动的战争则属于不义之战，这二者显然是不同类的战争，因此在谈论战争问题时，就需要"察类"和"明故"。就此而言，墨家要反对的是那些不义之战，而对"以义伐不义"的义战则给予了充分肯定。具体说来，墨家将当时诸侯国之间的攻伐战争，特别是大国攻打小国、强国攻打弱国的战争行为称为"攻"，而将"禹征有苗，汤伐桀，武王伐纣"等史书上记载的由圣王发动的战争称为"诛"；"攻"是需要被否定的"不义之战"，而"诛"则是需要被肯定的为义之战。"攻"和"诛"之间最主要的不同之处就在于，"诛"顺从了"兼爱"之天志，乃是圣王承受上天之命令，为了实现天下万民的治、富、众而不得已采取的战争行为，实质上也就是要"兴万民之利"，而"攻"则是反其道而行之，造成了乱、寡、贫等"天下之大害"。墨家还为"诛"的正义之战涂抹上了一定的神话色彩，如在描述禹征有苗时说，"禹亲把天之瑞令，以征有苗"，描述汤之放桀时说"天乃命汤""帝乃使阴暴毁有夏之城"，描述武王伐商时说，"天命周文王伐殷有国"，"河出绿图，地出乘黄"，"天赐武王黄鸟之旗"（《非攻下》）。这些夹杂着神话的历史叙事意在表明，"诛"是秉承上天之命的顺应天志、兼爱万民的战争行为，是具有正当性的义战。因此，人们在谈论战争问题时，一定要分清某一具体的战争行为是"攻"还是"诛"，并做到"非攻"而不"非诛"。这种"非攻"而不"非诛"的观点，一方面为其所坚信的以古之圣王之事为判断言行是非的标准之一的信念，给出了一致性辩护；另一方面，这也允诺了"革命"的合法性。所以说，"墨子反对战争，但支持诛不义之君，在这一点上，墨子与孟荀是一致的"①。

作为墨家"非攻"而不"非诛"观点的理论延伸，《墨经》还提出了"杀盗非杀人也"命题。对这一命题的具体说明与论证，可参

---

① 盖立涛：《墨家仁义政治哲学研究》，中国人民大学博士学位论文，2017 年，第 231 页。

见《小取》中的如下论述：

> 盗人，人也，多盗，非多人也，无盗，非无人也……悉多盗，非多人也，欲无盗，非欲无人也。世相与共是之。若是，则虽"盗人，人也，爱盗，非爱人也，不爱盗，非不爱人也，杀盗人，非杀人也"，无难矣。

墨家首先承认了如下两个前提：（1）"盗是人"，（2）"爱盗不是爱人，不爱盗不是不爱人"，进而推类得出结论说"杀盗人，非杀人也"。从论式的角度来说，这属于墨家所总结的"侔"论式中的"是而不然"的情况。这里的重点是，墨家认为杀人是不义的，而杀盗人则合乎墨家"伤人者刑，杀人者死"之法，所以属于"义"，如果承认杀盗人是杀人，则违背了墨家的道义准则。究其根底，墨家论述的关键点在于其对杀人之杀与杀盗人之杀的道德归因不同，而这是属于语用层面的讨论。从《大取》来说，这种杀"有辜之人"属于所谓"权"的范畴。[①]《大取》解释"权"说："于所体之中，而权轻重之为权，权非为是也，亦非为非也，权，正也。断指以存腕，利之中取大，害之中取小也。害之中取小也，非取害也，取利也。其所取者，人之所执也。遇盗人，而断指以免身，利也；其遇盗人，害也。断指与断腕，利于天下相若，无择也。""权"即是对所遇事件的利害轻重衡量，"权"不是"是"也不是"非"，而是"正当"。如某人为了保存手腕而砍断手指，就是选取最大之利与最小之害。取最小之害并不等于取害，而是选取他人都想选取的利。又如遇到强盗是坏事，但若能断指以保身，则属于利。人在"利"中选取利益最大的事，并非不得已的选择；而在"害"中选取危害程度最小的事，则是不得已的选择。在尚未发生的事件中选取利益最大的，

---

① 参见朱传棨：《墨家思想研究论稿》，北京：人民出版社，2020年版，第135页。

属于选取"大利";而在所有已发生的事件中选取危害最小的,属于选取"小害"。如此一来,杀有辜之盗,便是在害之中选取危害程度最小的正当之举,故而"杀盗"就不能看成"杀人"了。

墨家反对大国、强国之攻小国、弱国的"非攻"之说,还需要落实到帮助小国、弱国抵抗大国、强国所发动的不义之战的具体行动上。这一点突出体现在《公输》所记载的墨子"止楚攻宋"的感人事迹之中。《公输》记载说,"公输般为楚造云梯之械成,将以攻宋。子墨子闻之,起于齐,行十日十夜而至于郢,见公输般"。墨子通过以小见大的道义辩论,以及对其所率领的墨家学派对如何帮助宋国抵抗楚国的战略准备的说明,成功地阻止了这一场不义之战,践行了其所提倡的"非攻"理念。同时,今本《墨子》书中还保留有《备城门》《备高临》《备梯》《备水》《备突》《备穴》《备蛾传》《迎敌》《旗帜》《号令》《杂守》等十一篇兵学文献,详细记载了墨家为抵御大国攻打小国的不义之战而做的一些军事上的防守准备。墨子"止楚攻宋"的事迹和《备城门》以下的十一篇文献,都能说明墨家在践行其"非攻"理念时所付诸的具体行动与实践措施。墨家所述的这些与防御战争有关的技术思想,完全是"服务于其各项社会政治主张的",同时,墨家还更进一步"运用其工艺技巧经验作论证其政治主张的逻辑依据"[1]。墨家所形成的这些"非攻"技术,也正体现了"利于人谓之巧,不利于人谓之拙"(《鲁问》)的爱民利民的功利技术观念,以及墨者从事必求人民之利的根本价值立场。

要言之,墨家对王公大人发动战争的缘由进行了一定的事实分析,主要包括求利、贪名和错以为"义"这几个方面。同时,墨家还从"重民""爱民""利民"的"民本"立场出发,分析了战争带给民生的巨大危害,因而其也就是上不利于天、中不利于鬼、下

---

① 参见朱传棨:《墨家思想研究论稿》,北京:人民出版社,2020年版,第141页。

不利于人的。故此，人们就应该在道义上彻底否定大国之攻小国的不义战争。不过，墨家并没有彻底否定一切战争，而是对古之圣王所进行的义战进行了辩护，这也就是墨家所说的"非攻"而不"非诛"。一般地说，墨家的"非攻"学说主要有三个特点，即反对侵略战争，支持正义战争和主张积极防御。[①] 这也就不难看出，墨家对战争缘由的分析主要是从人治的角度进行的，并未分析到战争背后所具有的政治、经济、文化价值等各方面的矛盾与冲突。就此而言，虽说人们可以认可墨家以战争为最大限度的不义的观点，也可以在道义价值上拒绝战争，但却无法在政治、经济、文化等社会利益层面上寻求破解不义之战的现实方法。故而，在笔者看来，墨家对"非攻"的解释与说明只具有一定程度的道德说服力，但却很难真正转化为一项长久的"爱民""利民"的政制设计和施政策略。

综上所述，墨家提出的"节用""节葬""非乐""非攻"等具体为政措施都是围绕着"以利民为公义"的"民本"观念而阐发的。"节用""节葬""非乐"的实质在于约束王公大人等统治阶层对民力的滥用，"非攻"则是秉持"兼爱"理念而来的对民之生命的保全。唐君毅曾精要地评点墨家的"节用""节葬""非乐"与"非攻"主张说："墨子言非攻，所以保人民之生命之生存中之义道，言节用节葬非乐，乃所以成人民之经济生活中义道，固皆非儒者之所能废者也。"[②] 以笔者浅见，墨学的整体价值立场，实皆出于重民、爱民、利民、惠民的"民本"观念。尽管墨家未曾明言"民本"，但其提出的"节用"等为政举措却无不体现出以民为本、爱利民生的价值立场。就此而言，"民本"观念可贯穿于墨学立论之终始，此一点不可不察也。

---

① 参见舒大刚：《墨子的智慧》，北京：中央编译出版社，2008 年版，第 66 页。

② 唐君毅：《中国哲学原论·原道篇》，北京：中国社会科学出版社，2006 年版，第 70 页。

第四章　墨学的治道原则论

　　相较作为"法"的"节用""节葬""非乐"与"非攻"等几大主张来说，墨家还讨论了如何让天下回归到保全民生、保障民利的有序治理等治道原则层面的问题。就笔者所见，过往的墨家政治哲学研究的重要主题之一，就是对墨家以"兼爱"为中心的治道原则的讨论。但在笔者看来，对墨家治道原则的理论说明，需统一"兼爱""尚同""尚贤"这三大主张来看。一般地说，"兼爱"是对墨家治道原则的目的论说明，意在描绘一个理想的人间秩序应该是什么样的。"尚同"与"尚贤"则是对墨家治道原则的方法论说明，意在描述如何从政治治理的角度来建构和保障一个理想的人间秩序。无论是"兼爱"，还是"尚同"与"尚贤"，也都是一种对墨家"兴天下之利""兴万民之利"的"义"道的界说与落实。同时，墨家的治道理论还构想了一种"自然状态"，用以揭示统一天下之"义"的必要性，进而揭橥和构建出了一个理想的、能"兼爱天下""选贤任能"和"爱民""利民"的天下一统的政治与社会秩序。在墨家看来，统一天下之"义"，就能够消弭个体出于自"义"（自利）的本然需求而引起的相互亏害的祸乱，从而让人从类似于禽兽的自然状态中解放出来，去过一种有道义的美好生活。就此而言，墨家对治道原则的论述，仍本之于"爱民""利民"的"民本"观念。以下，笔者略分述作为治道原则的"兼爱""尚同"和"尚贤"等主张。

第一节　作为一种治道规范的"兼爱"学说

诚如冯友兰在《中国哲学简史》中提挈墨学所说："兼爱是墨子哲学的中心概念"，"《墨子》中有三篇专讲兼爱"；墨子倡导和宣扬一种"天下的每个人都应该同等地、无差别地爱别的一切人"的兼爱学说。① 冯友兰对"兼爱"和墨子哲学的上述诠定，几乎成了近现代以来中国哲学通史类著作把握墨学的典范式说法。一般地说，此类诠释的要义主要包括：（1）以"兼爱"为墨学的中心观念；（2）以《兼爱》三篇作为把握"兼爱"说的基础文本；（3）以"兼爱"为一种"爱无差等"的道德或伦理学说。

但若寻踪此类诠释的思想史迹证，不难发现其多为前贤之公论。如"墨子兼爱"（《孟子·告子下》），墨者"泛爱兼利"（《庄子·天下》），"墨家者流，其言贵俭兼爱"②，"墨子者，废人物亲疏之别，方以天下为己任"③ 等。就此而言，"兼爱"历来被视作墨家"十事"中最为核心的政治与伦理主张。事实上，自唐宋以来的中国古代思想史与学术史，就多以"兼爱"作为墨学的思想旗帜和独特标识。④ 而由"爱无差等"界说的"兼爱"，更是宋明理学批墨之矢的。如程子云："墨子兼爱则是仁，惟差之毫厘，失之千里。""墨氏兼爱，疑于义。"⑤ 朱子则从本体与功夫角度批判了"爱无差等"，并重申

---

① 冯友兰：《中国哲学简史》，涂又光译，北京：北京大学出版社，2013 年版，第 54 页。

② 〔宋〕欧阳修撰，李逸安点校：《欧阳修全集》第 5 册，北京：中华书局，2001 年版，第 1892 页。

③ 〔宋〕王安石：《王文公文集》卷第二十六，上海：上海人民出版社，1974 年版，第 309 页。

④ 关于历代学人对"兼爱"的大体论述，可参见第二章。总之，自孟子和唐宋以来的论墨学者，大多是将"兼爱"看成墨子、墨家的思想标识和墨学的核心要义之一。

⑤ 〔宋〕程颐、程颢：《二程集》，北京：中华书局，2004 年版，第 389、558 页。

了"墨氏'爱无差等',故视其父如路人"①的旧论。阳明则尤为注意区分"万物一体"说与"兼爱":"墨氏兼爱无差等,将自家父子兄弟与途人一般看,便自没了发端处。"②而自清中叶以来的《墨子》校勘与疏义,也多以"兼爱"为宗旨来统合墨家的政治、经济、伦理以至军事思想,如俞樾所谓"惟兼爱是以尚同,惟尚同是以非攻,惟非攻是以讲求备御之法"③。近代以来的中国哲学史学科知识谱系建构,亦多将"兼爱"与边沁、密尔等西方哲人所倡导的功利主义伦理观相提并论,从而申明墨家哲学的现代意义。④当代的先秦道德哲学与政治哲学研究,亦将"兼爱"作为墨家道德哲学与政治哲学中的核心概念,予以充分的辨析和讨论。⑤由此观之,"兼爱"差

---

① 〔宋〕黎靖德编:《朱子语类》,北京:中华书局,1986年版,第1319页。

② 《语录一》,载《王阳明全集》卷一,上海:上海古籍出版社,1992年版,第26页。

③ 〔清〕孙诒让:《墨子间诂》"俞序"。北京:中华书局,2001年版,第2页。

④ 如冯友兰认为,墨子的哲学是一种"功利主义","'功''利'乃墨家哲学之根本意思",而"国家百姓人民之利"成为"墨子估定一切价值之标准"(参见冯友兰:《中国哲学史》上册,北京:商务印书馆,2011年版,第97、99页)。牟宗三认为,墨子的思想是"以功利主义来看待周文",属于某种"素朴的功利主义"(参见牟宗三:《中国哲学十九讲》,上海:上海古籍出版社,1997年版,第60—61页)。劳思光认为,墨学秉持一种"功利主义与实用主义"的文化观念(参见劳思光:《新编中国哲学史》第1册,北京:生活·读书·新知三联书店,2015年版,第228页)。郭齐勇编著的《中国哲学史》就将"兼相爱,交相利"视作墨家十大主张的中心,并认为墨家学说的主旨在于"兴天下之利,除天下之害"(参见郭齐勇编著:《中国哲学史》,北京:高等教育出版社,2006年版,第124页)。刘文英主编的《中国哲学史》也将"兼爱"视作墨子思想的核心,并认为"墨子的其余思想或者是'兼爱'内容的具体化,或者是实施'兼爱'的手段"(参见刘文英主编:《中国哲学史》,天津:南开大学出版社,2002年版,第100页)。日人秋泽修二所著《中国哲学史》,则以"天兼爱"来概述墨子思想的根本要旨(参见〔日〕秋泽修二:《中国哲学史》,邬由译,上海:三通书局,1941年版,第6页)。

⑤ 如梁涛主编的《中国政治哲学史》在论述墨家的政治哲学时,就以"兼爱"作为墨家政治哲学的核心(参见梁涛主编:《中国政治哲学史》第一卷,北京:中国人民大学出版社,2017年版,第67页);又如宋宽锋也将"兼爱"看作"墨家政治哲学的核心主张"(参见宋宽锋:《先秦政治哲学史论》,北京:中国社会科学出版社,2019年版,第125页)。

不多就是"墨学""墨家"和"墨者"的代名词。与此同时，学界在诠解和评议墨家的"兼爱"学说时，多将"兼爱"说成"无差等之爱"或者"爱无差等"①，并以此来论定在"如何爱人"的伦理言说及实践中，"兼爱"与"仁爱""博爱""泛爱""慈悲"等其他学派的"爱人"观念之间的同异高低。这一诠解理路，似乎是要将"兼爱"的思想内涵和根本要义，在论题上转换成"要同等地爱一切人"这样一个看似有违常情的命题。

但随着国内外墨学研究的深入，无论是以"兼爱"为墨学核心观念，还是将"兼爱"界说为"爱无差等"，抑或是以《兼爱》三篇为解义"兼爱"的根本原典，都开始成为有待商榷的学术话题。如唐君毅就以"义"而非"兼爱"作为墨学的根本观念，他说："……墨子之根本义理观念，或即在其所谓'义'。"②比利时汉学家戴卡琳（Carine Defoort）在梳理汉代以前传世经典对"兼爱"一词的用与解的基础上，提出除孟子以外的其他思想家，都未将"兼爱"视作"专属于特定思想家或学派的理论"③。她还认为，《兼爱》三篇只能算是"兼爱"的出发点，《天志》等篇才真正代表着"兼爱"的完善形态。④陈乔见则在唐、戴研究的基础上，提出"义"可"逻辑地统贯墨子'十论'"⑤。这些"歧见"或可表明，从墨学"爱民""利民"的价值关怀和"察类、明故"的致思理路出发，对墨家"兼爱"说的意涵、结构、特质与地位，做出更为深入的哲学与思想

---

① 如《辞源》就将"兼爱"解释为"爱无差等，不分厚薄亲疏，反对儒家的爱有差等说"；而《辞海》亦对"兼爱"做出类似解释，即"兼爱"是"一种平等、不分厚薄亲疏的相爱"（转引自辛果：《"兼爱辨"》，《北方论丛》，1996年第5期）。

② 唐君毅：《中国哲学原论·原道篇》，北京：中国社会科学出版社，2006年版，第56页。

③ ［比］戴卡琳：《墨家"十论"是否代表墨翟的思想？——早期子书中的"十论"标语》，《文史哲》，2014年第5期。

④ ［比］戴卡琳：《〈墨子·兼爱〉上、中、下篇是关于兼爱吗？——"爱"范围的不断扩大》，《职大学报》，2011年第4期。

⑤ 陈乔见：《墨家之义道及其伦理精神》，《中原文化研究》，2021年第2期。

史把握，仍有其思想史意义和必要性。鉴于此，本文拟首先"悬置"哲学史、思想史对"兼爱"的种种"熟知"，转而回到《墨子》全文以系统描述"兼爱"的意涵、结构与演变，阐明"兼爱"实为墨家所推定的一种理想型的治道规范。

（一）作为一种治道之术的"兼相爱"

从《兼爱》三篇的记载来看，墨家重点阐发了一种"兼相爱"的理想治道模式。"兼相爱"首先是为了解决天下之"乱"与"害"的社会——政治秩序的崩坏难题，进而试图构建出一个合乎墨家圣王之政理想的"有力者疾以助人，有财者勉以分人，有道者劝以教人"（《尚贤下》）的政治共同体。就此而言，"兼相爱"首先是作为一项为政策略或治道之术，进而可被延伸为一种政治伦理主张，而非某种具有德性伦理或规范伦理意涵的理论学说。这一点也为《鲁问》在提及墨者入国应"择务"而"从事"①时所提到的"国家务夺侵凌，即语之兼爱、非攻"之说所支持，意即作为一种治道之术的"兼爱"及由其所延伸而来的"非攻"之说，要解决的是不同政治团体之间互相侵凌、强必凌弱的祸乱、祸害天下的政治现实，只不过此处并未对作为治道之术的"兼爱"与"兼相爱"加以明确区分而已。同时，作为一种治理天下之道术的"兼爱"或"兼相爱"之说，其内涵就是试图通过一种"视人如己"的简单的道德自觉，来实现一种兴利除害、祛乱归治的合于天之义、民之利的政治秩序，因而其也就主要表现为一种较为具体、简约而非抽象、复杂的政治思想论说。显然，上述简短讨论，主要依据《兼爱》上、中、下三篇对"兼以为政"的论说。但考诸《兼爱》三篇，除了为后人所加的"兼爱"之标题外，其正文中"兼"字出现约六十余次，"爱"字出现约

---

① 有论者指出，墨家哲学的灵魂根本不是什么"兼爱"之说，而是以"择务而从事"为核心的经世主义哲学。参见刘绪义：《择务而从事：墨子经世哲学的灵魂》，《湖南工业大学学报（社会科学版）》，2009 年第 3 期。

八十余次，而连用的"兼爱"只出现了一次，即在追溯文王之"兼"事时所正式提到的"兼爱"观念："文王之兼爱天下之博大也，譬之日月兼照天下之无有私也"①；"兼"与"爱"相连而用的更多表述模式则是所谓的"兼相爱"。故此，笔者欲以《兼爱》三篇为本，分析讨论墨家何以要提出作为治道之术的"兼相爱"之说，进而来明确"兼相爱"的几点要义，并厘清"兼相爱"何以要走向"兼爱"的思想理据。

概括地说，墨家在《兼爱》三篇中的论述理路，遵循着一个"有什么—是什么—为什么—怎么办"的思想逻辑链条。②"有什么"侧重于对天下攻伐频仍、人与人（包括由血亲而来的父子、兄弟在内）皆相亏害以求自利的现象描述。"是什么"则要明确这种亏人以利己的施政措施为"乱"与"害"，因而在道义上是不应当选择的。"为什么"则要交代出现天下之"乱"与"害"的原因，即察明起乱生害之"故"。"怎么办"则是针对所察之"故"而提出的治道之术。具体来说，《兼爱上》开篇提出的是"圣人为政必知乱之所起"，进而致天下之治的问题，而《兼爱中》《兼爱下》开篇则以仁人为事必定要从"兴天下之利，除天下之害"出发。在《墨子》一书中，仁人、圣人多用以指代能"厚乎德行，辩乎言谈，博乎道术"（《尚贤上》）的贤人，其典范就是道德、才识与谈辩俱备的尧、舜、禹等古时圣王。由此，人们似乎就可以进一步去追问，以古时圣王之政作为标准，"乱"表现为哪些方面？原因何在？天下之"利"与"害"又具体体现为什么？怎么才能"兴利除害"？也正是在对这些具体的为政之要务的讨论中，墨子才提出了作为一种治道之术的"兼相爱"主张。

墨家视野中的天下之治，主要表现为一种"国不相攻""家不相乱""盗贼无有""君臣父子皆能孝慈"（《兼爱上》）的良好政治

① 〔清〕孙诒让：《墨子间诂》，北京：中华书局，2001 年版，第 121 页。
② 此处参考了台湾大学李贤中在"儒墨会通与国家治理学术研讨会"（2020 年）上的发言。

与伦常秩序。与此相反，天下之乱就表现为人皆亏人以自利而导致的对伦常秩序的破坏，具体包括君亏臣以自利，而臣又亏君以自利；父不慈子以自利，子不孝父以自利，推及兄弟、盗贼、大夫、诸侯等人，皆都行亏人以自利之事。基于对天下"治乱"之事的这一对比式观察，墨家将"乱"的原因归结为人都去选择自爱而不行爱人之事（即"不相爱"）。如君爱自身而不利于臣，臣爱自身而不忠于君；父爱自身而不慈于子，子爱自身而不孝于父，这也可以推及兄弟、盗贼、大夫、诸侯等人。这也就是说，若人与人不相爱，就会陷入彼此的亏人以自利的自私境地中去，从而造成天下大乱、民不聊生的崩坏局面。如此一来，若要实现从"乱"到"治"，就必须坚持"兼相爱"的理论构想，即通过"爱人若爱其身"（《兼爱上》）的道义举动来解决天下治理问题。墨家进而将这种"爱人若爱其身"的治道之术总结为"兼相爱"的根本道义原则，并在实践层面上将之界定为"视人之身若视其身""视人之家若视其家""视人之国若视其国"（《兼爱上》）的道德行动准则。墨家认为，只要人人都能遵从"兼相爱"的道义原则，以"自爱"之心来"爱人"，实现"相爱"和"兼相爱"，就能重归那种合乎圣王之政的良好道义与政治秩序。

在墨家"兴利除害""义利合一"的政治理想追求下，天下的"治"与"乱"又切合于万民的"利"与"害"。故此，《兼爱中》和《兼爱下》论述分别以"利"与"害"来代替上面所说的"治"与"乱"。墨家认为，天下之"害"具体表现为"国之与国之相攻，家之与家之相篡，人之与人之相贼，君臣不相惠忠，父子不慈孝，兄弟不和调"（《兼爱中》）的秩序崩坏。而"害"出现的原因也在于人与人的不相爱。况且，若人不能"兼相爱"，就会产生"强必执弱，富必侮贫，贵必傲贱，诈必欺愚"（《兼爱中》）的不义之事。由此，若要真正兴利除害，就必须行"兼相爱，交相利之法"（《兼爱中》）。"兼相爱，交相利之法"的具体内容仍旧是"视人之国若视其国""视人之家若视其家"和"视人之身若视其身"。据此观之，墨家在《兼爱中》就进一步将《兼爱上》所提的"兼相爱"明确为"兼相爱，交相利之法"，从而明确"兼相爱"必须具体落实到国家交往与人际交往间的彼此相利，并为之赋予古时圣王为政之法的权威意义。同时，《兼爱中》还讨论了"兼相爱，交相利之法"的可行性问题。墨家认为，只要以君主为首的上位者皆能自觉践行"兼相爱，交相利之法"，那天下之人也都能践行"相爱"的精神；并为此举例说，"兼相爱，交相利之法"乃为大禹、文王、武王等古时圣王之所行。因此，《兼爱上》所论的"兼相爱"，在《兼爱中》演变成了"兼相爱，交相利之法"，这也就是将"爱"与"利"统一起来，试图以道义上的彼此相爱来奠定政治上的治与利。

作为治道原则的"兼相爱"，显然是对人所熟知的"别相爱"观念的一种道义克服。在《兼爱》诸篇中，"兼"主要是与"别"相对而论，如《兼爱下》对"执兼之士"与"执别之士"、"执兼之君"与"执别之君"的区分所显示的。墨子将"别"认定为造成"天下之大害"的重要原因，进而倡导"兼"以易"别"。所谓"别"即是将我之身、我之国、我之家与人之身、人之国、人之家区分开来，"兼"则与之相反，强调一种无分别之心。墨家首先举了执"别"之士与执"兼"之士的不同言行来说明此点：执"别"之士将其友之身、其友之亲与其自身、其之亲加以区分，并在言行中对其友所遭遇的饥、寒、病、死等不幸熟视无睹；执"兼"之士则要将其友之身、其友之亲视作其自身、其亲，并在言行中对其友所遭遇的不幸施以援手。由此可知，即便是天下非"兼"之人，若欲托其妻子，也必定是要托付给在言行中执"兼"之人。其次，墨家还举执"别"之君与执"兼"之君的不同言行来说明"兼"的价值：执"别"之君将其民之身与其身区分开来，从而在言行中对民之饥、寒、病、死皆不闻不顾；执"兼"之君则要秉持先为其民之身后为其身的理念，并在言行中对其民之饥、寒、病、死皆有所顾。由此可知，即便是天下非"兼"之人，若在灾荒之年择君而行，一定也会选择执"兼"之君而非执"别"之君。再次，墨家也对"兼相爱"不可行的观点予以反驳。针对那些反对"兼相爱"的人所认为的"兼相爱，交相利"难行乃至不可行的观点，墨家提出了"兼相爱，交相利"实为古代圣王所行之事，即由《泰誓》所记载的文王为政之事，《禹誓》所记载的大禹为政之事，《汤誓》所记载的商汤为政之事，以及《周诗》所记载的文王武王之事。墨家认为，墨子所倡导的"兼相爱，交相利"之法实取自于上述圣王之事。最后，墨家对"兼相爱不符合亲之利"的说法作了反对。墨子提出人若欲爱利其亲，也就希望人亦能爱利其亲。但想要人能爱利我之亲，我就必须先去爱利人之亲。按照投桃报李的原则，只要人皆能爱利人之亲，也就自然会爱利于其亲。墨家特别指出，"兼相爱，交相利"之事乃"有利且易为"（《兼爱下》）之事，只要君主等上位者能够喜好"兼相爱，交相利"之事，并"劝之以赏誉，威之以刑罚"（《兼爱下》），就一定能够实现"兼相爱，交相利"的天下义政。总之，墨家在《兼爱》诸篇中，最终还是将"兼相爱"定位为"圣王之道而万民之利也"（《兼爱下》），也就是以"兼相爱"为一种合理的、可行的达致"兴天下之利，除天下之害"的治道原则。

综上所述，《兼爱》三篇主要讨论的是作为一种治道原则的"兼相爱之法"。其要义主要包括：（1）"兼相爱"首先在于人际间的"相爱"（与"相害"相对），即要倡明"爱"的交互性特质。事实上，墨家所追求的天下之治与利，也正是人际之爱的交互性特质的呈现。而"相爱"又表现为对"自爱而不爱人"的自觉道义克服，唯有爱人才能克服"亏人以自利"的本性趋向。（2）"兼相爱"还要由"相爱"进一步延伸到追求普遍之爱的"兼相爱"（与"别相爱"相对），即要明确爱在对象上的周遍性与整体性特质。墨家积极肯定了"爱人"的政治与伦理价值，并指出"爱人"就必须要"周爱"的伦理原则。（3）"兼相爱"的具体内涵表现为"视人如己"，具体内容包括三个方面，"视人之身如视其身""视人之家如视其家"和"视人之国如视其国"。这也就是在承认人皆爱其身、其家、其国的基础上，强调一种"以他者为重"的伦理原则，并且这里的他者包含古往今来的一切之人。（4）"兼相爱"的可行性保障原则是爱人的对等性。《兼爱中》特别指出："夫爱人者，人亦从而爱之；利人者，人亦从而利之；恶人者，人亦从而恶之；害人者，人亦从而害之。"这也可看作"兼相爱，交相利"得以成立的一个经验保障原则。同时，墨子还援引《大雅》中的"无言而不秩，无德而不报。投我以桃，报之以李"。墨家将之解释为"爱人者必见爱也；而恶人者必见恶也"①（《兼爱下》）。墨家所论的"必"，代表的是模态词"必然""必须"，《经上》将"必"界定为"不已也"，《经说上》进一步将之解释为"谓一执者也。若弟兄。一然者，一不然者，必不必也，是非必也"②。这也就是说，"必"用以表示"必然"的模态命题，蕴含着"尽然"之意。由此，墨家就将爱人的对等性原则上升为道义上的应然命题或必然命题。基于上述原则，"兼相爱"在内涵上表述的就是"人与人之间皆应相爱、相利"的道义原则，而作为"相爱"这一举动之施为者与受为者的人，无疑是处于君或臣、父或子、兄或弟的具体行动者。由此，墨家就完成了由"自爱"到"相爱"再到"兼相爱"的理论阐释，从而为"兼爱"之说奠定了理论基础。

（二）"兼爱"对"兼相爱"的理论扬弃

诚如《兼爱下》所述，"兼相爱"之论自提出伊始，就遭到了"兼道难行""兼道不可行""兼道不合于亲之利"等各种意见的反驳。面对这些反驳，墨家也通过诉诸古之圣王之权威和经验常识来为自己所说的"兼道"加以辩护。或许，也正是在这种诘难与辩护

---

① 孟子也有"爱人者，人恒爱之"之说，见《孟子·离娄下》。"恒"与"必"，皆表示的是"爱"的必然对等性原则。

② 王讚源主编：《墨经正读》，上海：上海科学技术文献出版社，2011年版，第40页。

的思想过程中，作为一种具体的治道原则的"兼相爱"之说，逐渐被扬弃为一种作为抽象的伦理原则的"兼爱"之说。① 之所以说"兼爱"是抽象的，其缘由主要在于"兼爱"所要讨论的问题已不再是某种具体、简单的治道之术是否可行，而是对如何爱人、如何才是真的爱人等伦理学主题的理论回应。这也就意味着，作为一种治道原则或政治伦理的"兼相爱"，完全可以延伸为墨家论述其"爱人"理念的"兼爱"之说了。

1. "兼相爱"与"兼爱"

如何认识"兼爱"与"兼相爱"二者之间的关系？学界对此有不同的回应。有的论者（如戴卡琳等）认为，以"兼爱"为代表的"十论"确为墨子之思想，并是随着《墨子》的成书过程，而由《兼爱》诸篇的"兼相爱"之说所萌发，并到《天志》才最终定型。② 质言之，"兼爱"是对"兼相爱"的进一步理论抽象。而有的论者（如丁为祥等）认为，"兼爱"在逻辑次第上应优先于"兼相爱"，"兼爱"的对象是所有的人，重点在"兼"，具有超越性维度；而"兼相爱"的对象是"君臣父子等个别的人"，重点在"相"，具有现实性维度，"兼相爱"则是对"兼爱"理念如何嵌入社会现实层面的一种回应。③ 依笔者看来，上述看法并非全然相悖，而皆有其得以成立之理据。从

---

① 参见［比］戴卡琳：《〈墨子·兼爱〉上、中、下篇是关于兼爱吗？——"爱"范围的不断扩大》，《职大学报》，2011 年第 4 期。

② 戴卡琳指出，在墨家"十论"中，《兼爱》三篇只是"兼爱"概念的出发点，《天志》诸篇才是"兼爱"概念的成熟状态；而墨家在论述"爱人"问题时，经历了一个由"自爱"到"相爱"，再由"相爱"到"兼相爱"，最后才成为延及一切人的"兼爱"的逻辑演化历程。参见［比］戴卡琳：《〈墨子·兼爱〉上、中、下篇是关于兼爱吗？——"爱"范围的不断扩大》，《职大学报》，2011 年第 4 期。

③ 参见丁为祥：《墨家兼爱观的演变》，《陕西师范大学学报（哲学社会科学版）》，1999 年第 4 期。该文认为，"兼爱"与"兼相爱"之间可能有三种关系：第一，"兼爱"是墨学在发展过程中对"兼相爱"的不断理论抽象与总结；第二，"兼爱"是对"兼相爱"的简称；第三，"兼相爱"是对"兼爱"理念步入社会现实层面的进一步落实。丁文反对了前两种看法，进而肯定了第三种看法，认为"兼相爱"就是对"兼爱"的具体落实与体现。

"十论"中对作为语词的"兼相爱"和"兼爱"之使用来说,《兼爱》主要讨论的是"兼相爱","兼爱"的提出与使用则主要见于其后的《天志》诸篇。同时,在墨家后学所作的《墨经》六篇中[①],已很少见对"兼相爱"的描述而多用"兼爱"之说。这或许也能表明,"兼爱"是从"兼相爱"的治道论说进一步抽象发展而来。同时,"兼爱"之理念形成以后,按照墨家判定言辞是非的标准,其必须施之于具体的政治实践以观其中的利弊得失,这也就可以回落为一种"兼相爱"的政治伦理诉求了。此外,墨家的"爱人"观的确存在着一条由"自爱"到"相爱"再到"兼相爱"终而到"兼爱"的思维逻辑演进链条,墨家首先承认了人的自爱自利(这既可体现为"视人如己"的理论预设——即人们只有自爱自利,才能如爱利自己那般去爱利他人,还可为《尚同》中关于人的前政治状态中的"各是其义""一人一义"所反映出来),进而强调人应克服"自爱"而去"相爱"(如父母与子女之相爱、君与臣之相爱、兄与弟之相爱等),再去阐明"相爱"要由"别相爱"转进到"兼相爱"(即"视人如己"的思想要义)最后再转进到爱古往今来所有人的无私之"兼爱"。

如果说"兼相爱"是对处于君臣、父子、兄弟等各种伦常关系中的具体之人的政治与伦理要求,那"兼爱"所要求的施为主体,已悄然转变为一个有着绝对权威、能赏善罚恶的意志之"天",以及能顺"天"而行的尧舜禹汤文武等古时圣王。首先,墨家将"兼

---

① 学术界关于《墨经》的作者究竟是谁,形成了不同的认识。如朱志凯在总结梁启超先生以《经上》为墨子所作,胡适则将《墨经》视作"别墨"惠施、公孙龙所作等意见的基础上,提出了《经上下》为墨子所作,《经说上下》《大取》《小取》四篇为墨子后学所作(参见朱志凯:《墨经作者辨析》,《学术月刊》,1984 年第 9 期)。孙中原则考证说,狭义《墨经》四篇系墨家后学中的"齐墨"(即《天下》所说的"相里勤之弟子五侯之徒",《韩非子·显学》所说的"相里氏之墨")所作,《大取》系"楚墨"(即《天下》所说的"南方之墨者苦获、已齿、邓陵子之属",《韩非子·显学》所说的"邓陵氏之墨")所作,《小取》系"秦墨"(即《韩非子·显学》所说的"相夫氏之墨")所作。参见孙中原:《论〈墨经〉的认知学说》,《贵州民族大学学报(哲学社会科学版)》,2018 年 06 期。

爱天下之人"上升为"天之志"和"义之经",从而为"兼爱"赋予某种超越性的权威意义。如《法仪》说:"天欲人之相爱相利而不欲人之相恶相贼也。"《天志下》更是指出:"曰顺天之意何若?曰:兼爱天下之人。"这也就完全将"天志""义"与"兼爱"混同了起来。其次,墨家将作为"天志"之"兼爱"用作判定其所提倡的"义政"与所要摒弃的"力政"之间的判定标准,并为之赋予极富神学意味的赏善罚恶。如《天志上》就说道:"天欲义而恶不义";"顺天意者,兼相爱,交相利,必得赏;反天意者,别相恶,交相贼,必得罚"。这里的"天意""义"落实到具体的政治举动,无疑就是《兼爱》诸篇所提到的"兼相爱,交相利之法"。最后,"兼爱"的成立有赖于"天","天之志"就是"义之经","兼爱天下"也就成了天以及顺天而行的三代圣王所行之事。《天志下》说"天兼而爱之,兼而食之""天兼天下而食焉,我以此知其兼爱天下之人也",这也就是将"兼爱天下之人"视作"天志"之要求了。《天志下》又说"顺天之意何若?曰兼爱天下之人""三代之圣王尧舜禹汤文武之兼爱之天下也",意即以禹为代表的古之圣王是施行兼爱天下的人格典范。据此可知,墨家在论述作为一种治理之道和政治伦理的"兼爱"学说时,将其主体定位为"天"和"三代之圣王",而"三代之圣王"又是"顺天之意",因此,"兼爱"的最高典范无疑就是超越性、权威性的意志之天了。

2."兼爱"在对象上的周遍性特质

理解"兼爱"观念的重点在于把握表示普遍与整体之义的"兼"。从字形来说,"兼"在《说文解字》中被释为"持二禾",与"手持一禾"的"秉"相对;从字义来说,"兼"与"并""同""容""包""怀""和"等字同义,表示一种对普遍性、整体性的思维追求。① 而墨家及其墨学对"兼"的使用,既有与"名"相关的语言哲学意

---

① 参见李建中:《兼性思维与文化基因》,《光明日报》,2020年12月16日,第15版。

涵，也有与"爱"相关的政治哲学与道德哲学意涵。前者主要指的是"兼名"，如《经下》所说的"'牛马之非牛'，与'可之'同，说在兼"，即作为集合概念的"牛马"，是与"牛"概念相区分的"兼名"①。后者可与"爱""士""君""道"等概念联用，表示整体、全部和穷尽的含义，并与表示有侧重的、部分的"别""体"等概念相对，具体如《经上》中的"体，分于兼也"，《经说上》中的"偏也者兼之体也"，以及"不外于兼，体同也"。从《兼爱》《天志》等篇对"兼"的使用来说，墨子在政治与伦理上提倡的是"兼之为道""兼王之道"，肯定的是能行"兼相爱，交相利"之事的"执兼之士""执兼之君"。

"兼"的整体性与普遍性主要体现为施爱对象的整体性与普遍性。如同"天"会公正无私地"兼爱天下之人"一般，人行"兼爱"之道也需要超越人数多寡、时空等具体条件的限制，而普遍地去爱一切人。首先，"兼爱"并不会因人数的无穷而成为不可能。《经下》说"无穷不害兼""不知其数而知其尽也，说在问者"，《经说下》进一步解释这一点说："尽问人，则尽爱其所问。若不知其数，则知爱之尽之也，无难。"显然，墨家在这里设定了一个辩论情景，若反驳"兼爱"主张的人以不知人民之数为理由，进而解释何以无法行兼爱之道，那墨家就可以针锋相对地指出，反驳者每指出一人，墨者就会相应地去爱这一个人，如此一来，虽然不知道人民的确切数目，但尽爱（兼爱）所有人却不会遭遇任何理论困境。这一辩论情景的要点在于，反驳"兼爱"的人将"兼爱"视作一种实然的爱人状态，而墨家则将"兼爱"理解为一种应然的道义原则。其次，"兼爱"还要超越时空的限制而展现出某种普遍性。从超越空间的角度来说，人之爱人，并不会因为所爱对象不在场就不去爱他。《经下》

---

① 荀子在《正名》中也论及了"兼名"的概念，即"单足以喻则单，单不足以喻则兼"，即用"兼名"（如"白马""牛马"）来表达某一概念更为丰富的内涵。

解释这一点说："不知其所处，不害爱之，说在丧子者。"墨家以父母也会爱其丢失了的孩子为例，说明了"爱人"并不因其所爱对象不在场，就妨害到这种爱。从超越时间的角度来说，墨家认为，"兼爱"在对象上要贯通于过去、现在和未来三种时态，《大取》指出这一点说："爱上世与爱后世，一若今之世人也。"无论是过去时态中的上世之人，还是未来时态中的后世之人，抑或是现在时态中的今世之人，都是我们"兼爱"的对象。再次，"兼爱"还要超越社会阶层与社会身份上的限制。墨家认为，即便是奴隶等身处社会阶层最低下者，也应成为"爱"之对象。《小取》谈道："获，人也；爱获，爱人也。臧，人也，爱臧，爱人也。"以往的注释家认为，"获""臧"乃是对奴婢之人的贱称。① 在墨家看来，即便是奴婢之人，也可以成为爱的对象；反之，爱利奴婢之人也就是爱人和利人。最后，墨家还要将"爱人"与"爱己"高度统一起来。兼爱不独要"利他"，也要"利自"。《大取》明确说道："爱人不外己。己在所爱之中。己在所爱，爱加于己。伦列之爱己，爱人也。"墨家并未强执人己之间的差别，而是将自己视作人的一分子，故而认定爱自己也是爱人；反言之，爱人也就囊括了爱自己在内。综上所述，笔者以为，墨家所论的"兼爱"实则也就是要坚持"爱人"的周遍性，因而其主要表达的也就是一种"人应兼爱包括自己在内的所有人"的伦理原则。

墨家对"兼爱"的整体性与周遍性之论述还可见于《小取》中的相关论述。《小取》说："爱人，待周爱人而后为爱人。不爱人，不待周不爱人。失周爱，因为不爱人矣。"墨家在这里将"爱人"的内涵界定为了"周爱人"，并从反面论述了对"爱人"的否定——"不爱人"，则不需要去坚持"周不爱人"的原则。这也就

---

① 相关说法可参见〔清〕孙诒让：《墨子间诂》，北京：中华书局，2001 年版，第 417—418 页；亦可参见王讚源主编：《墨经正读》，上海：上海科学技术文献出版社，2011 年版，第 202 页。

是说，在墨家看来，"爱人"就必须是彻底而且普遍的，不能只去爱与自己有血缘、亲缘、地缘、学缘等利害关系的那部分人，而忽视或者说不愿去爱其他的人。这也就表明，墨家"兼爱"说的实质要义就在于爱的周遍性，故而"兼爱"又可以被称为"周爱""尽爱"和"俱爱"等。要言之，"兼爱"在对象上的周遍性特质表明，所爱者是包括自身在内的所有人，能爱者则是"天"及顺天之义的古之圣王，进而还可延伸为应当去效法天志的天下所有人。如此一来，"兼爱"在其内涵上就转变成了"所有人应当爱所有人"的道义律令。

3. "兼爱"在程度上的相若性问题

既然"兼爱"是人效法天而来的周遍之爱，并在对象上包括自身及亲友，那就必须回应爱己与爱人、爱己之亲与爱人之亲在程度上的厚薄问题。这也就是说，施行"兼爱"之人是否要以同等程度的爱、利行为来对待自我与他者，对待与自我有血缘关系的亲族与没有血缘关系的陌生人。墨家对此的回应是"爱无厚薄"（《大取》），即奉行"兼爱"理念的人要公正地对待自我和他者，而这也正好就是"视人若己"的思想实质。因此，若要承认"兼爱"是一种无私的平等之爱，就必须首先阐明这种平等之爱得以成立的形上依据。

如上文所述，墨家将"兼爱"界定为"天意""天志"以及"义之经"，并认为唯有此一有意志之"天"才能真正"兼而食之、兼而爱之"天下之人。三代圣王所行"兼爱"之政事，皆只是顺应天志而已。同时，人亦应效法于天而行"兼爱"之道。从墨家所认定的"天"与人之关系来看，"天"通过赏人以福、罚人以祸来超越和宰制于人，而人唯有以"天"为根本的效法标准。如《法仪》所说，人在知义、行义时，父母、师长和君主皆不足以效法，因为他们并非普遍必然就是仁人，唯有取法于"天"，人才能真正践行仁义之道。据此可知，既然"兼爱"本之于超越之天，而天又是公正无私地兼爱天下之人，因此人效法于天而行"兼爱"之道，也就只能是秉承一无私、平等之爱了。

作为平等之爱的"兼爱"首先体现为爱人与爱己的平等。墨家在论述"兼相爱"的治道原则时，特别强调"爱己而不爱人"是造成天下乱与害的根本原因，因此消弭爱己与爱人之间的差别，对于推行"兼以为政"的义政来说，就具有特别重要的意义。墨家在认识到人自爱、自利之本性的同时，又强调要"视人之身若视其身"，以平等之态度来实现利他与自利、爱人与爱己间的统一。质言之，墨家认为，在爱人问题上，要将人与己皆视作同等之人，以爱己之心爱人，亦以爱人之心爱己，从而实现平等之"兼爱"。《大取》描述这一爱人与爱己之平等说"兼爱相若，一爱相若，一爱相若，其类在死也"[①]，即"兼爱"要求爱他者与爱自己是同等之爱，爱一方与爱另一方也应是公正的，这就如同是蛇在遭受攻击时的首尾相救一样，"兼爱"实则也就是一种"自爱"和"自利"了。

"兼爱"的平等性还体现为爱己之亲与爱人之亲在程度上的相若。《大取》篇用如下类比来说明此种相若："爱人之亲，若爱其亲，其类在官苟。"[②]此一类比说明的是，爱人之父母若爱己之父母，应在程度上是相若的，正如对公事与对私事应秉持同等程度的急切性。这种"爱人之亲若爱其亲"的观念，亦可见于上文所述的"兼士""兼君"的作为，即能如对待自己的父、母、妻、子一样去同等地对待别人的父、母、妻、子。这种爱己之亲与爱人之亲在程度上的相若，施之于政，还可以体现为选贤任能上的"举公义，辟私怨"（《尚贤上》）和"不党父兄"（《尚贤中》）。因此，"兼爱"亦要求爱己之亲与爱人之亲在程度上的平等性，进而可延伸为在爱人程度方面的平等性。

---

① 对此条的解释参见王讚源主编：《墨经正读》，上海：上海科学技术文献出版社，2011年版，第192—194页。
② 同上，第192—195页。

"兼爱"的此一平等性特质还体现在《耕柱》所记载的墨子与巫马子关于"兼爱"的一段辩论之中：

　　　　巫马子谓子墨子曰："我与子异，我不能兼爱。我爱邹人于越人，爱鲁人于邹人，爱我乡人于鲁人，爱我家人于乡人，爱我亲于我家人，爱我身于吾亲，以为近我也。击我则疾，击彼则不疾于我，我何故疾者之不拂，而不疾者之拂？故有我，有杀彼以利我，无杀我以利彼。"子墨子曰："子之义将匿邪，意将以告人乎？"巫马子曰："我何故匿我义？吾将以告人。"子墨子曰："然则一人说子，一人欲杀子以利己；十人说子，十人欲杀子以利己；天下说子，天下欲杀子以利己。一人不说子，一人欲杀子，以子为施不祥言者也；十人不说子，十人欲杀子，以子为施不祥言者也；天下不说子，天下欲杀子，以子为施不祥言者也。说子亦欲杀子，不说子亦欲杀子，是所谓经者口也，杀常之身者也。"子墨子曰："子之言恶利也？若无所利而不言，是荡口也。"

　　巫马子所持的观点是"近我则应爱厚，远我则应爱薄"，即"爱自己 > 爱己之父母 > 爱己之家人 > 爱己之乡人 > 爱己之国人 > 爱己之邻国人 > 爱己之远国人"，墨子则反对了巫马子的观点，认为爱自己与爱他人皆应是同等程度之爱。从对作为治道之术的"兼相爱"的分析可知，巫马子所持的观点，实是墨家所反对的造成天下之害与乱的"别相爱"之观念。按巫马子的逻辑，爱人若以自己为最重，并依照与自己关系之远近而层层递减下去，则随着人群范围的不断扩大，难免会最终陷入几近不爱某些人的思维困境。而巫马子之有此论，又是围绕"利人"存在"近我"程度上的差异来论说的，即以"利己"为最重，依次层层递减下去。墨子在此并未直接依据"兼爱"之说来批评巫马子的"近我爱利观"，而是抓住"杀彼以利我"所可能招致的实践后果来加以辩难，即赞成"近我爱利观"的人会选择杀巫马子以利自己，而不赞成"近我爱利观"的人亦会选择杀巫马子来消除此言的不利影响，从而使得此言论陷入两难之中。墨子的反驳意在说明，这种"以己为最贵"的"近我爱利观"，实是不明其故、不辩其类的"荡口"之言，从而反证了作为平等之爱的"兼爱"的可取性。

综上所述，"兼爱"在其内涵上主要包括：（1）应当爱包括自己在内的所有人；（2）依据人应效法于"兼爱之天"而为义，以及"爱人者，人亦从而爱之"和"爱人者，必见爱也"的对等性原则，"兼爱"就当是"所有人应当爱所有人"，而非"某个人应当无差别地爱所有人"；（3）坚持"爱人若己""爱人之亲若爱其亲"的程度相若。要言之，"兼爱"就是一种坚持周遍性、互利性和平等性兼备的"爱人"观念，即"所有人应当程度相若地爱所有人"，故而"兼爱"可分别界说为"周遍之爱""互利之爱"和"平等之爱"。

（三）"兼爱"与"爱无差等"的异同

墨家所执的"兼爱"之说，在先秦时期就遭到了以孟子为代表的儒家等学派的批判。其中批判最为激烈者当首推孟子。孟子断定"兼爱"学说是一种"无父"之论，并进而认定持"兼爱"之论无疑是教人去做无父无君的禽兽。[①] 在孟子看来，"兼爱"之所以是一种"无父"之论，主要是由于按照"兼爱"所要求的"爱无差等"之论，就无法在道德情感与道德行为上将己之父母与人之父母区分开来，此一无法区分既体现在爱己之父母与爱人之父母在程度上的相

---

① 原文见《孟子·滕文公下》："墨子兼爱，是无父也。无父无君，是禽兽也。"（〔清〕焦循撰：《孟子正义》，北京：中华书局，1987版，第457页）有论者以为，孟子对墨家"兼爱"说的这一指责，是不当之曲解。如明人李贽反驳了孟子非墨子为"无父"之说，即"我爱人之父，然后人皆爱我之父，何说无父？若谓使人皆爱我父者乃是无父，则必使人贼我父者乃是有父乎？是何异禽兽夷狄人也？"并进而评点说"儒者好入人罪，自孟氏已然矣"。参见谭家健：《墨子研究》，贵阳：贵州教育出版社，1995年版，第358页。

若相等，也体现在爱己之父母与爱人之父母在施为上的无所先后，从而造成对"为仁之本"（亦可以说是"为人之本"）的"孝悌"的根本破坏，这也就在根本上取消了孝悌的施为对象，亦导致对"礼"制与"礼"治的彻底颠覆。因此，辨析此一评价是否合理的焦点就在于"兼爱"是不是一种在伦理价值层面上的"无父之论"。而对此的更进一步辨析又必须要回到孟子与墨徒夷子在"兼爱"问题上的一段辩论：

> 墨者夷之，因徐辟而求见孟子。孟子曰："吾固愿见，今吾尚病，病愈，我且往见。"夷子不来。他日，又求见孟子。孟子曰："吾今则可以见矣。不直则道不见，我且直之。吾闻夷子墨者，墨之治丧也，以薄为其道也。夷子思以易天下，岂以为非是而不贵也？然而夷子葬其亲厚，则是以所贱事亲也。"徐子以告夷子。夷子曰："儒者之道，'古之人若保赤子'，此言何谓也？之则以为爱无差等，施由亲始。"徐子以告孟子。孟子曰："夫夷子信以为人之亲其兄之子为若亲其邻之赤子乎？彼有取尔也：赤子匍匐将入井，非赤子之罪也。且天之生物也，使之一本，而夷子二本故也。盖上世尝有不葬其亲者，其亲死，则举而委之于壑。他日过之，狐狸食之，蝇蚋姑嘬之，其颡有泚，睨而不视。夫泚也，非为人泚，中心达于面目，盖归反虆梩而掩之。掩之诚是也，则孝子仁人之掩其亲，亦必有道矣。"徐子以告夷子。夷子怃然，为间，曰："命之矣。"（《孟子·滕文公上》）[①]

此段辩论的核心，单从文字上看，似乎在于围绕薄葬与厚葬间的关系来立论，即作为墨者的夷子厚葬其亲，从而违背了墨家"薄葬"

---

① 因此段对讨论"爱无差等说"甚为重要，故全文录于此。对此段文字的疏解请参见〔清〕焦循撰：《孟子正义》，北京：中华书局，1987 版，第 401—407 页。关于此段文字所涉的"一本""二本"等概念的伦理学诠解，可参见杨海文：《"本心之明"的遮蔽与唤醒——夷子逃墨归儒的伦理学解读》，《哲学研究》，2019 年第 9 期。

学说的要求；但若从更深的义理角度来说，葬的问题涉及墨家所持的"兼爱"观与儒家的"仁爱"观之间的区别。夷子所给出的对其言行间的悖谬之辩护，就在于其对"若保赤子"所给予的"爱无差等，施由亲始"之诠释，即对己之父母之爱，与对人之父母之爱，在程度上是相等的，但在具体施为的过程中，必定是由对自己的父母来开始。夷子所持的似乎是一种调和墨家与儒家的模糊化立场，"爱无差等"似乎是对作为平等之爱的"兼爱"的继承，而"施由亲始"似乎是对儒家"亲亲"原则的继承。孟子则批评夷子是一种有违事物之"一本"源头的"二本"观念，即夷子一方面坚持"爱无差等"的教义，以作为自己行动的理由；另一方面又遵从于人伦的现实和本心的自然，区分己之亲和人之亲，并厚待其亲，从而陷入知与行、信与为之间的悖谬之中。或许，在孟子看来，此一"二本"也正是以夷子为代表的墨家，在爱人问题上会陷入普遍爱人的宏阔理想与现实施为的具体对象之间的悖谬之所在，意即我们无法脱离具体的、现实的人伦处境，来抽象地、一般地、同等地去迂阔地谈如何爱人。据此，"爱无差等"的具体含义，在上述辩论中似乎指的就是在爱人的实践中，对己之亲与人之亲给以不加区分的同等之爱，进而或可引申为在爱人的伦理实践中，应不加区分地去同等程度地爱及一切之人。由此看来，以夷子为代表的墨家和以孟子为代表的儒家，都强调了爱人应周遍天下之人，但墨家强调的是从爱无差等的视角出发，而儒家强调由亲亲之爱的特殊性逐步推扩为"仁民而爱物"的普遍之爱。当然，上述分析都是建立在对"兼爱"所作的"爱无差等"之解读的基础上的，但问题在于，这样的解读是否就真的确当？

事实上，以"爱无差等"来界说"兼爱"，并非没有人提出异议。比如，近代的传教士在翻译"兼爱"时，就产生过是否要用"平等之爱"（Equal Love）的争议。19 世纪中叶的来华传教士艾约瑟（Joseph Edkins）将"兼爱"翻译为"Equal and Universal

Love"，尤为重视"兼爱"所具有的平等性和周遍性。艾约瑟认为，"兼爱"之内涵除了强调爱的平等性与普遍性特质之外，还包括了施行仁慈之行动与施行爱之情感两个层面。同时，艾约瑟指出，"爱人"的正确原则是爱人如己，不在"爱上"刻意区分开"己之身""己之家""己之国"和"人之身""人之家""人之国"①。而另一位致力于向西方世界译解中华传统经典的思想家理雅格（James Legge）则特别反对将"兼爱"视作一种平等之爱，从而主张将"兼爱"译作"Universal Love"，并认为以平等之爱来理解"兼爱"，乃是儒者孟子强加给墨子的。②当然，传教士的这一讨论或许有其宗教上的背景，但无疑已触摸到了能否以"爱无差等"来界说"兼爱"的问题。

诚如上文所述，"兼爱"是一种周遍之爱、交互之爱和平等之爱。"兼爱"的重点在于爱人上的周遍性，即在主题与对象上的周遍性。同时，"兼爱"或由对"兼相爱"的扬弃而来，又保留有爱人在彼此上的交互性，且这种交互性要体现为彼此之间的利益增进。为了更好地实现这种周遍与交互之爱，我们就必须要消融人我之别，将自我视作人类整体的一分子，将人之亲视作己之亲来给以相爱相利，即"视人如己""爱人之亲若爱其亲"③，从而以相若程度之爱来

---

① 参见 Joseph Edkins，"Notices of the Character and Writings of Meh Tsï"，*Journal of China Branch of the Royal Asiatic Society*（1858）：160。转引自褚丽娟：《晚清传教士——汉学家艾约瑟的墨学思想初探》，《哲学与文化》，第 547 期（2019 年 12 月）。

② 参见 James Leege，"Chapter III of Yang Chû and MO Tï"，*The Chinese Classcis II*，Shanghai：East China Normal University Press，2010，p.101。转引自褚丽娟：《晚清传教士——汉学家艾约瑟的墨学思想初探》，《哲学与文化》，第 547 期（2019 年 12 月）。事实上，当代对"兼爱"的翻译，主要也是"Universal Love"，参见 Ian Johnston，*The Mozi：A Complete Translation*，Hongkong：The Chinese University Press，2010，p.131。

③ "兼爱"应体现出施"爱"对象的周遍性。在笔者看来，墨家所持的"视人之身若视其身""视人之国若视其国""视人之家若视其家""爱人之亲若爱其亲""为彼犹为己也"等"兼爱"观念，与《论语》中的"己所不欲，勿施于人""己欲立而立人，己欲达而达人"和"泛爱众，而亲仁"等义理之间或也有其契合点。

施予自我与他者、己之亲与人之亲。因此，作为平等之爱的"兼爱"服务于作为周遍之爱和交互之爱的"兼爱"，或者说"兼爱"的平等性派生于其周遍性与交互性。而"爱无差等"则只讲某一施为主体无别于人之亲与己之亲，从而给予同等程度的爱利行为。也就是说，"爱无差等"既没有谈及爱己从属于爱人之间的关系，也没有谈及"兼爱"所要特别强调的周遍性与交互性特质，更没有谈及施为主体所具有的全称性特质，从而可能会窄化和简化"兼爱"学说的丰富面向。

此外，从上文对"兼爱"的讨论还可看出，"兼爱"是一种所有人皆能爱利彼此的应然道义理想状态。这既体现为"兼爱"要跨越人数与时空的限制，更体现为"兼爱"的绝对施为主体乃是一超越的、大公无私的意志之天，而包括三代圣王在内的人之施行"兼爱"，皆是法天而行而已。作为一种人皆应爱利彼此的理想道义状态，墨家并未讨论现实状况下对某些亏害他人之人的应对问题。在实然层面上，墨家提出了"杀盗非杀人""杀人者死，伤人者刑"等命题，并区分了"攻"的不义之战与"诛"的义战，从而肯定诛桀纣等暴君，即对亏害人的行为深恶痛绝并施以惩罚，对盗人者、杀人者、伤人者、残民者皆未滥施于"爱"。因此，作为一种理想状态，"兼爱"倡导的是"所有人应爱所有人"，但这并不等于断定说，在现实中"所有人会爱所有人"或者"我爱所有人"，"兼爱"的具体落实并没有包括要一视同仁地爱包括暴君和亏人害人者在内的所有人。因此，"爱无差等"所蕴含的是一种实然层面上的对所有人的同等程度之爱，而这也与作为应然理想状态的"兼爱"之说实有所差别，以"爱无差等"来界说"兼爱"，实则可能是以实然来界说应然，以某一具体的爱人方式来界说某种爱人理念了。

如此一来，作为"所有人应爱所有人"的"兼爱"理想，落实到某一具体的施为者处，其又该如何爱人呢？与儒家提倡忠恕之道，或者说由孝悌而来的推扩之道，从而使得"爱人"呈现为一个逐层递减的"差等之爱"不同,墨家所追求的切己的伦理生活,应该是某一施为主体面对自身所处的人群,皆能以"视人若己""爱人其亲若爱其亲"的姿态与方式,无别且同等地去周爱于人。意即面对作为"爱"之施为对象的人,施为主体并不刻意区分其是否是我之亲、同族之人、同乡之人乃至同国之人,皆以爱己、利己的方式来一体爱之。此种"兼爱"理念,的确有助于克服由血缘、族缘、地缘等各种关系网络带来的"私爱",转而去奠定一种或能适切于当代社会的对普遍与超越之爱的追寻。

总之,若从《墨子》对"兼爱"思想的论述来说,《兼爱》三篇重点论述了作为一种治道原则的"兼相爱"之说,而《天志》才真正和明确地提出了"兼爱""兼而爱之"等说法,且随着墨家与其他诸家在"爱人"问题上的争鸣,"兼爱"作为墨家论述其"爱人"理想的核心术语而为人知。或许,作为具体的治道原则的"兼相爱",首要在于强调由"自爱之利"到"相爱相利"进而到"兼相爱,交相利"所可能带来的不同政治与伦理后果,若人皆自爱自利,或别相爱相利,则正当的政治与伦理秩序的建立就不可能,人们也就会陷入即便若父子之亲、君臣之义还是会互相亏害以利自己和己之亲的无法生存的政治与伦理失常状态中去。但这种具体的"兼相爱"之法难以得到某种普遍性的保证,由此墨家提出了一超越的能宰制人间祸福的意志之"天",并将"兼爱"天下之人作为其意志,从而为"兼爱"奠定了一超越的施为主体,而人间行兼爱之道、以兼为政的三代圣王,则是法天而行,如是而已。由此,"兼爱"就具有了某种超越性与绝对性特质。以《墨辩》为代表的后期墨家可能放弃了以"天志"来界说"兼爱"的做法,转而着重论述了"兼爱"的周遍性与相若性特征。从周遍性的角度来说,"兼爱"讲的是"所有人应爱包括自己在内的所有人";从相若性的角度来说,"兼爱"指出人不仅应"爱人若己""爱人之亲若爱其亲",还应"爱无厚薄"。故而,"兼爱"就可界说为一种交互之爱(互爱互利)、周遍之爱（爱利一切天下之人）和平等之爱（程度相若），唯有把握住这三层特质，才是对"兼爱"的一种相对精确的理解。

与此同时，学界长期用来诠释"兼爱"的"爱无差等"，则语出《孟子·滕文公》论述夷孟之辩时的墨者夷子。从语义上说，"爱无差等"是对"差等之爱"的反对，意在描述一种刻意无分于人之亲与己之亲的相若程度之爱。就其对"爱人"的平等性特质的描述而言，"爱无差等"似乎界说了"兼爱"，但"爱无差等"却没有谈及爱己与爱人之间的关系，也没有谈及"兼爱"所要特别强调的周遍性与交互性特质，更没有谈及施为主体所具有的全称性特质，从而可能有窄化和简化"兼爱"学说之嫌。此外，"爱无差等"似乎所蕴含的是一种实然层面上对所有人的同等程度之爱，而"兼爱"则主要说的是应然层面上某种"爱人"理想，故而以"爱无差等"来界说"兼爱"，实也可能是以实然来界说应然、以某一具体的爱人方式来界说某种爱人理念的有失精确之说了。故而，作为一种治道规范的"兼爱"学说，虽可能有爱无差等的延展面向，但其在内容上却绝不应只是"爱无差等"所能简单概括得了的。

第二节　"尚同"的天下秩序观

"尚同"学说是墨家对以天子为首的科层政制结构及天下治理之道的一种理论构想。因其坚持道义对政治的规范性视角，故而具有明显的政治哲学意涵。近代以来，以梁启超为代表的治墨学者对"尚同"做出了"民约论"的政治哲学解读，但这一解读随后遭到了以郭沫若为代表的一些学者的批评，进而形成了对"尚同"的"专制论"解读。自此之后，学人对"尚同"的政治哲学诠解，或在此两条理路间辗转求解，或欲打破此两条理路寻求新解。若拓宽墨家论述"尚同"学说的文本界限，则可以从"尚同"的人性需求、实现形式与道义约束原则三个方面重构此一学说，并得出其存在道义理念层面的"民本"与施政形式层面的"威权"两层意涵。此两层意涵又显露出了墨家欲将政治问题划归为道义问题，并以道义方式解决治乱难题的政治哲学致思理路。而这一致思理路所可能存在的背反，使得墨家"尚同"学说具有明显的"乌托邦"色彩。以下，笔者将简要讨论一种作为治道原则的"尚同"观念。

（一）"同"观念的政治哲学意蕴

　　在先秦政治哲学语境中，"同"是一个非常重要的观念。笔者以为，如何纳上下于一有秩序的共同体，无疑是政治哲学运思所遇到的一个共通性问题。作为政治动物的人，在其自然属性与社会属性上均不能不与他者发生关联，以实现自身的生命延续与生存需求满足。而接纳他者以形成一共同体，并在人与我彼此之间的关系联结中，创生和发展出某种生命本真状态，不啻是人占有自身的价值论进路中的一种必然选择。就其本性而言，人必须生活在一定的政治共同体之内，如同亚里士多德所指出的："凡隔离而自外于城邦的人——或是为世俗所鄙弃而无法获得人类社会组合的便利或因高傲自满而鄙弃世俗的组合的人——他如果不是一个野兽，那就是一位神祇。"[1]又如亚里士多德所说："人类生来就有合群的性情，所以能不期而共趋于这样高级（政治）的组合。"[2]而荀子亦说人"力不若牛，走不若马，而牛马为用，何也？曰：人能群，彼不能群也"[3]，"故人生不能无群"[4]。但人在共同体内或者说群居的生活状态下，不得不以礼仪或法制来加以约束，否则就可能陷入"群而无分则争，

----

① ［古希腊］亚里士多德：《政治学》，吴寿彭译，北京：商务印书馆，2019 年版，第 7 页。
② 同上。
③ 见《荀子·王制》，〔清〕王先谦：《荀子集解》，北京：中华书局，2012 年版，第 162 页。
④ 同上，第 163 页。

争则乱"①的人所无法生存的境遇当中。故而，人所寓身其中的共同体，又需要按照一定的权利义务结构加以排列，从而明确身处某一序列的人享受怎样的权利，并承担何种义务，进而来维持此一共同体在时空中的不断延展。由此，如何将不同的个体容纳进此一共同体，并且令这些个体步骤一致地做出行动，就构成了我们思考"同"观念之政治哲学意蕴的关键主题。

思考纳上下于一体之"同"，首先便是探究不同类型共同体之间的区别与联系。依照亚里士多德的分析，个体彼此之间相联结而自然形成的共同体，主要有家庭、村落和城邦三种。出于自然性情所形成的男女之间的配偶关系，以及配偶与其繁衍的后代所形成的亲嗣关系，和为了维持前两种关系而必须形成的支配关系，构成了作为共同体的家庭。为了适应更大范围的生活需要，若干个家庭进而组成了作为共同体的村落。其中，由共同祖宗所繁衍而来的宗族是一种特殊形态的村落，亚里士多德将其称为"同乳子女"或"子孙村"。家庭和村落的秩序建构多依赖于长者，长者的权威又成为王权统治的雏形或渊源。更高层次与更为完备的共同体则是由若干个村落构成的城邦，而城邦又要以正义为最高原则，政治实践目的恰在于让身处其中的人过上一种充满德性的生活。虽说先秦诸子并没有亚里士多德所使用的"城邦"或"家庭"等共同体概念，但他们也有对"齐家""治国""平天下"的理解与认识。而"家""国"和"天下"也都涉及"同"的构建原则问题，"家庭"往往可以诉诸父亲或长辈权威，这多是由于父亲对家庭成员的照料以及教育而致。"国"和"天下"既可以看成"家"的放大，因而其涉及的就是以同样的原则与方式来实现"国"与"天下"之同，即国君或天子与臣属以及天下之民间建立起一种类似家庭结构的宗法结构关系，从而依照处理"家"之"同"的原则来处理"国"与"天下"之"同"，

---

① 　见《荀子·王制》，〔清〕王先谦：《荀子集解》，北京：中华书局，2012年版，第163页。

"国君"或"天子"需要承担起类似父亲的义务，而其臣民又需要承担起类似子女的责任，因而就可以实现"以天下为一家，以中国为一人"（《礼记·礼运》）之"同"。但也可以将"国""天下"与"家"截然分开，并认为二者只有遵循不同的原则才能保证其善治，"家庭"以家长为中心，而"国"和"天下"又以彼此平等而又各个独立的"民"为中心，他们出于某种共同的理性与情感需要结成政治共同体，以满足自己的生存需要；在"家庭"中，父母之慈爱、子女之孝敬、兄弟姐妹之悌敬是实现"同"的目的，而在"国"与"天下"，或许是人民与人民之间的权利义务关系，才是思考"同"的重点。显然，在先秦诸子的思想世界内，"家"与"国""天下"往往被设想为高度同构的共同体，进而以此为基础来探讨如何实现"同"的问题。

思考"同"的政治哲学意蕴，其次还要把握"同"什么的问题。一方面，作为与其他物类有着根本不同的人类，其成员之间或许都有着某些理性、情感或意志上的共通之处；另一方面，作为人类中的某一分子，又有其生命独特性，具体表现为"我"与他者皆有所不同，且这种不同构成自我与他者之间的身份区别标识。这也就是说，作为人类之"同"，既有其自然与社会属性上的共同之处（即"我之为人"），比如我们所能列举的一系列外表与行为特征，也有其彼此独立意义上的个体之间的彼此不同（即"我之为我"）。我们基于人之为人的共同之处的体认，将各个差异的人纳入共同体内，以从事共同的生产生活，并在此基础上形成权利与义务的分配，便成为我们思考自身所处的共同体内的政治生活的一个内在要义。

对"同"的政治哲学思考还要思考如何"同"的问题。究竟该如何将不同的个体纳入一个有各种分工甚至有上下尊卑秩序的共同体，是诉诸血缘而实现政治权力的代代承继，还是诉诸暴力而造成权力分配的你死我活，抑或诉诸规则而保障政治活动的井井有条，又或者诉诸伦常而考究政治生活与人心之间的出入离合，都是我们思考如何"同"时自然能想到的浮光掠影。当然，如何"同"的问题也并不像上述那么单一，其所要诉诸的既有血缘，又有暴力、规则和伦常。特别是身处权力上风的人，如何面对身边的弱小之辈，往往成为一个政治共同体是否合于伦常和人性的关键考量；同时，如何约束与分配权力，以防止其可能造成的大范围内的滥用，从而伤害到他者的权益，也成为我们思考政治体制好与坏的又一个重要考量标准。故而，"如何同"就既涉及使用何种手段将某一地域和某段时间范围内的有限人数加以统合，又涉及这种手段是否正当，最终有利于谁，并如何对之加以约束等问题。

基于上述对"同什么"与"如何同"的考察，我们可以思考的是，在将不同个体纳入一个政治共同体时，既有政制方面的需求，即运用何种制度来建立某种合乎组成者身份与理性状况的政治共同体，也有治道方面的呼吁，即运用何样的人才来实现共同体内部的良好治理。一方面，政治哲人身处一定的政治制度与治道现实之中，故而他们对政治共同体的思考，难以逃离他所要应对的时代问题而去做出某种预言，比如先秦诸子就很少有人会设想除了王权之外的其他政治体制，或者说几乎没有人会设想能用于代替王权的新的、更好的政治体制，故而他们大多都将其落脚点放在心心念念的圣王之治上；另一方面，政治哲人必定还要设想出某种更好的、更加合乎正义的政治与治道的理想状态，以作为对现实政治得失的校准。柏拉图所设想的"哲人王"的统治，先秦诸子所设想的"圣王之治"，皆寄托着各自对现实政治的不满及对理想政治的界说。也正是在这些对政制与治道的哲学反省中，"同"的政治哲学意涵才得以不断生成和发展。

单从先秦政治哲学而言，对"同"的政治哲学思考主要趋近于对如何"同"的说明。不过，在思考如何"同"时，不同的人性理解往往可能会导致对理想政治的不同设定，如一个思想家看重人性所固有与本有的善之潜能，便会推出行仁政以实现王道乐土的政治理念；而其若肯定人性好争好乱，则必定会寻求某种道德、政治与法律上的权威，以之来约束恶进而实现善。与此相应，欲实现天下由分裂、异议到一统的过程，也就可能会有不同的强调重点，其一是重视对包括天子在内的所有人的一体化约束，以"礼仪"来指导从天子到庶人的修身养德，并通过"礼"在道德上约束天子的威权，进而在道义上实现天下的一统与善治。其二是通过"王权天授"等神话方式树立起天子的绝对威权，并由以天子为首的统治阶层制定出赏罚之法，从而在刑罚上建立起天下的一统与法治。当然，此种区分在逻辑上也并不全然是相反对或不相容的关系，亦可能以不同的侧重点而同时出现在先秦某家某子的政治思想之中。盖因前者重视民与天子皆应受到同一之礼的约束，从而在实现"同"的方式上可能表现为一种自下而上的以民为本的道德约束机制；后者则过于重视天子对民的刑罚宰制，从而在实现"同"时可能是一种自上而下的以君为本的律法治理模式。

（二）先秦政治哲学视域中与"同"观念相关的五个问题

先秦诸子对"同"的讨论，既包括有如"合同异"和"交同异"等同异之辩所涉的逻辑哲学意涵[1]，也包括有作为理想政治形态的"大同"和"尚同"等所涉的政治哲学意蕴。相较对"同"的逻辑史研究，对"同"的政治思想史与政治哲学的专题研究尚不算充分[2]。

---

[1] "同"和"异"是中国古代逻辑思想中的一组重要概念。对作为逻辑概念的"同"的具体讨论可参见：Yiu-Ming Fung："Sameness（Tong 同）and Difference（Yi 异）"，in Yiu-Ming Fung, *Dao Companion to Chinese Philosophy of Logic*，Springer，2020，pp.213–231。

[2] 就笔者所见，先秦政治思想史与政治哲学对"同"的分析与讨论，多集中在诸子各自的政治哲学思想里加以论述，而较少有论者将其作为先秦政治思想史或政治哲学的一个专题加以讨论。对"同"的政治思想史考察，可参见 He Fan, "How to Unite a Society with Divisions and Differences"，in *Monumenta Serica*，68：2（2020），pp.314–317。

如上文所述，"同"的政治哲学研究主要讨论的是"如何纳上下于一体"的理路与依据。以笔者的粗浅理解，我们需要探讨的问题主要有：（1）"同"何以会成为一个问题，即从政治角度出发来探讨"同"的现实触发因素是什么？（2）"同"所显现的理想政治形态是怎样的？（3）实现"同"的手段可能会有哪几种？（4）"同"何以对人是道义必需的？（5）人又该如何在或现实或理想的"同"之体制里，实现自我生命的自由与价值。其中，与后四个问题相较，问题（1）主要是一个讨论语境问题，也是一个我们如何界定政治角度之"同"的问题。概括地说，作为政治哲学的"同"观念，针对的对象主要是如何将一个充斥着"分裂"与"异议"的天下重新整合进一个统一的、有序的政治体制之内①，并为其构想出一个合于人性的善治之道。具体到先秦儒、墨、法诸家来说，他们所面对的政治现实，是自西周以来所奠定的与宗法封建制度相适应的礼乐制度的失序乃至崩坏，以及由此而带来的重力而轻礼、重霸而轻王、重兵而轻民等流弊。面对这些流弊，先秦诸子也尝试给出一些理想政治（社会）状态的界说，并对之给出正当性与可行性等方面的辩护。也正是在诸子对理想政治状态的描述与辩护中，"同"观念所涉及的后四个问题才得到了相对充分的讨论和辨析。

　　一般以为，人类在参与政治活动时往往会遭遇到一些同质性的难题。但不同民族和不同文化传统对这些难题出现的原因以及如何破解这些难题，却形成了不同的认知和理解。一如赵汀阳在构建其"天下体系"时对中西政治哲学所作的比较，"人类社会所遇到的政治问题是相同的或雷同的，但是出于不同的眼界就有不同的解决，中国政治哲学从最大的眼界出发，从天下的规模去理解政治问题，而西方政治哲学（以现代政治哲学为准）则由最小眼界开始，以最

---

① 对"同"的这一宏观理解受到何繁论文题目的启发，特此说明。参见 He Fan，p.314。

小政治实体的权利为基础"①。笔者以为，理解人类社会所遭遇的共同政治问题，就是要去理解如何将彼此不同的个体纳入一个具有统一行动意志的共同体当中。无论是我们按照个人让渡部分权利以形成公权的现代政治哲学理解，还是从集体出发去思考公权所带来的政治秩序崩坏与重建的循环难题，都可能需要回归到身处各种政治身份中的个体生命的生存状态。作为文化精英的贵族之"士"的先秦诸子，对"同什么"与"如何同"抱有极大的思想热忱，尽管他们没有办法认识到除了王权以外的其他政治体制，但还是对如何处理以君为首的统治者与以民为主体的被统治者之间的关系做出深入思考。一方面，他们认识到天下必须归于"同"，唯有"同"才能保障个体与群体之存续；另一方面，这种"同"必须要构建为一种以君主为首的政治体制，这既是对现实的政治运行状态的承认，也是他们讨论政治体制问题的根本出发点。同时，君主作为整个政治体制的首脑与核心，其选立多是由"立嫡立长"的宗法继承原则来保障，而对其权力的约束（制约王权）又不能不成为诸子思考政治问题的又一关键。由此，既要实现以君主制为首的"同"的政治体制，又要思考君主对其臣民的约束途径及对王权的制约路径，就成了相对持入世主张的诸子思考"同"时所不得不要注意的两个关键要素。

从"同"之于国家治理的角度来说，先秦诸子普遍认识到，"同"是构建国家治理秩序和实现国家强盛的必要手段。《管子·法禁》将"同人心"上升为圣王治人的关键之术："昔者圣王之治人也，不贵其人博学也，欲其人之和同以听令也。《泰誓》曰：'纣有臣亿万人，亦有亿万之心。武王有臣三千而一心。'故纣以亿万之心亡，武王以一心存。故有国之君，苟不能同人心，一国威，齐士义，通上之治以为下法，则虽有广地众民，犹不能以为安也。"的确，"同人心"对于凝聚国家力量来说，具有无可比拟的优越性。君

---

① 赵汀阳：《天下体系》，北京：中国人民大学出版社，2011年版，第16页。

主的治人活动，要做到所谓的异人同心。但"同心"之"心"，究竟指代的是哪些具体方面，此处并未给出明确交代。在如何"同人心"的问题上，《法禁》提出了"通上之治，以为下法"，即以上位者制定的法度来统率下位者，从而实现纳上下于一体和异人同心的治理目的。《管子》的这种认识又进一步延伸到了《吕氏春秋》，《吕氏春秋·审分览·不二》中明确指出说："听群众人议以治国，国危无日矣。……必同法令所以一心也。智者不得巧，愚者不得拙，所以一众也。勇者不得先，惧者不得后，所以一力也。故一则治，异则乱；一则安，异则危。"这也就是在强调，君主治理国家必须注重纳上下于一律法之共同体，达成"一心""一众"和"一力"的治理状态，而这中间的"同人心"实则变成了以上之法令实现对下的所谓强权之"同"。

从"同"之于君民关系的角度来说，究竟是将"人民"与"君主"相区分，以让天下之民皆"同"于天子之意志，还是以共同的某些社会规则为圭臬，君主和庶人皆应一体守之而不能违背，就成了先秦诸子思考君民关系的一个主要问题。在儒家看来，包括天子在内的所有人皆应受到"礼"的约束，并以"礼"来修身养德，从而奠定治理家国天下的道德与权威基础。孔子说"为政以德，譬如北辰，居其所而众星共之"（《论语·为政》），即君子为政，要以德为根本。这里的"德"，又由一系列的"礼"之行为规范所体现出来。君主以"礼""德"为政，实则就是做到"君君"，与此相应也就有了"臣臣""父父""子子"，即个体对其所承担的属于自身的社会身份所对应的社会规范，皆要严格持守。同时，君主为政以德，就会实现以上率下的示范效应，"子为政，焉用杀？子欲善而民善矣。君子之德风，小人之德草，草上之风，必偃"（《论语·颜渊》）。而在法家看来，君主则有别于其臣民，故要以帝王心术操弄赏罚之法于股掌之上，从而实现以自身之法令来统一天下之民，实现国富民强的治理目的。比如，商鞅就提出了所谓"壹刑"的说法，即"刑无等级，自卿相、将军以至大夫、庶人，有不以王令、犯国禁、乱上制者，罪死不赦"（《商君书·赏刑》），即王（或天子）有别于其臣民的一个重要方面，就在于其他人皆要臣服于王的法令之下。又如韩非子所说，作为善罚标准的法令皆从君主出，即"君之立法，以为是也"（《韩非子·饰邪》），进而以所立之法来"诚有功，则虽疏贱必赏；诚有过，则虽近爱必诛"（《韩非子·主道》），最终实现"法之所加，智者弗能辞，勇者弗敢争。刑过不避大臣，赏善不遗匹夫。故矫上之失，诘下之邪，治乱决谬，绌羡齐非，一民之轨"（《韩非子·有度》）的治国理政模式。由此，"君臣"关系视角下的"同"，则存在着讲求自君主以至庶人的差等秩序之"礼"的全体约束，与讲求除君主以外而以法令实现"一民之轨"的齐一之"法"的区别，这也构成了先秦政治思想史上讨论"同"观念的又一个重要维度。[1]

事实上，墨家以兼爱为价值基底的尚同说，与儒家主张的大同说也有一定的思想渊源。张岱年曾评点"大同"社会理想："所谓大同，实即以兼爱为原则之社会。"[2] 他还进一步辨析了"大同"与墨家主张的爱一切人的兼爱思想之间的关联："大同社会，以'天下为公'为原则。天下为公，实即墨子所谓'以兼易别'。而'不独亲其亲，不独子其子'，实即墨子所谓兼爱。'货恶其弃于地也，不必藏于己；力恶其不出于身也，不必为己'，更可谓兼爱之至极。而'使老有所终，壮有所用，幼有所长，鳏寡孤独废弃者皆有所养'，则较墨子之兼爱说尤为具体而易行。……大同实乃儒家吸取墨家思想后创立之社会理想。"[3] 如果张岱年的上述分析和看法可以成立的话，那"大同"的社会理想与"尚同"在价值理念上都受到

---

[1] 参见 He Fan, "How to Unite a Society with Divisions and Differences", in *Monumenta Serica*, 68: 2（2020），pp.314–344。

[2] 张岱年：《中国哲学大纲》，北京：商务印书馆，2017 年版，第 428 页。

[3] 同上，第 429 页。

了"兼爱"说的影响。这也就意味着，作为先秦政治哲学重要观念的"同"，实离不开墨学的建构与说明。

需要注意的另一个问题是儒家的"和"观念与墨家"同"观念的差别问题。《论语·子路》说："君子和而不同，小人同而不和。"这一将"和"归于"君子"，将"同"归于"小人"的观点，明显是一种重"和"贬"同"的道德主张。如果我们接受儒家关于"和"和"同"的这一看法，是否就意味着我们要去否定"尚同"学说的价值呢？实则不然，墨家的"尚同"说指向的是天下与国家的政治治理秩序，而"和而不同"则指向的是某一学派或某一个体所可能遇到的思想分歧；"尚同"建立在"爱利百姓"的"天志"的价值内涵基础之上，而"和而不同"建立在不同学派或个人的具体思想观念与见解之上。[①]故而"和而不同"并不能真正构成对"尚同"的挑战与反对。

我们若以上述讨论来观照墨家的"尚同"学说，无疑可以发现，墨家首先肯定了"同"的重要性，即只有实现天下的"义同"，人们才能建立起一适合人类生存发展的共同体；其次则是对天子威权的高度重视，墨家强调天下之人皆应与天子同"义"，这似乎构成了一种自上而下的科层统治体制；再次还可发现与天子之"义"保持同一，并非其最完善和最完美的形态，墨家更强调的是包括天子在内的所有人要与托名天"义"实为"民"利的道德价值保持同一。如此一来，体现于"尚同"之中的作为政治哲学观念之"同"，就具有自下而上与自上而下相混合的面向，而辨析其中所包含的政治哲学意涵，对我们把握先秦政治哲学的主题或许也就会有一定的辅助作用。

（三）墨家论"同"的定义与分类

"同"一般被理解成"异"的反对，可用以表示"合一""同

---

① 参见朱传棨：《墨家思想研究论稿》，北京：人民出版社，2020年版，第104页。

一""相和"等含义。从"同"的词源来说，甲骨文写作 𠓥，由上下两部分组成。其上半部分表示四人抬物所用之器具，下半部分表示一口，上下相合表示四人遵循某一口之令来共同完成某项任务。[1]《说文解字》则将"同"解释为"合会"之意，段玉裁解释为"从曰口，口皆在所覆之下。是同之意也"[2]。"同"后来引申为同一、统一、齐一等意。但就先秦诸子对"同""异"概念的使用来看，早在老子就有"挫其锐，解其纷，和其光，同其尘"（《道德经·第四章》）的说法，孔子也区分了"和"与"同"[3]，这都已经触及对同的认识问题。但孔子对"和"与"同"的区分，却仅限于将人分为君子小人两类的伦理范畴，而未能深入到认识论或知识论的范围之内。墨家及其后学则详细探察了"同"的定义及分类问题。

墨家认为，"同"是"异中之同"，只有通过"异"才能定义"同"。《经上》说，"同，异而俱于之一也"[4]。"侗"即是互相差异的两个或多个存在物，共同分有某一种相同的属性，或共同表现出了某种相同的行为。如梁启超曾举例解释这一条说："孔子，墨子，异也；而俱为人，一也。坚，白，二也；而俱为石性所含，一也。"[5]该条的《经说》则进一步解释"同"说："侗：二人或俱见是楹也，若事君。"[6]直观地说，"侗"就是两个人共同看见某一根柱子，或者

① 李学勤主编：《字源》，天津：天津古籍出版社·沈阳：辽宁人民出版社，2012 年版，第 680 页。

② 〔汉〕许慎撰，〔清〕段玉裁注：《说文解字注》，上海：上海古籍出版社，1988 年版，第 353 页下。

③ 《论语·子路》说："君子和而不同，小人同而不和。""和"被视作君子品行的一种美德，以肯定自我和他者之间的相异性为前提。

④ 孙诒让指出，"同""侗"互通，为同音假借字。参见〔清〕孙诒让：《墨子间诂》，北京：中华书局，2001 版，第 316 页。高亨则指出"侗""同"有所区别，"侗"主事言，"同"主物言，"侗"主要指的是不同的人或相异的事物具有某一共同的行为。参见高亨：《墨经校诠》，北京：中华书局，1962 年版，第 52 页。

⑤ 梁启超：《墨经校释》，上海：商务印书馆，1922 年版，第 31 页。

⑥ 高亨：《墨经校诠》，北京：中华书局，1962 年版，第 51—52 页。

说共同侍奉某一位君主。从这一点推而言之，若多人共处一室，两物共有一个属性（如白马、白羽皆有白之属性），两个部分同属于一个整体（如某人之手、足皆属于其身），两个名称或两个概念具有共同的指称（如"孔夫子"和"仲尼"共同指称孔子），两个事物具有共同的来源或引发共同的结果，都可以被视为"同"。可见，《墨经》所讲的"同"，主要指的是两个相对独立的事物之间具有的某种相同或相似之处。①

从上述论述来看，《墨经》关于"同"的定义是建立在对"异"的认识之基础上的。然而，《墨经》却并没有如"同"一般，对"异"给出一个类似的界说。尽管胡适曾补充"异"的定义为"同而俱于是二也"（《经上》）②，但这一补充定义却是和他将"异"简单理解为"求异法"紧紧联系在一起的，并未能真正涵盖《墨经》关于"异"的认识和理解。实际上，在《墨经》看来，任何两个事物都必然是相异的，即"二必异"的"相异律"。《墨经》所说的"必"，就是不可怀疑、不得不如此的意思（《经说》上有"必也者可勿疑"），如某个事实可以被设想为既可以是这样，也可以不是这样，则就不是"必"，而是"必"的否定"不必"。如此一来，《墨经》就将两个独立事物之间的相异关系视作是必然的和自明的。正如有的论者所认为的，《墨经》提出的"二必异"命题，可与近代哲学家、数学家和逻辑学家莱布尼兹提出的"世界上没有两个完全相同的事物"命题相比类，都是在存在和思维两个维度上表达了"相异律"的基本思维规律。③质言之，当《墨经》在论及两个独立存在物之间的同异关系时，相较于"同"，"异"则是一个自明的概念，故而也就不需要对其作进一步的解释或概念还原。

---

① 参见杨俊光：《墨经研究》，南京：南京大学出版社，2002年版，第295页。
② 参见胡适：《中国哲学史大纲》，上海：上海三联书店，2014年版，第220页。
③ 参见孙中原：《略论〈墨经〉中关于同和异的辩证思维》，《社会科学》（甘肃），1981年第4期。第26—31页。

墨家在界说"同"的基础上，还对"同"作了如下四种分类：

《经上》87　　同，重、体、合、类。

《经说上》87　　同，二名一实，重同也。不外于兼，体同也。俱处于室，合同也。有以同，类同也。[①]

上引的"重同"主要用于表示由同实不同名所引发的二名之同，"体同"主要用于表示附属于同一整体的不同部分之同，"合同"主要用于表示不同人或物处于同一空间之同，"类同"主要用于表示具有相同性质的不同事物之间的同。从这一分类不难看出，墨家认识到了"同"观念所可能会遭遇到的复杂性。

若将上述对"同"的界定及分类落实于墨家的"尚同"学说，则可以推知：（1）墨家无疑认识到了人作为政治施为之主体，具有彼此之间的必然相异性。这也正是墨子在《尚同上》谈到"一人则一义""十人则十义"的认识论基础。（2）墨家认为，若要统一天下之义，构造出一个"有力者疾以助人，有财者勉以分人，有道者劝以教人"（《尚贤下》）的理想的政治共同体，就必须求取"异中之同"。（3）作为一种政治哲学观念之"同"，首先不可能是一种"重同"或"体同"。（4）因"尚同"所要针对的对象是天下所有之人，且所有人都各是其义，因此所要寻求的"同"是一种"合同"或"类同"。作为"合同"，"尚同"之"同"所要描述的是天下之人皆处于相同的空间范围之内；作为"类同"，"尚同"之"同"要表述的则是天下之人的"义"有其可公度性与可通约性。作为政治观念的"尚同"之"同"，并不纯粹要求天下人在所有事务与举止上保持统一（同一），而是从去争除乱的目标出发，寻求一种可公度性

---

① 该条经文与经说的具体解释，可参见高亨：《墨经校诠》，北京：中华书局，1962年版，第86页。

的类同之"义"。

（四）"尚同"学说的"民约论"与"专制论"诠释理路

近代以来，对"尚同"学说的政治哲学诠解主要存在"民约论"与"专制论"两种理路。前者倾向于将墨家作为手工业者、小生产者、底层劳动者的利益代表，认为墨家"尚同"学说的基本性质是底层人民政治需要的理论化表达，并孕育着民主与法治的思想萌芽。后者则断定，墨家学说本质上是为统治阶层利益服务的，是符合统治阶层利益的思想申述，墨家的"尚同"之说带有明显的专制与权威主义色彩，并倡导告密；而"尚贤"思想的实质，也正在于将贤能之士笼络为专制统治的羽翼，因而"尚同"就是一种特务统治与恐怖统治的雏形。此外，还有学者试图从神本主义的角度统合民约与专制之说，认为二者兼备于"尚同"思想之中。[①]然考其要，上述诸种对"尚同"说的诠解还是发轫于梁启超的"民约论"与郭沫若的"专制论"两条基础诠释理路，其余论者亦是多承此二种理路才展开各自对"尚同"的进一步诠释的。故此，我们若欲理解"尚同"学说的政治哲学意涵，就不能不先行回顾这两条诠释理路的形成依据及不足之处，以便厘清我们的讨论基础。

梁启超是对墨家"尚同"学说进行现代诠解的第一人。他先后发表《子墨子学说》《墨子学案》等论著，以求复兴墨学。就对"尚同"的分析而言，他采用其所提倡的比较研究法，以霍布斯、洛克、卢梭的政治哲学为参照，提出了"墨子之政术，民约论派之政术也"[②]的基本观点，而"泰西民约主义，起于霍布士，盛于陆克，而大成于卢梭。墨子之说，则视霍布士为优，而精密不逮陆卢二

---

① 参见高深：《神本主义对专制和民本的超越——墨家"尚同"说评议》，《职大学报》，2014 年第 6 期。

② 梁启超：《子墨子学说》，台北：台湾中华书局，1985 版，第 37 页。

氏"①。梁启超试图通过从所谓人类"自然状态"的结束和国家的起源、君主的选立、君主威权专制的统治术、选贤的层层选举制和君主的权利限制等几个方面，来论述其所主张的"民约论"得以成立的缘由。从国家起源说，他认为，建立国家的必要性在于统一天下道义的需要，可能性则在于人民意愿的选择。从君主的选立来说，他则坚持民选的立场，认为君主和国家皆由人民相约以选立。他还特别诠释了《经上》所载的"君，臣萌通约也"之经义，认为其是"言国家之起源，由于人民相约置君，君乃命臣，与西方近世民约说颇相类"②，以作为自己观点的文本依据。他进一步申述说，国家和君主设立之后，天子依据"天好义而恶不义"的意志，强调上下皆同于天子，墨家"尚同"之说在实质上也正是霍布斯的"宜众人各抛其意欲，而委任于一人之意欲，以此为政约之所不得已"③。显然，我们若考察梁启超对此说法的诠释理据，就不能不细究《墨经》中的相关条文：

　　　　《经上》34　　君：臣萌通约也。
　　　　《经说上》34　　君：以若名者也。

按，民、萌当可互通。《说文》释"通"为"达"，引申为总、俱义。据此，他方才能在《墨经校释》中将此条解释为"民约论"。但从《墨经》中该条目的诠释史来说，除此意见之外，还有如下诸种不同解释，如吴毓江将其解释为"君是臣民的总的约束"；曹耀湘则诠释为"臣与民俱受制于君也"；郭沫若更认为"通"当为"统"，即"君者臣民之统束"；高亨又解释此条为"君者臣民共有之约名"，

①　梁启超：《子墨子学说》，台北：台湾中华书局，1985 版，第 37 页。
②　梁启超：《墨经校释》，上海：商务印书馆，1922 年版，第 27—28 页。
③　梁启超：《子墨子学说》，台北：台湾中华书局，1985 版，第 37 页。

即"有君之名,必有顺服之实"①。这些解释都在不同程度上反对了梁启超的说法。若进一步结合《尚同》三篇的相关论述来看,墨家论定君(即天子)的设立是以"天"为依据的,且墨家团体首领巨子的承继都由前任任命,同时春秋战乱频仍的现实也无产生民约思想的社会背景。②据此可知,梁启超对此一条的解释并非为无误之公论。尽管如此,他对"尚同"所作的"民约论"诠解,仍是后来学人讨论"尚同"之说时绕不开的一个叙述主题。

梁启超对"尚同"学说的"民约论"诠释理路,引发了治墨学者对此学说的广泛争议。胡适认为,墨家在《尚同》各篇中带有一定的专制色彩,然到后墨则突破这一专制思想而有民约之主张,即《经上》所论的"君:臣萌通约也"③。冯友兰抑或承袭梁氏的这一观点,将墨家政治思想与霍布斯政治哲学等量其观,认为"墨子之政治哲学,可谓与霍布士所说极相似"④。而"民约论"诠释理路的进一步发展,则跃进为所谓的"民主论"。持"民主论"的论者认为,墨家"尚同"之说更近于卢梭的民治思想。蒋维乔明确肯定说:"墨子的民主思想,十分发达","墨家的民约论,与西方卢梭的民约论,详略固有不同,却是同一原则"⑤。吕振羽则肯定墨子对于国家起源的认知与卢梭相近似,是两千年前的"民主主义"思想。⑥要言之,持"民约论""民主论"的论者认为,墨家"尚同"之说可与霍布斯或卢梭关于国家、政府权力起源的学说相媲美,是"君权民授"

<hr>

① 吴毓江、曹耀湘和郭沫若对此条经文的解释,可参见王讚源主编:《墨经正读》,上海:上海科学技术文献出版社,2011年版,第28—29。高亨对此条经文的解释,可参见《墨经校诠》,北京:中华书局,1962年版,第50页。
② 王讚源主编:《墨经正读》,上海:上海科学技术文献出版社,2011年版,第29页。
③ 参见胡适:《墨经校释》后序,载梁启超:《墨经校释》,上海:商务印书馆,1922年版,后序第9页。
④ 参见冯友兰:《中国哲学史》上册,北京:商务印书馆,2011年版,第114页。
⑤ 参见蒋维乔、杨大膺编著:《中国哲学史纲要》,台北:台湾中华书局,1975年版,第217—219页。
⑥ 参见吕振羽:《中国政治思想史》,北京:人民出版社,1961年版,第120—123页。

的先秦思想表述。而持该说的依据，主要有二：一是《尚同》各篇中有关君主选立、政府起源等论述；二是《经上》的"君：臣萌通约也"及与其相对应的《经说上》中的"君：以若名者也"。依托此二种文本依据和"以西释中"之方法论，相关论者完成了自己对"尚同"学说的"民约论"诠解理论。

"专制论"的提出缘由之一是对"民约论"诠释理路的尖锐批评与针锋相对。郭沫若是以"专制论"理路诠解墨家政治哲学的主要代表，他认为墨家所论的"尊天既是绝对的神权统治，尚同便是绝对的王权统治"，墨家的主张是一种"天生民而立之君"的君权天授说，与西方君权民授的民主思想实不相干，因此，天子（王）的意志与是非便成为整个天下的意志和是非，君主为了维持专制统治，最后必定鼓励连坐和告密。[1] 对《经上》中的"君：臣萌通约也"，郭氏也进行了与梁启超完全不同的解释，即训"通"为"统"，训"约"为"束"，由此"君"便是臣民的统管，墨家既不可能有卢梭意义上的民约论，也无儒家思想中的禅让说，而是维护贵族统治阶层利益的。由此，墨家思想就成了一种倡导专制与独裁的学说，"尚贤""尚同"也就流为极权统治的先声了。[2] 陈柱进一步批评了天子为民选的观点，认为尚同之说为专制之说，贻害甚烈，相当于秦代的焚书坑儒之策。[3] 陈拱、刘泽华则进一步认定，墨家的尚同之说是以极权、斗争、告密和特务统治为特征的人所不能生存的社会。要言之，持专制论者的立论基础主要在于对《尚同》和《墨经》相关条目进行的以己意为本、不及其余的解释框架。

综上所述，无论是持民约论还是持专制论来诠解墨家"尚同"的政治哲学思想，都受到了近代以来以西学为基准整理国故的思想

---

[1] 参见郭沫若：《十批判书》，北京：人民出版社，1954 年版，第 97 页。

[2] 参见郭沫若：《墨子的思想》，《郭沫若全集（历史编）》第 1 卷，北京：人民出版社，1982 年版，第 469 页。

[3] 参见陈柱：《子二十六论·阐墨》，桂林：广西师范大学出版社，2008 年版，第 179 页。

方法之主导。笔者以为，正是通过与霍布斯、卢梭等西方契约论思想的比较诠释，墨家政治哲学独具一格的魅力与价值才得以进入近代学人的视野，使其作为历史上的绝学而得以重光，并构成近代民族文化自信的传统思想基石之一。然这一整理国故的方法，所可能具有的弊端则在于由比较转为比附。事实上，近代墨学研究中也的确存在这种比附现象，无论是对《墨经》逻辑思想的诠释还是对墨家政治哲学的诠释，都鲜能逃此藩篱。作为对此种方法的反思，陈寅恪以墨学研究为例而批评了这种比附研究方法："今日之治墨学者，任何古书古字，绝无依据，亦可随其一时偶然兴会，而为之改移，几若善博者能呼庐成庐，喝雉成雉。"[1] 在笔者看来，这一研究范式的主导，当是产生"民约"论与"专制"论诠释理路的主观差异。同时，《尚同》和《墨经》等诸篇文献主要内容间存在的差异、文本的错讹脱漏和表述本身存在的模糊性[2]，客观上都为今人解读墨家"尚同"之说构成了挑战和困难。由此，我们若欲从政治哲学的规范性视角来诠解墨家"尚同"学说，就有必要去审度乃至重构墨家论述"尚同"学说的基本运思理路，从而来挖掘和阐发墨家政治哲学所可能具有的价值与不足。

（五）"尚同"学说中的民本理念与威权手段

墨家对"尚同"学说的阐述，主要见于《尚同》上、中、下三篇。但因"尚同"还涉及"天志""尚贤"等主题，故此，我们对"尚同"的诠释，也就还要旁及《尚贤》《天志》等篇。从墨家在上述诸篇中的相关论述来看，"尚同"主要表现为一种墨家对于政治（政府）如何组织起来（即政制层面），为了何种目标，以怎样的一

---

① 《冯友兰中国哲学史上册审查报告》，《金明馆丛稿二编》，北京：生活·读书·新知三联书店，2011 年版，第 280 页。

② 参见胡晓明：《争议下的墨家"尚同"之说："民约"还是"专制"？》，《南京师大学报（社会科学版）》，2015 年第 5 期。

种方式实现天下治理（即治道层面）的理论构想。墨家认为，政治（政府）起源于"一同天下之义"的道义需求，在形式上表现为一种以天子为首的科层化政制结构，在治理之道上要坚持效法于"天之公义"并"举之以贤"的道义要求。笔者以为，作为"政制"之"尚同"，既涵括了对其时的国家治理现实的匡正得失，也交代了包括天子、三公、诸侯、政长等职位的设立缘由以及任职资格。更为重要的是，墨家欲以"天志"作为最终的道义统一标准，从而表现出了某种对普遍与超验之政治伦理的追求。为了更清晰地辨析墨家"尚同"主张的理论结构，笔者拟打算从如下三个方面重构此一主张。

1. "尚同"的人性需求

"人民为什么需要'尚同'"，或更进一步说，"人民为什么需要政治"，是墨家阐发其政治哲学所不得不面对的首要问题。墨家对此一问题的回答，可分为现实的政治策略与政治对人生的必需性两个角度。从政治策略的角度说，唯有"尚同"才能止争息乱，从而构造出相对稳定的天下秩序。墨子在《鲁问》指出说，士君子"入国"为政应当"择务而从事"，而"尚同"要针对的恰好就是国家昏乱的无序状况。从政治之于人的必需性来说，墨家首先构想了一个"未有刑政之时"的前政治状态：

> 古者民始生未有刑政之时，盖其语人异义。是以一人则一义，二人则二义，十人则十义，其人兹众，其所谓义者亦兹众。是以人是其义，以非人之义，故交相非也。是以内者父子兄弟作怨恶，离散不能相和合，天下之百姓，皆以水火毒药相亏害，至有余力不能以相劳，腐朽余财不以相分，隐匿良道不以相教，天下之乱，若禽兽然。（《尚同上》）

墨家描述的这一前政治状态是否为历史上的真实状况，恐怕还需要考古学与人类学证据来作依据。但从哲学的角度说，此一描述起码可以算作墨家对人之所以产生政治需求的思想假定。按这一假定，追求个人利益并为之做出正当性辩护，是人的自然权利。既然人与人之间的利益不同，那人往往会选择将"何者为义"界定为一种"应当于己有利之事"，所以人与人之间的"义"就会彼此相非（因对我有利未必会对你和他有利）。这种个体之"义"的彼此相非，即便是亲若父子、兄弟、夫妇，也难以从中超脱。人与人之间为"义"的相非，又会带来人与人之间的彼此怨念、互相亏害而非通力合作、互相帮助。墨家将这种状况看作无法产生"贤可之人"的天下大乱与禽兽状态，从而也就是一种人所无法存活的无秩序的混沌状态。

《尚同》对人与人在自然状态下的这一论述，也会迫使我们去思考如下的几个问题：第一，认识到人与人之间的普遍冲突及其害处，是建立秩序的最初动因。如同古希腊悲剧作家索福克勒斯所认为的，社会生活及其所内蕴的价值观念间的冲突，根植于人性的结构之中（人们在利己与利人之间、在各种道德抉择之间都可能存在冲突），而认识到冲突的不可避免，是人们开始政治生活的最初处境。显然，墨家也将建立"刑政"的需求，归结为对人与人间普遍冲突所带来的害处的着力规避。第二，以血缘亲情为依据所建立起的家庭，难以消弭人与人之间的冲突。因为在现实中，存在着"亏父以自利"和不慈不孝等不符合家庭美德的现象。此外，家庭的存在有可能会造成对普遍公义的挑战，如德国汉学家罗哲海（Heiner Roetz）所总结的石奢纵父、申生自杀等事例，就表明了家庭与国家义务间的冲突。[①] 又比如《论语·子路》所记叙的孔子和叶公对于"直"的不同认识（原文可见《论语·子路》："叶公语孔子曰：'吾党有直躬者，其父攘羊，而子证之。'孔子曰：'吾党之直者异于是。父为子

[①] 罗哲海在论述家国间的冲突而带来的悲剧时，所列举的事例主要有石渚（又作石奢）、庄之善、石他、申生。见［德］罗哲海：《轴心时期的儒家伦理》，陈咏明、瞿德瑜译，郑州：大象出版社，2009 年版，第 123、124 页。

隐，子为父隐，直在其中矣．'"）就表明了对于作为公共道义标准的"直"的认识，不同地域会有不同的特点。第三，如果缺乏更高层面的"义"的统一，国家之间的冲突也不可避免。正如同人们普遍将爱国主义视作公民的基本义务，但一个国家的好公民并非一定就是另一个国家的好公民，因而会带来更大范围内的国家与国家间的冲突。第四，寻求一个能作为全天下范围内的统一之"义"，则能有效规避人与人之间、个体与国家之间、国家与国家之间的冲突。但问题在于，一同天下之"义"的最根本、最终极的权威来源是什么？（或许，我们可以借用列奥·施特劳斯——当代最有影响力的政治哲学家之一——所提出的"神学—政治"[1]困境来管窥此一问题，即一同天下之"义"的标准是人为建立的还是自然形成的，是来自天子还是来自天；如果没有了对"天"的普遍信仰，一同天下之"义"是否还有可能？）这些问题都构成了我们理解墨家以"尚同"理念为主题的政制理想的重要问题域。

因此，墨子对前政治状态的描述就包含有如下要点：第一，墨家肯定了所有人都有追求自利的需求，且这一需求也都有其作为"义"的正当性；第二，人与人之间因对"义"的认识不同而产生了互相否定，这种互相否定并不能通过天然的血亲关系得到化解与消弭[2]；第三，墨子并不认为，人性之中存在一种或现实、或潜在的能导人向善的先验性情趋势；第四，若禽兽一般的生活是人所无法存活的大乱状态，因此，若要由大乱的无序状态发展到有序状态，就必须建立起一套科层制的政长制度。这也就是墨家将"天下之所以乱者"的原因最终归结为"无政长"（见《尚同上》）的事实，意即"立政长"就成了"治天下"的必要条件。

① 参见［美］列奥·施特劳斯：《斯宾诺莎的宗教批判》英译本前言，李永晶译，北京：华夏出版社，2013 年版，第 I 页。

② 参见［美］本杰明·史华兹：《古代中国的思想世界》，程钢译，南京：江苏人民出版社，2008 年版，第 191 页。

2. "尚同"的实现形式

在阐明前政治状态何以需要过渡到"政长制"之后，需要接续讨论的问题就变成了"如何才能实现'尚同'？"墨家认为，"尚同"的实现，必须依赖于以天子（君主）为首的科层化政制结构的设立。在墨家看来，落实为人间秩序的最高政长就是天子。天子的使命在于"一同天下之义"，因此就必须为所有人树立一个统一的为"义"标准，这就要求天子必须由有道德的智慧之士（贤可之人）来担任。天子一经置立，也就自然有了天下之义的统一标准。这个标准就是天子之义，意即"天子之所是，皆是之；天子之所非，皆非之"（《尚同上》）。但墨子并未就此认定说，天子拥有无限的权威和能力。一方面，天子也会犯错，也需要上同于更高、更公正的天之义；另一方面，天子也无法凭借一人之力来施行治理天下之责。其次，当天子力有未逮时，"尚同"之制就进一步需要选择贤人来充当三公的职位，以辅佐天子来一同天下之义。天子与三公一道构成治理天下的中枢机构。但天下广博，不同区域间的是非利害之辩也并非那么清晰明了，因此中枢也就不能直接全盘一统。"尚同"的政治治理形式也就需要进一步划分出不同的诸侯国，选择贤可之人以为诸侯国君，并再细分选择诸侯国内的贤可之人立为政（里）长。这样一来，墨家就建立起了其以"一同天下之义"为目的的科层政治体制。但在这一科层制的政治体制中，每个公职岗位都需要由贤可之人、仁人来占据，因此其并不以实现自己的统治地位稳固为根本目的，而是服从于让天下回归到义政的理想政治模式之中。

在墨家的"尚同"政治科层制度设计中，只有通过下级对上级的服从而最终实现"义"的统一。墨家认为，维护天下政治秩序的有序运行，需要由"贵且智者"来统治"愚且贱者"，而非由"愚且贱者"来统治"贵且智者"（《尚贤中》），如此，"义"方才有可能真正落实为天下政治秩序。同时，墨子说："义者不自愚且贱者出，必自贵且知者出。"（《天志中》）这里的"贵且知者"，最终所要指代的是"天"而非人，唯有"天为贵，天为知，而已矣"（《天志中》)，包括君主乃至天子在内的所有人，从"天"的角度说，都是或愚或贱之人。墨子说，人不应只以亲、以师、以君为效法对象，唯一能作为人之效法对象的只有"天"（见《法仪》）。正是通过"天"，维护天下之民的"义"才能得以实现。由"天—天子—三公—诸侯—政长—人民"所构成的以维护"义"之统一为目的的统治序列，突出的也正是一种要求天下一统的政治权威。墨家所抱有的政治信念或许是"强有力的政治权威是避免混乱的首要而又必要的条件，只有通过与上级保持一致，并将意见统一起来，普遍的利益才有可能实现"①。而这则恰是一种典型的威权政治观念了。

经由此一科层制的"尚同"之制的生成性建构，天下之"义"就自然有了可公度性。"义"的这种可公度性，进而又能作为现实的权威标准，裁决甚至消弭人与人之间为"义"的互相否定，从而实现天下由乱到治、由无序到有序的政治状态。这一实现的过程主要表现为某种由下至上的逐级同一模式，即"百姓"同一于"里长"，"里长"同一于"乡长"，"乡长"同一于"诸侯国君"，"诸侯国君"同一于"天子"，最终实现天下之人皆上同于天子的政治统治模式。而实现这种统治的手段，又依赖于天子能赏天下之义（善）、罚天下之不义（恶）的规训权。同时，天子实现"一同天下之义"，也并非只体现为上级对下级的层层威压，还体现为一种上下同情。墨家特别指出说，"上有过则规谏之，下有善则傍荐之"（《尚同上》）。这意味着，包括天子在内的上位者亦可能有过，包括农与工肆之人在内的下位者亦可能有善，因此通达上下之情，就是要实现上下之义的共情共通，从而使得天子作为"天下之最仁者"，

---

① ［美］本杰明·史华兹：《古代中国的思想世界》，程钢译，南京：江苏人民出版社，2008 年版，第 220 页。

其义能不断保持为一种足以作为"一同天下之义"之公度性标准的状态。

因此，作为一种"政制"形式，"尚同"要确立的是一套以维护"义"之统一为目的，由"天子—三公—诸侯—政长—人民"的科层结构所组成的统治序列。墨家认为，只要遵循这一套具有威权模式的统治序列，天下就可以得到治理。乍看起来，墨家对"尚同"实现形式的界说，赤裸裸表现为一套"天子至上"的威权统治模式。若以此为刑政，恐怕就是人民之利无法得到丝毫保障的独裁统治模式。但若细究墨家对"尚同"的界说，不难发现，墨家还对之提出了"以天志之'义'为本"的道义约束原则，以期作为规范此一"尚同"之制的道义约束机制。

3. "尚同"的道义约束原则

如上所述，墨家的"尚同"政制并不以实现权力的稳固统治为目的，而是以实现"兴天下之利，除天下之害"（《兼爱上》）之"公义"作为价值旨归。因此，在"尚同"的政治设计之中，就必须要先设定一个绝对的道义权威。墨家认为，此一道义权威就是有意志之"天"。"天"因其"行广而无私，施厚而不得，明久而不衰"（《法仪》）的道义特质，代表着超越天子之"义"的更高程度的可公度性之"义"的标准。因此，"尚同"的实质就在于"上同于天"，施行"天欲义而恶不义""天之所欲则为之，天之不欲则止"（《法仪》）的政治行为规范。更进一步，自天而来的"义"的基本内容就是爱民利民和"兼爱天下之人"，"天必欲人之相爱相利，而不欲人之相恶相贼也"（《天志下》）。由此，"尚同"政治的统治序列在道义上就变成了由"天—天子—三公—诸侯—政长—人民"所构成的以维护"义"之统一为目的的统治序列，这突出的也恰好是一种"义自天出"的道德权威，因此，"天之公义""人民之利"而非"天子之公义""一人一家一国之利"才是"尚同"之制取得合法性的最终道义依据。故此，"尚同"的道义原则首先就表现出了"义自天出而为民"的普遍性与超验性。①

"义自天出"的道义原则落实到"尚同"之制的具体表现，就是天子、三公、诸侯、政长等从事之人皆由贤可之人、仁人来充任。笔者将其称为"举之以贤"的为政道义原则。墨家指出，天子是天下之仁人、贤可之人，诸侯国君是其国之仁人、贤可之人，里长、乡长是其里、其乡之仁人、贤可之人。仁人、贤可之人的"义"行养成，就在于效法天志而行兼爱之道。在墨家"尚贤"的人才观念体系中，贤人是具备"厚乎德行，辩乎言谈，博乎道术"之特质的人，也就是说，贤人的德、才使其从自爱自利的众人之中超拔出来，进而认识到唯有效法"天志"、践行"义"事才能维护包括自己在内的天下人之利益，从而坚持"有力者疾以助人，有财者勉以分人，有道者劝以教人"（《尚贤下》）的为"义"之道，并具备"惠、忠、慈、孝、友、悌"（《兼爱下》）等道德品性，以为众人提供可以效仿的现实德行典范。同时，按"义自天出"的道义原则，天子、三公、诸侯国君、政长之职位，并不应当以血亲关系等为原则来实现职位承袭，也就是要做到"不党父兄，不偏富贵，不嬖颜色"（《尚贤中》），进而坚持"官无常贵，民无终贱。有能则举之，无能则下之。举公义，辟私怨"（《尚贤上》）的任职原则。由此观之，若果能以贤可之人、仁人来充任公共职位，无疑就体现了"为政以贤""尚贤为政之本"的德政治道原则。

古之圣王之政是对"尚同"之"义自天出""举之以贤"的道义原则的完美践行。在墨家的历史视野中，古之圣王为政遵循的是"不义不富，不义不贵，不义不亲，不义不近"的治世准则，因而具有特别重要的权威意义。墨家认为，判断言论利害是非的"三表法"之"本"就在于"古者圣王之事"（《非命上》），意即以大禹为

---

① 关于墨家"天志"之义的超验性，请参见赵威：《试析墨家"天志"正义观的超验性》，《哲学研究》，2017年第1期。

代表的古时圣王之所作所为，是法天之所欲而劳苦自身以兼爱世人的，也是为民、爱民和利民的，从而也就成了后人言论谈辩之是非的历史、事实与道义标准。古之圣王行"尚同"之制的要点有二，一要坚持"上同于天"，"明天鬼之所欲，而避天鬼之所憎"（《尚同中》），行祭祀以期顺天志而实现风调雨顺；二要坚持"下利于民"，为政坚持"万民之所便利"（《尚同中》）的原则。由此，圣王行"尚同"之制遵循"上同于天"而"下利于民"，并坚持以尚贤使能为行政的道义原则；而当时的诸侯国君虽也行"尚同"之制，但徒有其行而无其实，既骄奢淫逸、劳财害民而不上同于天、下利于民，又宠信亲近、偏好颜色而不行尚贤之事，所以要被否弃掉。这也就意味着，"义"才是君主在治理天下时选贤任能的应然标准。据此可知，墨家实想是用"义自天出""举之以贤"的道义原则，以及古之圣王的"尚同"政治典范，去匡正现实政治之得失。

综合上述关于"尚同"学说的结构性分析，笔者以为，墨家"尚同"之说主要针对的是如何使天下由乱到治的问题。在墨家看来，设立不同科层的政长之制是建构天下政治秩序的关键环节，而设立政长的关键又在于选立天子，进而围绕天子设立三公、诸侯国君、乡长、里长等中央与地方、基层的各级官长。但无论是天子还是各级官长，都要由仁人或贤可之人充任，以保证其能自觉担负起统一道义、监察天下的使命。同时，百姓之义要上同于各级官长之义，而各级官长之义又要逐层上同，并最后上同于天子之义。尽管如此，这一上同的模式在道义上还未至究竟。墨家提出，包括天子在内的天下万民最终都还要上同于天之义，而天之义又刚好是爱人利人。因而，"尚同"的道义规范性就落实为爱民利民，与此相应，天子与各级官长的为政使命也就转换成了爱民、保民、利民和通民之情的政治义务。故此，"义自天出而为民""举人以贤"的"尚同"道义原则及其在古时圣王之政中的贯彻落实，体现的就是一种以天为本、天民相通式的"民本"①理念，而落实此一理念的方式又是当代政治哲学所说的"威权"②之手段。笔者以为，此两层意涵共同构成了墨家"尚同"学说的内在要旨。

（六）"尚同"学说对道义与政治的含混

如果将政治哲学视作道义对政治所具有的正当规范性研究，那其思想论域与学术定位或许就可以转换成如下问题："什么样的道德原则应主导国家对待其公民的方式；国家应该建立什么样的社会秩序。正如这些'应该'所暗示的，政治哲学是道德哲学的分支，它对正当性感兴趣，对国家应该做或者不应该做什么感兴趣。"③以此观之，政治哲学研究的现实目的之一，就在于其要为某种或理想或现实的政治制度提供道义上的合理性论证。因此，政治哲学就必须回答两个问题：第一个是政治生活为什么对人是道义必要的；第二

---

① 对"民本"观念的最早表述是"民惟邦本，本固邦宁"（《五子之歌》）。有的学者指出，"在讨论国家的来源、根本和基础的时候，人们认为'民为国本'；在讨论政治的首脑、主体和关键的时候，人们认为'君为政本'"（参见张分田、张鸿：《中国古代"民本思想"内涵与外延刍议》，《西北大学学报》，2005年第1期）。笔者以为，"民本"观念的实质恰在于处理邦国与民众、君主与民众之间的关系。一方面，民众、庶人是君主实现国家长治久安、保有政权的基础，并成为反思历代失国之君的政治经验得失的观念旨归；另一方面，民之于君，则处于一种相对弱势的无权（无权力亦无权利）地位。或许，民既无法决定也无法反对君主所作的与其自身利益攸关的诸种决定和举措，只能待诸天之罚或圣王之伐了。由此观之，墨家的"尚同"政制，在道义原则上恰就是"民本"精神的集中体现。

② 本处对"威权"的使用参考了耶夫·西蒙的观点。西蒙认为，威权的最主要功能在于"发布一个约束各种意志的决断"，在于"从各式各样的所偏爱的各种可能手段之间做出抉择，以决定哪个手段是对每个人来讲都是正确的手段，从而确保共同行动的统一"，威权手段虽具有强制性，但却服务于共同善。笔者以为，西蒙的此一论述，完全可以引用于墨家以强制性的政制形式来实现为民、利民的道义价值。具体参见〔法〕耶夫·西蒙：《权威的性质与功能》，吴彦译，北京：商务印书馆，2015年版，第50页。

③ 〔英〕亚当·斯威夫特：《政治哲学导论》，佘江涛译，南京：江苏人民出版社，2008年版，第5页。

个是为什么必须接受某种具体的政治制度设计。以笔者愚见，第一个问题回应的是政治的价值理念层面，第二个问题回应的是政治的操作设计层面，但这两个层面的同时存在并不意味着可以将复杂的政治问题全部、简单地还原为道德问题，或者说可以通过单纯运用道德手段来解决政治问题。就此而言，墨家对"尚同"学说的描述，表现出了明显的道义规范性特质，因而是一套典型的政治哲学论说。但若从理论构建的角度来看，这一政治哲学思想在论证上并非那么清晰与严格，同时还存在着单纯以道义方式来解决复杂政治问题的简化化倾向。①

"尚同"学说所带来的第一个困惑是关于前政治状态的人之"义"彼此相争的思想设定。这一思想设定预设了每个人都有其"义"，且每个人的"义"彼此不同。在笔者看来，这一关于"义"的设定，暗含着以人性为自利，且为了自利而不惜去亏害包括父母兄弟在内的其他人之利的思想观念。同时，墨家将个体之"义"的差异加以普遍化和绝对化。这也就意味着，包括古之圣人、今之贤人在内的所有人都符合此种人性。由此引发的问题是：那些"厚乎德行，辩乎言谈，博乎道术"的贤可之人（或者说"仁人"）又是怎么出现的？其之"义"又有何种资格作为"一同天下之义"的"义"？换句话说，一同天下之"义"的最根本、最终极权威来源究竟是什么？是人为建立的还是自然形成的？是来自天子还是来自"天"？如果来自"天"，那没有了对"天"的普遍信仰，一同天下之"义"是否还有建立的可能？要言之，"一同天下之义"中的"义"要如何才能在实然与应然层面统一起来。墨家虽主张以"天"

---

① 宋宽锋在其《先秦政治哲学史论》一书中指出，墨家政治哲学的"根本缺陷就是，把政治现象理解成了道德现象，把政治问题化约成了道德问题，并试图通过政治社会成员的自觉自愿的道德行为来解决政治的问题"（参见宋宽锋：《先秦政治哲学史论》，北京：中国社会科学出版社，2019 年版，第 132 页）。笔者以为，此一评价也适用于墨家对"尚同"政制的说明。

之"义"作为最后的标准，但人何以能自觉到"天"之"义"，并按此一"天"之"义"来行事，却并未在墨家的整个理论体系中得到充分说明。

其次，"尚同"学说中的前政治状态设定的是人各有其"义"，而在道义原则上又特别肯定了"义自天出"。这看起来就很容易陷入某种思想悖谬当中，一方面，"义"自"天"出，具有利天下之人的为公倾向①；另一方面，人又各有其"义"，体现的是某种自利乃至"害人以自利"的为私倾向。由此，人之"义"从何而来，与"天"之"义"有何关联，是否矛盾，就成为一个必须得到澄明的问题。可惜的是，墨家对此未能做出说明，只是作为某个过往传统的约定而承继下来。笔者以为，若我们同意"一同天下之义"是同一于作为个体的君主之义，那就是奉天下而利一人，其他人要么为其爪牙，要么为其奴仆；若我们同意的是同于"天之义"，那就是奉天子和各级官长以利万民，这又如何能确保每位君主和官长之人都能按"天之义"来行事。尽管墨家给出了天可以赏"义"以福、罪"不义"以祸的回答，但天之赏罚是要全然落实到万民处还是统治阶层处，又成了一个悬而未决的关键问题。

再次，墨家在论述"尚同"的实现形式时，强调的是一种人民要服从于其官长，天下之人皆服从于天子的"威权"统治模式。同

---

① "以天为公"是先秦时期的一个普遍信念。《吕氏春秋》特别谈到了"天为公"的问题，可为一证。《去私》论述说"天无私覆也，地无私载也，日月无私烛也，四时无私行也"。因此，天下的大德是公德，而秦墨的巨子腹䵍杀子，可谓体现了重公去私的德行，因为"子，人之所私也，忍所私以行大义，巨子可谓公矣"（腹䵍杀子的具体记载，请参见《吕氏春秋·去私》，许维遹：《吕氏春秋集释》，北京：中华书局，2017年版，第31页），意即不因私害公。《贵公》则指出："天下非一人之天下也，天下之天下也。阴阳之和，不张一类。甘露时雨，不私一物。万民之主，不阿一人。"（《吕氏春秋·贵公》）按许维遹的解释，此处的"天下之天下"，通于《尚书》的"皇天无亲，惟德是辅"（参见许维遹，第24页）。以三皇五帝为代表的古代圣王，其最大的德行就在于效法天地的"生而弗子，成而弗有"，从而使得"万物皆被其泽、得其利而莫知其所始"（《吕氏春秋·贵公》）。

时，为了保证这种服从统治的必要性，还要付之以天子能及时赏"义"人"义"事、罚"不义"之人"不义"之事的刑政制度。如此一来，只有以天子为首的执政之人皆由仁人、贤可之人充任，才能保证其践行"天志"之公义而不害于人民。但现实问题在于，执政之人若为不仁之人或非贤可之士，刑政就成了其戕害人民的手段。墨家在《尚同中》也以古今对照的方式举例说，古之圣王为政虽有刑政之事，但其实在利民；而有苗氏、当时的诸侯国君为政亦有刑政之事，但其实则害人。由此观之，墨家用以保证"尚同"之道义合理性的主要方式是举贤可之人的治道理念。这一做法，实质上就是简单地将政治的好坏、能否有利于民，归结成了为政之人的道德修养问题，从而也就未能对"尚同"学说中，人民究竟要在哪些方面，必须同于天子和为政者之"义"，意即人民与天子等为政者之间究竟要形成何种权利与义务关系，给出充分说明。由此推之，"尚同"在其实现形式上就极容易堕落成一种君主对于人民之义全盘管制的思想专制模式，从而使得人民在面对刑政时除了祈祷于天之外，就别无反制的能力与手段了。

最后，墨家对"尚同"的理解仍植根于周公以来的西周政治与宗教文化之中。西周的政治文化可以总结为"崇德贵民"的思想要义，而其宗教文化则可被视作天人合一的天命观念。[①]《尚书·泰誓》中说："惟天地万物父母，惟人万物之灵，亶聪明，作元后，元后作民父母。"这里将天地视作万物父母，将人视作万物之灵，而人中的聪明之士则为君主（元后），君主的使命又在于保养与教诲万民。因而，天是佑护下民的，并为之设立君主与老师（"作之君，作之师"）。既然上天设立君主是为了实现天护佑下民的意志，那君主就有责任和义务去像父母爱护子女一样护佑民众。因此，"天"与"民"之间的关系就成为一个二元一体的关系，也就有了"天矜于

---

①　参见陈来:《殷商的祭祀宗教与西周的天命信仰》,《中原文化研究》,2014 年第 2 期。

民，民之所欲，天必从之"(《泰誓》)、"天视自我民视，天听自我民听"(《泰誓》)的"'民意论'的天命观"("天民合一论")①。不难看出，自西周起的政治文化传统中，天意、天志就成了民意、民愿的集中体现，天意也就成了民意的最高支持者和最大保护者。这样看来，墨家将"天"之公义认定为人之相爱相利，并强调"义自天出"，进而托"天志"之公义迫使统治者行爱民、保民、利民之实，应当是承袭传统而来的一种朴素的"民本"政治信念。但问题在于，墨家对于当时各诸侯国君和充任官长之人并非全为仁人，亦不能选贤使能，更无法爱民利民的政治现实，并未能提出一种普遍的政治伦理主张，用以妥善处理政治生活与道德生活的关系。也就是说，墨家并未给出能与儒家的用舍行藏，或道家的逍遥无为相媲美的理论指南，以解答士人在出入政治生活时所可能遭遇的思想困惑。

总言之，墨家的"尚同"学说，试图以统一道义的方式来解决天下治乱的政治问题。但无论是其对前政治状态的设定，还是对"尚同"何以能体现"天"之公义，进而来爱民、保民、利民的界说，都需要更进一步的阐明。此外，若从道义对政治的价值规范性来说，"尚同"选择的还是以举贤可之人充任公职为途径，以"义自天出而利民"的道义准则为尺度，来探究什么样的政制与治道才是好的，但其探究的结论却最终止步于以什么样的人来实施此一政制，而不能对天子、为政之人与民之间的权利义务关系做出界定。质言之，墨家对"尚同"的政治哲学探讨，实则走的是一种以道义来约束为政者的思想理路，而这凸显出的正可能是其面对政治现实的无力性与空想性。

尽管墨家对当时的社会政治制度并不满意，如君主不能推行"尚贤"，亦不会"非命""明鬼"，更很难去推行"兼相爱，交相

---

① 参见陈来：《殷商的祭祀宗教与西周的天命信仰》，《中原文化研究》，2014 年第 2 期。

利”的政治伦理主张，但却并未将批判的重点放在社会政治制度所内蕴的权力（权威）结构层面。这也就是说，墨家主要关注的是占据政治权力科层结构中的人是否为贤可之士（即德才兼备之人），而非这一权力分配的科层结构（制度）是否合理，其权威的来源究竟为何等抽象理论问题。就此而言，墨家对“尚同”的论说在思想维度上还略显单薄。此外，在墨子看来，天子、诸侯和三公等当政之人，若要真正服务于“一同天下之义”进而消弭纷争战乱、建立起全天下统一的道义标准，那就必须兼备品格与才能上的卓越性。这一点首先体现在创设这些制度的圣王身上，比如墨家最为推崇的圣王大禹，以及尧、舜等圣人，皆是如此。同时，墨子还虚悬了“天”之义作为爱民利民的标准，圣王之政则是一种对“天志”的正确落实，后来的统治者又可以通过模仿古者圣王之事来实现道义应当的“尚同”政制与治道。由是观之，墨家的“尚同”政治理念，仍是处于看重人的智慧、德行和才能的人治窠臼之中。

若从政治哲学的规范性视角观察“尚同”学说，不难发现，近代以来的治墨者所诠释的“民约”或“专制”之论，并不能精准概括出“尚同”的思想要义。笔者以为，“尚同”兼具道义层面上的“义自天出而利民”的民本理念，以及在下者要以道义同于在上者、在上者要以赏罚来约束在下者的人间统治秩序的威权模式。而墨家对“尚同”学说所做出的论证，在结构体系上存在些许抵牾之处，在思考方式上则存在以道义方式来简单划归和解决政治问题等方面的不足。设若墨家“尚同”学说发之于刑政，恐怕就会是如宋代新学的代表人物、政治改革家王安石所论：“是其所欲以利人者，适所以为天下害患也。”[①] 或许，这也正是墨家“尚同”之说具有“乌托邦”色彩，及其在中国古代政治思想史上应者寥寥的内在原因吧。

---

① 〔宋〕王安石：《王文公文集》卷第二十六，上海：上海人民出版社，1974年版，第309页。

第三节　尚贤使能的为政原则

　　作为对"兼爱"价值理念和"尚同"治道设想的一种补充，墨家还提出了"尚贤使能"的基本为政原则。墨家对"尚贤"的论述，主要可见于《尚贤》三篇。依照《尚贤》中的相关看法，墨家将贤人或者说所谓的贤良之士看成治理天下的重要资源。诚如上文所述，墨家的"贤人"要求其具备厚重的德行和较强的处理政治事务的能力。

（一）墨家论贤人的"辩"与"义"

　　与别的学派相比，墨家尤为重视"辩"对于贤人的作用。"辩"既指察类、明故的审辩思维能力，也指代一种谈辩活动，并要求贤人在谈辩活动中能做出合乎事实的真判断并取得胜利，即"辩胜，当也"（《经上》）。由此亦可看出，墨家将谈辩（论辩）看作贤人所必须具备的一种能力。墨子说"能谈辩者谈辩，能从事者从事，能说书者说书"（《耕柱》），墨子还要求门人弟子要"辩于言谈"（《尚贤上》）。《庄子·天下》更是评论墨者说："南方之墨者苦获、已齿、邓陵子之属，俱诵墨经而倍谲不同，相谓别墨。"这些论述都可以表明墨家重谈辩的思想特质。墨家认为，只有通过谈辩，贤人才能运用语言去迫使君主等执政者，及掌握知识的士大夫阶层认识到自身言行所可能存在的悖谬。墨家将"辩"界定为"争彼"，并认为辩论一定有胜利的一方，而辩胜双方中，一定有一方所持的言辞要"当"（墨家对"当"的使用，兼具语境上的"恰当"和语义上的"真"含义在内[①]）。这也就是说，墨家将辩论视作有确定议题和明

[①]　对此一问题的论述，可详参杨武金、张万强：《墨家辩学中的"真"观念辨析》，《中州学刊》，2015 年第 6 期。

确答案的思想交锋活动，不能模棱两可或自说自话。通过辩论，贤人能确立起其自身对世界的真实信念与知识结构。但需要注意的是，墨家的辩察与名家、纵横家等"察辩之士"有所不同，墨家本之于"农与工肆之人"的朴素的经验立场上，对"言则称于汤文，行则譬于狗豨"（《耕柱》）的言行不一的错误认识（墨子将这种思想行为间的不一致称为"荡口"："言足以复行者，常之；不足以举行者，勿常。不足以举行而常之，是荡口也。"[《耕柱》]）提出了反驳，进而提出了"三表法"作为"言必立仪"的逻辑思维方法论。①

除了谈辩之外，贤人还要重视行"义"。如同儒家一样，墨家也专门谈及了君子的修身问题。君子之修身，必须要坚持以"行"为本，并在不断朝向"义"的行动中磨砺自己的意志。同时，作为知识的一个重要内容，贤人需要讲求"为知"，即知道如何正确行动的知识（Knowing How）。墨子在和公孟子关于君子行为的谈话中指出，真正的君子不应该不去劝谏君主（这也是不忠的行为），而应该像一个"不扣自鸣"的钟一样，主动劝谏君主以利于天下（具体可参见《公孟》）。墨子认为，作为君主奋斗榜样的圣人，要"去喜、去怒、去乐、去悲、去爱，而用仁义。手足口鼻耳从事于义"（《贵义》），这也就是说，成为圣人的途径就在于人对"从事于义"的活动的全身心投入。君子、贤人、圣人所主要依赖的，就在于其为"义"事的谈辩能力，治理国家和天下的知识专长和不屈意志。

圣贤之人必须设法让自己从自爱自利的自然状态中超脱出来。但他们的超脱，并不依赖其与他人一样的追求自利的人性，而是在其智识上的卓越远见。这也就是说，个体的利益只有通过整体才能得到保全，也只有通过兼爱他人才能真正实现自爱的成全。这既是天志的要求，也是经由事实而得到的"说知"。但这一以天为本的"尚贤"观念可能遭遇到的一个重大挑战就是，义行（德）与遭遇

---

① 参见汪奠基：《中国逻辑思想史》，武汉：武汉大学出版社，2012年版，第89页。

（福）之间的不匹配问题，即德福一致问题。《公孟》详细论及了这一问题：一方面，墨家认为，天志和鬼神都能赏善罚恶（"以鬼神为明，能为祸福，为善者赏之，为不善者罚之"）；另一方面，墨子又因其自身所遭遇到的疾病，对其所持的德福相称的观念构成了挑战（"先生圣人也，何故有疾。意者，先生之言有不善乎？"）。这一义行与福报之间的不匹配，确实构成了对墨家"明鬼"学说的理论挑战。在反对墨子的论者看来，这一挑战也是足够致命的，意即其足以证明"鬼神不明知乎"。墨子对此的回应则是打破这种德与福之间的单线因果联系，从而确保"义必有赏，不义必有罚；但有赏则不必是由于义，有罚则不必是由于不义"（显然，墨子在这里的论述完全符合形式逻辑的推理规则，即根据前提（1）：A→B，前提（2）：B。依据这两个前提并不能必然保证会得到结论：A；这也再次旁证了墨家对谈辩术及其背后的思维规律的研究）的德行与幸福相称原则。墨子明确谈到这一点说，人所遭遇到的疾病等不幸，是由多种原因所触发的，而并不一定就是不义（"人之所得于病者多方，有得之寒暑，有得之劳苦。百门而闭一门，焉则盗何遽无从入哉"），因此反对者所持的观点，也就在逻辑上无法驳斥墨家的"明鬼"主张了。

在上述讨论的基础上，墨家认为，力行义事并不是为了追求外在的爵禄名位财富等福报，而是出于一种谨守天志和行兼爱之法的奉献精神。《贵义》谈到，墨子在面对巫马子等人所主张的不应在无义的时代去勉力行"义"的劝告时，仍坚持要强力以行"义"；墨子认为，尤其是在"天下莫为义"的时代里，墨者更应该以身作则来行"义"。为了更好地说明这一点，墨子再一次使用了"举他物而以明之也"（《小取》）的譬式论证，即用在耕者少而食者众时耕者必须加倍劳作的经验事例，去说明在缺失义人的时代更应该去勉力行"义"的理想。这一回答也再次反证了，墨者行"义"并非出于自利的功利目的，而是出于行兼爱之法的使命感和义务感。因此，墨家虽以天志和鬼神为实存，但在本质上还是看重天、鬼具有的监督作用，而非只是去虚设一宗教的虚幻花朵，引诱人们去行"义"，从而得到某种意欲的福报。

由行"义"而来的"尚贤"政治观念，呈现为一种贤人（能人）政制的理想。墨子继续援引古之圣王之事说："不党父兄，不偏富贵，不嬖颜色。贤者举而上之。"（《尚贤中》）这也就是说，君主授予士君子职位的高低，不应基于血亲或家庭关系的远近，财富的多少和已有社会地位的高低，以及容貌的好坏等诸多外在因素，而是要坚持贤者能"举而上之"。唯有如此，才能保证政治的清平和义政的施行。如此一来，圣王为政就要"列德而尚贤。虽在农与工肆之人，有能则举之"（《尚贤上》）。墨子在这里承认了有德行和才能的贤良之士并不一定来自富贵阶层，也有可能是务农与务工之人。但不论其出身如何，只要其德才俱佳，就应该给予他们"高爵""重禄"和"任事"的机会。此外，因为"尚贤"制的推行，势必还会造成官与民、贵与贱等不同社会阶层间的流通和易位。《尚贤上》描述这一点说："故官无常贵，而民无终贱。有能则举之，无能则下之。举公义，辟私怨。"这种官与民、贵与贱等不同社会阶层间的流通和易位，是建立在以德性和能力（业绩）为重的人才评价标准之上的，也是出于"兴天下之利，除天下之害"的公义理念而行的合理的为政举措。"尚贤"理念自上而下的推行，所带来的社会治理后果就会呈现出"以德就列，以官服事，以劳殿赏，量功而分禄"（《尚贤上》）的公正社会，并形成一个"德行—官职—事功—爵禄分赏"的公正、公平的良性政治循环。由此，墨家对君主、官员、臣民等不同社会阶层间的等级观念，势必就会缺乏如同孔子一般的维护与恭敬之心，无怪乎墨子要对俗儒所论之"礼"持一否定的态度了。

对贤人的重视还会导致墨家对组织机构的极为重视。这也就是墨家所建立起的兼具学派、政派和宗教性的有组织的墨者团体。这一团体以巨子为首脑，以兴义除害为目标。这也就表明，墨家并不单纯信赖君子可以通过"德"就能对君主等为政之人施以影响，还要求人们必须组织起来，通过建立一个为"义"的共同体来实现"义政"。尽管如此，墨家却并未产生任何指向于其时的政治制度本身的社会革命行为。在这方面，墨家无疑是极其现实的，他们会将其时的诸侯国并存的天下政治格局作为其政治学说的一个必要现实前提，并以此局面来展开自身从事于扶助弱国、抵御强国的种种为"义"活动（如墨子自身所行的"止楚攻宋"之事）。如此看来，墨子的着眼点无疑是放在民众当下的现实利益之上，而非通过攻伐战争来实现天下一统，进而去保证民众的长远利益之类的遁词之上。

除了上文所述的"圣王""圣人""君子""贤良之士"等用以表示墨家的政治与道德理想人格的称谓之外，墨家还用到了如"兼士"（"执兼之士"）"仁人""义士"等术语来表示某种道德人格理想。这些人格理想中，与墨家所赞誉的"贤人"相关的主要有：

（1）"兼士"。"兼士"主要在《兼爱下》等篇中被提及，主要是与墨家最为核心的主张"兼相爱"相一致，并与所谓的执"别相爱"之士相反对，以表示能行兼爱之道于天下的士君子。墨家所论的"兼士"，实则也是墨家对自己的精神自许。按《庄子·天下》的看法，墨者皆效法禹之道，并"日夜不休，以自苦为极"。孟子也表扬墨家说："墨子兼爱，摩顶放踵，利天下为之。"（《孟子·尽心上》）墨家自身对兼道的践行，也体现了墨家兼爱兼利天下、"兴天下之利，除天下之害"的"兼士"道德人格理念。

（2）"仁人"。在《兼爱中》中，墨子说道："仁人之所以为事者，必兴天下之利，除去天下之害。"可见，"仁人"也是墨家所用到的又一个道德人格理念。如众所知，"仁"是孔子哲学乃至儒家诸德哲学中最为关键的概念之一，正所谓"人而不仁，如礼何？人耳不仁，如乐何"（《论语·八佾》），"仁"乃是礼乐制度的根本。墨家也承袭了儒家对"仁"的发明，并将"仁人"视作能行兼爱之道的人。"仁人"在行事的过程中也要做到"有力者疾以助人，有财者勉以分人，有道者劝以教人"（《尚贤下》）。但在《墨经》诸篇中，

"仁"被墨家视作"体爱"（见《经上》），即与"兼爱"相对的部分之爱。显然，墨家对"仁"和"仁人"的认识，到了墨家后学那里，已不再被广泛地看成某种道德人格理想了。

总言之，墨家使用了"圣王""圣人""贤良之士""君子""兼士""仁人"等诸多概念来称谓某种理想的道德人格。其中，"圣王""圣人"是最完善的政治与道德人格，主要指的是史书中公认的尧、舜、禹、汤等古时人格典范。按墨子的分析，圣王与圣人都具有很高的政治身份和道德意识，能为万民树立兼相爱、节用、尚贤等现实的政治与道德生活仪轨（出政施教，赏善罚暴），也是后来君主和士所应效法的榜样（"法先王"）。依墨家"尚贤"主张的分析，"贤良之士"则是治国理政所必需的人才资源，君主应该通过"富之，贵之，敬之，誉之"（《尚贤上》）的方式，以让他们"进贤事能"，从而实现国家的良善治理和长治久安。墨家对"君子"的使用比较多义，既用以指政治身份上的高低贵贱，也用以指能践行义道义事的道德之士。"兼士"和"仁人"则是墨家对政治与道德人格的又一叙述，"兼士"与墨家的"兼爱"学说联系在一起，"仁人"则与儒家所论的道德人格理想有一致之处。整体上说，"圣王""圣人"是天下最"贤"与"可"之人，"贤人"（"贤良之士"）则要具有厚实的德行（能够践行墨家的"兼爱"之道）、优秀的谈辩能力（能够辨别同异和是非）和广博的实用性知识（能够从事治理天下、为民兴利除害之事）。"兼士""仁人"概指的是能行墨家之道的士君子，而"君子"则为一更为宽泛的称呼。要言之，墨家所期许的是以"圣人"为榜样的理想人格，富有为"兼相爱，交相利"于天下之人的牺牲与奉献精神，诚如《淮南子·泰族训》所言："墨子服役者百八十人，皆可使赴火蹈刃，死不旋踵。"由此可见，墨家的理想道德人格所具有的推崇公义与注重公利的一面。

与此同时，墨家并未对人如何可能会成就"圣人""贤良之士"这样的道德人格，给出充分的理论说明。墨家虽然提出了所谓的"三相"的为圣之道，即"有力相营，有道相教，有财相分（《天志中》），也简单通过对为"义"之道的简单说明，即"能谈辩者谈辩，能说书者说书，能从事者从事"（《耕柱》），来回应士君子如何行义的问题。但对人之成为圣人和君子的普遍的人性基础，并未给出任何理论说明。此外，《修身》还论及了君子之修身要以"行"为本的思想，与外在环境和际遇可能对人造成的全面影响（"必谨所堪"）。在《所染》里，墨子以染丝为喻，强调"国"与"士"皆有"染"，似乎也就预设了一种"人性如素丝"的人性观念，即"人的先天本性无所谓善恶，其善恶之分系后天环境影响的结果"①。但这一观念在《墨子》其余各篇并无显见，也未得到更为系统与明确的理论阐释，故而对讨论政治主张的人性基础来说，是不充分的。在笔者看来，墨子似乎很容易陷入某种思想的矛盾之中。一方面，墨家重视"天志"的作用，并强调无论是古时的圣王，还是历代的贤人，都需要秉承"天志"来行事；另一方面，墨家又要"非命"，因为承认"命"的存在，会使得人们安于自身现状而丧失奋斗初心。但在传统的政治观念中，"天"对人间政治秩序的影响往往是通过"命"来显现的，"天命"也往往是商、周王朝确立起自身统治合法性的终极理由。墨子既要承认"天志"又要"非命"，似乎是要承诺一种"天"可以对当下现实政治秩序发挥作用的主张，意即"天"更应被视作圣贤和君子要效法的政治与道德行动榜样。由此看来，墨家虽在其学说体系中牢牢抓住"天志"，但其更为重视人的努力。在人类政治与社会的发展过程中，是那些效法"天志"的圣贤君子而非天本身，方才起到了决定性的推动作用。就此而言，墨家的"天志"学说，并没有显示出天对人间秩序的某种秘而不宣的神意安排（如基督宗教所说的末世论那般），也没有表露出是"天"而非"人"才是人间政治秩序的终极理据和推动力量（恰恰与之相反，墨

---

① 参见朱传棨：《墨家思想研究论稿》，北京：人民出版社，2020年版，第140页。

家特别反对"命定论"的观点）。或许，墨子坚持在一个无"义"的时代去勉力行"义"，也正是基于这种人应效法天而行动、通过行动来维护人间正义的朴素信念而已。

（二）"尚贤"何以是为政之要

从墨学研究史来说，"尚贤"历来也被视作墨家"十事"中极为重要的一个为政主张。清人毕沅扼要解释"尚贤"的题义说："《说文》云：'贤，多才也。'《玉篇》云：'有善行也。'尚与上同。"[①]在笔者看来，"尚"兼具价值意义上的肯定与崇尚，以及政治意义上的选拔与提升（通"上"）。故而，"尚贤"既表示一种主张贤能之治的治道理想，也表示一种拣拔贤能之士予以高位的为政策略。结合春秋时期由"家天下"的贵族制转向官僚制的社会治理背景来看，墨家"尚贤"主张的实质就在于否弃公卿阶层的世袭罔替，钱穆总结墨家的这一主张说，墨家"尚贤"主张的实质就在于其"反贵族"。[②]就思想实质来说，"尚贤"就是要打破"任人唯亲"、以社会等级高低来选人用人，进而主张"任人唯贤"和"唯贤是举"。按近代墨学大家方授楚的意见，墨家的"尚贤"主张实出于对周文"亲亲"之道在政治上产生的流弊的反思，所谓"周道亲亲，乃宗法社会之遗意，于是末流之弊，不独为贵族专政，于贵族之中，更限于宗室"[③]。在方先生看来，墨家"尚贤"主张的实质也就在于反对贵族和宗室专政。也有一些论者指出，在先秦诸子中，墨家的"尚贤"说是最具革命性的政治主张，"墨子的尚贤思想实比各家进步。盖各家例如儒家尚有亲亲贵贵之意，墨子的尚贤则欲推翻旧社会的阶级制度"[④]。这些意见不独表明了墨家"尚贤"思想所拟针对的社会背

① 〔清〕孙诒让：《墨子间诂》，北京：中华书局，2001年版，第43页。
② 钱穆：《墨子惠施公孙龙》，北京：九州出版社，2011年版，第31页。
③ 方授楚：《墨学源流》，北京：商务印书馆，2015年版，第83页。
④ 萨孟武：《中国政治思想史》，北京：东方出版社，2008年版，第53页。

景与政治问题，还能说明"尚贤"在先秦诸子的政治思想中所具有的独特地位。

事实上，在先秦诸子关于为政问题的辩论中，存在着儒墨对"尚贤"的推崇与道家对"尚贤"的悬置等不同观点。和墨家一样，儒家也极为重视"尚贤"，如《论语·泰伯》就描述舜之治理天下说："舜有臣五人而天下治。"《论语·宪问》亦说道："管仲相桓公霸诸侯，一匡天下，民到于今受其赐。"由此可见，孔子对"尚贤"是十分重视的。《韩非子·难三》则记载了孔子与哀公关于为政之要的一段对话，孔子在此明确提出了"政在宣贤"的说法。然则，与儒墨推崇贤人为政相对，以老子为代表的道家则主张要"绝圣弃智""不尚贤，使民不争"（《道德经》），从而消解了"尚贤"的积极政治意义。

在笔者看来，在先秦诸子中，墨家对"尚贤"的推崇无疑是最彻底的。一方面，墨家以"尚贤使能"作为为政之本的原则，完全可以指向以天子为首的君主，即《尚同上》所说的"选天下之贤与可者，立以为天子"，从而使得天子和君主要想君临天下，其资格就不在于出身是否高贵，而在于是否有德才；另一方面，"尚贤使能"的要求还可指向臣属，即选拔贤能之士来辅佐天子，《尚同》三篇中多次提及要选贤可之人置以为三公、诸侯、政长，《尚贤》诸篇也开宗明义地提出"故士者，所以为辅相承嗣也。故得士则谋不困，体不劳，名立而功成，美章而恶不生"（《尚贤上》）。据此可知，对"尚贤"的理解不能离开对"尚同"的认识，正如伍非百总论"尚同"与"尚贤"之间的关系所说："墨子论治，'尚同'与'尚贤'并重，尚同者，天下为公也。尚贤者，选贤与能也。尚同为政治之最高目标，尚贤为政治之最良手段。盖欲达到'天下为一家，中国为一人'之最好政治，必以选贤使能、不私不党为之途径。"[1] 故

---

① 伍非百：《墨子大义述》，济南：山东文艺出版社，2018年版，第92页。

而，以笔者浅见，墨家的"尚贤"主张可以贯彻到所有人的政治身份中去，并以之成为墨家描述政治活动合理性的一个理据根基。同时，"尚贤"制还可能在客观上带来对世袭贵族制度的破坏，进而转向官僚政治道路。[①] 由此观之，"尚贤"也就成了一种典型的"治道原则"。

墨家认为，以天子为首的统治阶层能否做到尚贤，是实现天下"众""富""治"的关键。《尚贤中》说："自贵且智者为政乎愚且贱者则治，自愚且贱者为政乎贵且智者则乱，是以知尚贤之为政本也。"墨家认为天下治、乱的关键是由何种人来治理。首先，墨家区分开了所谓的"贵且智者"和"愚且贱者"两个群体，并认为只能由前者来统治后者，才可以实现天下之治。其次，墨家所论的智者与愚者，表明墨家看重智识在天下治理中的作用。墨家强调统治者在处理具体事务时要做到"察类""明故"，故而重视以智者统治愚者。再次，这里所论的贵与贱，不只是简单地指代现实中的社会等级或政治身份的高低，而主要指的是智识与道德上的优越性。因为墨家主张天子（君主）在治理天下时，需要做到"不党父兄，不偏富贵，不嬖颜色。贤者举而上之，富而贵之，以为官长；不肖者抑而废之，贫而贱之，以为徒役"（《尚贤中》），以及"官无常贵，而民无终贱，有能则举之，无能则下之"（《尚贤上》），更是要从农与工肆之人中拣拔贤才。最后，墨家将贤人视作贵且智者，在墨家看来，所谓贤人要德才兼备，即是所谓的"厚乎德行，辩乎言谈，博乎道术者"（《尚贤上》）。墨家将贤人看作"国家之珍"和"社稷之佐"，并主张给予贤人较高的政治地位，以便其能统治愚且贱者。需要说明的是，墨家所认定的贤人（或者说贤良之士），也有其脆弱性，需要统治者给予小心的对待。依据"尚贤"乃"为政之本"的认知，墨家进一步提出，"以尚贤使能为政"符合三代圣王之道

---

① 参见任继愈：《墨子与墨家》，北京：商务印书馆，1998 年版，第 65 页。

与国家百姓之利，所以是合于天鬼之意志和人民之利益的"政事之本"。《尚贤下》描述这一点说："且今天下之王公大人士君子，中实将欲为仁义，求为上士，上欲中圣王之道，下欲中国家百姓之利，故尚贤之为说，而不可不察此者也。尚贤者，天鬼百姓之利，而政事之本也。"总之，墨家将"尚贤"视作一种非常重要乃至具有根本地位的治道之术。

对作为"政事之本"的尚贤的落实，首要体现于所谓的"进贤事能"之事。"民皆劝其赏，畏其罚，相率而为贤者，以贤者众而不肖者寡，此谓进贤。然后圣人听其言，迹其行，察其所能而慎予官，此谓事能。"（《尚贤中》）"进贤"的要义在于通过统治者对贤人的"富之，贵之，敬之，誉之"（《尚贤上》），引导民众见贤思齐，从而造成贤良之士多而不肖之人少的社会风气。这也就意味着，"进贤"在实质上也就是要"以贤为尊"，并以"贤人"作为现实的德治典范。所谓"事能"的要义就在于"分才任事"，即统治者根据贤良之士的言与行，来观察其能力而谨慎授予官职，做到量才而用。"故可使治国者，使治国；可使长官者，使长官；可使治邑者，使治邑。凡所使治国家、官府、邑里，此皆国之贤者也。"（《尚贤中》）无论是较为宏观层面上的治国之事，还是主持官府与治理乡邑之事，都要根据贤人的才能来加以任用。如此一来，从事政治治理活动的都是德才兼备的贤人，而贤人也要根据其德才的大小来占据合适的政治位置，以施行义政。反之，墨家认为，如果环绕在王公大人周围的不是所谓的贤人，而是所谓的不肖之人，则国家会容易陷入"为贤者不劝，而为暴者不沮"（《尚贤中》）的政治乱局中去，进而会造成赏罚的不义与不公正，导致政治秩序的失常与崩坏。故此，"以尚贤使能为政"就主要体现为所谓的"进贤事能"。

"尚贤"的"政事之本"，还需要落实到具体的"众贤之术"的为政策略中去。如何实现尚贤与众贤，首要就在于认识到贤良之士对于国家治乱所具有的重要作用。《尚贤上》将贤良之士的多寡与国家治理的好坏相提并论，认为"国有贤良之士众，则国家之治厚，贤良之士寡，则国家之治薄。故大人之务，将在于众贤而已"。唯有认识到贤良之士对于国家治理的正相关作用，才有众贤的需求。其次，实现"众贤之术"主要依靠功利的赏罚办法，墨家采用"譬式"论证，来说明这种功利的赏罚办法对于贤良之士的吸引力：

> （1）譬若欲众其国之善射御之士者，必将富之贵之，敬之誉之，然后国之善射御之士将可得而众也。
> （2）况又有贤良之士……亦必且富之贵之，敬之誉之，然后国之良士亦将可得而众也。

即对具有一技之长的"善射御之士"来说，可以通过"富之、贵之、敬之、誉之"的方式来吸引他；同理，对贤良之士也可通过"富之、贵之、敬之、誉之"的方式来吸引他。显然，墨家是将"善射御之士"与"贤良之士"看作一类，从而来得出其结论的。而"贤良之士"是否可以规约为与"善射御之士"一类，在此并没有得到较为充分的讨论。再次，"尚贤"的根本原则是"义"，即"不义不富，不义不贵，不义不亲，不义不近"（《尚贤上》）。唐君毅指出："墨子之尚贤，唯是欲以贤能者负政治之责，亦即以义为政治上之最高原则耳。"[①] 天子或者君主需要遵循"义"的根本原则来尚贤使能，做到"举公义，辟私怨"（《尚贤上》），则会使得过往的富贵之人、亲近之人和远方之人皆去行义事义道，以期受到统治者的青睐与重视。最后，"尚贤"还要做到所谓的"三本"，即"爵位不高则民不敬也，蓄禄不厚则民不信也，政令不断则民不畏也"（《尚贤中》），也就是统治者要给予贤人高爵厚禄和政令专断之权，其目的在于让民众尊敬、信服和畏惧在上位者的贤人。"尚贤"还要做到不

---

① 唐君毅：《中国哲学原论·原道篇》，北京：中国社会科学出版社，2006 年版，第 72 页。

拘一格，"虽在农与工肆之人，有能则举之。高予之爵，重予之禄，任之以事，断予之令"（《尚贤上》）。总之，墨家认为，统治者依循于"义"的原则，通过"富之、贵之、敬之、誉之"等方式来吸引贤才，并给予贤才高爵重禄的物质待遇和任事断令的权力，从而来实现所谓的"众贤之术"。而墨家对"众贤之术"的论证，也完全立足于一种对国家和人民之利的后果论，而所谓实现"众贤"的方式也只不过是从刺激外在利益的角度来立论的。

墨家还将以"尚贤使能为政"置入"古者圣王之事"的历史视野中，以期奠定"尚贤"之政的合理性。"故古者圣王为政，列德而尚贤"（《尚贤上》），"故古者圣王甚尊尚贤而任使能"（《尚贤中》）。这也就是说，以尧、舜、禹、汤、文王、武王为代表的古之圣王，在选拔人才以任政事上，都坚持"尚贤使能"的基本原则而不偏好于富贵、美色、血缘和情感。墨家举了尧举舜、禹举益、汤举伊尹、文王举闳夭和泰颠的例子，来说明"尚贤"要打破身份等级上的限制，以及由之带来的功利意义上的政治后果。《尚贤上》具体解释说："古者尧举舜于服泽之阳，授之政，天下平。禹举益于阴方之中，授之政，九州成。汤举伊尹于庖厨之中，授之政，其谋得。文王举闳夭、泰颠于罝罔之中，授之政，西土服。"显然，在墨家看来，天子或国君拣拔贤才，是实现其治平天下的必要条件；贤才之于君主，无疑起到了极为重要的政治辅佐作用。同时，古代圣王以"尚贤使能"为政还会在客观上造成在上位者与在下之民皆能警惕自身，勉力修德进才，所谓"虽在于厚禄尊位之臣，莫不敬惧而施；虽在农与工肆之人，莫不竞劝而尚意"（《尚贤上》），"民皆劝其赏，畏其罚，相率而为贤"（《尚贤中》），从而造成天下之人皆重贤尚贤、进贤事能的风气。墨家通过古者圣王的"尚贤"之事，从而为"以尚贤使能为政"的治道之术赋予了一定程度上的真理性与合理性。[1] 要

---

① 参见魏义霞：《论墨子"以尚贤使能为政"的政治哲学》，《齐鲁学刊》，2010 年第 1 期。

言之，墨家为"尚贤"学说赋予了古者圣王之事的威权色彩，有助于建立"尚贤"作为治道原则的合理性与可靠性。

在墨家的政制设计中，作为最高统治者的"天子"也必须是天下最为"贤良圣知辩慧之人"。墨家举例说，古时圣王尧、舜、禹、汤、文、武等人，能够效法于天，行兼爱兼利万民之道，并能按时祭祀天鬼，故而其方才具有成为天子的资格，"是故天鬼赏之，立为天子"（《尚贤中》）。与之相反，以夏桀、商纣、周幽王为代表的三代暴君，不兼爱兼利天下之民，并辱骂天鬼，从而招致惩罚而身死国灭，被后人以"暴王"称之。更进一步，墨家认为，天子的尚贤使能为政，也是效法于天而来的，"故古圣王唯以审以尚贤使能为政，而取法于天。虽天亦不辩贫富、贵贱、远迩、亲疏，贤者举而尚之，不肖者抑而废之"（《尚贤中》）。天所举之贤与所废之不肖，刚好对应于所谓的古时圣王与暴王。因此，墨家一方面将"尚贤制"贯彻到底，认为包括天子在内的所有公共职位皆应按照"以尚贤使能为政"的原则来选立；另一方面，墨家又为"尚贤"树立起了比"古时圣王之政"更具典范意义的"天志"之说，从而为"尚贤"赋予了绝对性和普遍性。这与《论语·尧曰》记载的古时圣王禅让之举亦有一致之处：

> 尧曰："咨！尔舜！天之历数在尔躬，允执其中。四海困穷，天禄永终。"舜亦以命禹。曰："予小子履，敢用玄牡，敢昭告于皇皇后帝：有罪不敢赦。帝臣不蔽，简在帝心。朕躬有罪，无以万方；万方有罪，罪在朕躬。"周有大赉，善人是富。"虽有周亲，不如仁人。百姓有过，在予一人。"[1]

---

[1] 顾颉刚曾对《尧曰》中的"尧曰"章作了辨伪，认为此段文字乃后人采用邹衍学说等创造出来的，见顾颉刚：《禅让传说起于墨家考》，载《顾颉刚古史论文集》，北京：中华书局，1988年版，第321—326页。

按此段的描述，尧在禅位给舜时，一方面要指出舜之继位在于"天之历数"，即所谓的"天命"，另一方面还要强调舜如果使得"四海困穷"，就会丧失天命所给予的天子之位。舜在禅位给禹的过程中也作了同样的一番交代。周人也强调贤人仁人要重于亲人，而天子则要为民的过失承担责任。《尧曰》此段关于治天下的原则性叙述，与墨家推崇的"尚贤"的为政之道亦有一致之处，即都强调一种重民、保民的"尚贤"为政原则。但需要说明的是，有的论者则将战国时期流行的禅让制学说，归本于墨家为了推行其"尚贤"主张而作的创造，如顾颉刚就主张说"禅让制是墨家为了宣传他们的主义而造出来的"[1]，墨家创造尧舜禅让故事的目的则在于推广其"尚贤"和"尚同"这两大政治主张[2]，并在墨者团体内部施行了禅让制[3]。笔者在此无意去争论此一意见的真假是非，只是想借此说明墨家"尚贤"主张所形成的重要思想影响，这也就是要求包括天子在内的所有为政之人，皆应当是能做到"爱民、重民、利民"的贤良之士。

依据"尚贤"这一为政的根本原则，墨家还论述了君臣关系的相处之道。一方面，君主拣拔贤人，与之高爵厚禄。更有甚者，君主也可以连天子之位也禅让给贤良之人，如尧之举舜，舜之举禹。若按郭店楚简中的《唐虞之道》的看法，禅让的根本意义在于尊贤尚贤，即所谓的"尧舜之行，爱亲尊贤。爱亲古孝，尊贤古禅"，这一论述与墨家的尚贤主张也具有内在上的相应性（只不过墨家在论述其尚贤学说时，并没有对所谓的三代之治与尧舜之道给出区分）。另一方面，墨家亦强调臣下对君主的"忠"。在墨家看来，臣下对君主的"忠"，不是简单的唯君之命是从的不义之"忠"。《鲁问》明确记载了墨子对"忠"的解释：

① 顾颉刚：《禅让传说起于墨家考》，载《顾颉刚古史论文集》，北京：中华书局，1988年版，第297页。
② 同上，第310页。
③ 同上，第314页。

鲁阳文君谓子墨子曰："有语我以忠臣者，令之俯则俯，令之仰则仰，处则静，呼则应，可谓忠臣乎？"子墨子曰："令之俯则俯，令之仰则仰，是似景也。处则静，呼则应，是似响也。君将何得于景与响哉？若以翟之所谓忠臣者，上有过则微之以谏，己有善则访之上，而无敢以告外，匡其邪而入其善。尚同而无下比，是以美善在上而怨雠在下，安乐在上而忧戚在臣。此翟之所谓忠臣者也。"

鲁阳文君所谓的"忠"在于对上命的唯命是从，而墨子则将"忠"界定为臣下对君主过失的劝谏，为君主分忧和进献良策，在道义上服从上位者而不和下位者一起结党营私。显然，"忠"也是墨家所论的君子、兼士所具有的重要善品之一。墨家对"忠"的上述认识也就表明，贤人、君子或者说兼士在居于臣属地位时，既不应该也不会唯唯诺诺地去做君主的应声虫，而是要为"兼爱"的道义和天下万民的利益去鼓与呼。与之相比，儒家则更为强调君臣关系的相互性，如孔子就强调说："君使臣以礼，臣事君以忠。"（《论语·八佾》）孟子在此基础上进一步提出："君之视臣如手足，则臣视君如腹心；君之视臣如犬马，则臣视君如国人；君之视臣如土芥，则臣视君如寇仇。"（《孟子·离娄下》）这也就可以说是君对臣的作为决定着臣对君的态度，即臣对君具有的一定的独立性和自主性。相较而言，墨家只看到了臣服从于君的一面，而未能看到臣之于君所应当具备的独立性和自主性。总之，墨家对君臣关系的论述，完全是从"兼爱"和"尚同""尚贤"主张着眼的伦理阐释。

墨家对"尚贤"的高度强调，实则也就是以其作为"尚同"的一个必要条件，即唯有"尚贤"方能"尚同"。而"尚贤"与"尚同"的统一，又立足于一个绝对而超越的能够赏贤罚暴的天的基础之上。在墨家看来，天子虽享有人间最为尊贵的地位，并具有道义上的优越性，但其仍需要上同于天所要求的"义"，从而受到天也就是义的规训与约束，这样一来，墨家也就消解了天子所具有的绝对地位和神圣性与权威性。正如《法仪》开宗明义地强调的"天下无小大国，皆天之邑也；人无幼长贵贱，皆天之臣也"，墨家将"人""天"对举，从而将所有人都视作需要接受"天"之约束的有限存在。就此而言，以笔者浅见，墨家的"尚贤"主张还折射出了一种朴素的平等主义理想。但需要说明的是，墨家在"尚贤"主张中所意图诉求的平等，并不意味着要彻底否定以"礼"为基础的社会等级，而只可能是一种对机会平等的诉求。①

　　此外，墨家的"尚贤"主张还蕴含着一种对政治权力的公有性的说明。"尚贤"虽然有追求治理效果的功利维度的考虑，即唯有任用贤才能帮助君主实现预定的政治目标；但更重要的是，若推行"尚贤"的为政原则，也就必须将统治人民的公共权力按照德行与才能加以分配，从而使得公共权力能更好地服务于"兴天下之利，除万民之害"的道义价值目标。诚如本章前文所述，"尚贤"要坚持以"义"为原则，而墨家所论的"义"又侧重于一种后果主义的、追求最大多数人功用的"利"，因而"尚贤"的目的之一也就在于，在全天下范围内形成尊重贤人、量德才而给予不同职位的贤能政治风气。墨家认为，政治活动中的权力分配之所以要以"尚贤"作为根本原则，理由就在于贤人或者说贤良之士具有卓越的道德品质和独特的治国才能，因而倘若能"以尚贤使能为政"，也就必定会带来天下的"富""众"与"治"②，从而也就实现了"兴天下之利，除万民之害"的道义目标。此外，因墨家所论的贤人是德才兼备、以

---

① 参见盖立涛：《墨家仁义政治哲学研究》，中国人民大学博士学位论文，2017 年，第 190 页。

② 墨家之所以形成此种识见的一个现实原因，或许也就是看到了齐国因坚持"举贤""上功"的治道之术而实现了富国强兵的政治目标，而鲁国则因其遵循"尊尊""亲亲"的治世原则而导致其越来越弱。比如，《淮南子·齐俗训》就记载道："昔太公望、周公旦受封而相见，太公问周公曰：'何以治鲁？'周公曰：'尊尊亲亲。'太公曰：'鲁从此弱矣！'周公问太公曰：'何以治齐？'太公曰：'举贤而上功。'周公曰：'后世必有劫杀之君！'其后齐日以大，至于霸，二十四世而田氏代之。鲁日以削，至三十二世而亡。"就此而言，"尚贤"无疑是实现天下"众""富""治"的一条重要为政举措。

义为先之人，故而推崇贤人也就是要去追求一种德治模式，并辅之以"天志"和"义"作为基础的一套赏罚制度。"尚贤政治固然是德治，但是墨子强调赏罚并重，恩威并济，亦可看出墨子对人性之有限与不足之考量，而不流于泛道德主义，适度而明确的赏罚不仅是不可避免而且也是必要，因此处可以看出墨子已有渐渐朝向以建立客观的制度——赏罚分明来辅助主观德性要求的倾向。"① 以笔者浅见，"尚贤"所内蕴的这种打破"亲亲"原则的平等性，若要贯彻到底，无疑会有助于打破公权力的世袭。这也就是唐君毅所论的"墨子荀子之不义则不贵不富之原则，若要贯彻到底，亦当归于去除世袭之君主与王室之制度"②。就此而言，"尚贤"主张所内蕴的此种对政治权力之公有性的说明，也是后人理解与阐发此一主张所内蕴的当代治国理政价值时，应当注意到的一个重要思想维度。

总之，墨家阐发了一种"以尚贤使能为政"的治道主张。墨家在论证何以要坚持"以尚贤使能为政"时，主要是从坚持"尚贤"会带来天下的"众""富""治"的功利角度，以及诉诸天志的权威性和古时圣王之事的成功历史经验等角度来论说的。墨家最终的结论是，实现天下和万民的"众""富""治"，必须要坚持"众贤之术"和"进贤事能"的为政策略。但墨家"尚贤"主张明显忽略了政治生活的复杂性，因而也就与"尚同"主张一样，成为一种简单而又充满乌托邦色彩的论说。人们能给出的一个简单而又切中要害的反驳或许就是，一个皆由贤良之人所组成的政府，并不必然就会带来良好的社会治理后果，因为除了人的因素之外，还必须注意到制度的因素。还有一个可能的反驳是，在整个政治活动的运行中，每个代表着公共权力的职务始终会有人数上的限制，这也就意味着并不是所有的贤才都会得到公正的任用，因为同一职位可能会出现

---

① 吴进安：《墨家哲学》，台北：五南图书出版公司，2003 年版，第 276 页。

② 唐君毅：《中国哲学原论·原道篇》，北京：中国社会科学出版社，2006 年版，第 73 页。

多个同样具备任职资格（无论是在道德品质还是在技能专长上）的贤才，那就需要对之进行调解和处理，而墨家显然没有考虑到这一点。第三个可能的反驳是，并不是所有的贤才都有意愿或有必要去接受外在的富贵与权力的诱惑，来参与到国家治理等社会与政治活动中去，他们很可能选择去过一种远离政治的思想生活或田园生活，那么他们的这一意愿和选择是否又是正当的呢？对这些可能存在的反驳意见，墨家并未给出充分回应。所以说，墨家的"尚贤"主张只是描述了一种充任公职的人应当是贤良之人的政治理想，而这也完全与儒家所主张的"选贤任能""为政以德"等主张一致。其实，这种推崇以"尚贤使能为政"的治道主张也可以在一些西方政治哲学理论中找到回应，比如法国启蒙思想家卢梭在其《社会契约论》中，就表达了类似"以尚贤使能为政"的思想："总之，最好的和最自然的秩序是由最贤明的人来治理群众，只要能确定他们治理群众是为了群众的利益而不是为了他们自己的利益。"① 要言之，墨家推崇的"尚贤"治道主张，无非也就是一种能出于公共利益而去治理天下万民的朴素愿望而已。

综本章所述，墨家提出的治道原则主要包括"兼爱""尚同"与"尚贤"等三大主张。以笔者浅见，"兼爱"虽可作为一种实现由乱到治的治道策略，但从根本上讲，主要还是一种以爱民、利民、保民为目的的、主张人与人之间应当互相爱利的理想治道模式。若从治道策略的角度讲，"兼爱"无疑忽略了政治现实的复杂，又缺少了完备的人性论的治道理论基础，从而陷入以道义热情更替政治现实的理论失误。但从治道目的的角度说，"兼爱"无疑又许诺了一个人与人不相亏害、皆能互爱互利的治道"乌托邦"。与此一良善而又朴素的美好愿望相衬，墨家又提出了"尚同"与"尚贤"的治道原则。但需要注意的是，墨家所论的"尚同"，在根本上要同于"义"而

---

① ［法］卢梭:《社会契约论》，李平沤译，北京：商务印书馆，2011 年版，第 78 页。

非"君"，唯有"君"为"义"，自三公以下的臣属与天下万民才能同于"君"。同时，墨家还特别推崇"尚贤"，并认为唯有"尚贤"，才能打破公职的世袭或随意授受，从而确保公职成为推行"义"、实现良好社会治理的正面推动力量。由此观之，墨家对"兼爱"等治道原则的论述与阐发，无不体现了以"爱民""利民"为本的道义价值取向，而这也就是对墨家"民本"政治观念的又一具体解读了。

第五章　墨学的权力约束观

　　从墨家提出的"尚同"政治观念来说，天子可谓是操天下公义的解释权与赏罚权柄于一身。作为天子治理天下的辅助者，三公、诸侯国君和里长等不同层级的公职，都需要依从天子之"义"及其意志，以作为自己治政理事的准则。如此一来，天子（君主）的权力似乎就有了脱缰而走向专制的危险，那又该如何防止由专制君权所可能带来的对民生的戕害呢？墨家从内外两个方面对之进行了防范。从内在说，墨家以"尚贤"作为"尚同"的必要前提，强调君主应具有"有力者疾以助人，有财者勉以分人，有道者劝以教人"（《尚贤下》）的崇高道德品格，并以古代圣王尧、舜、禹尤其是禹为天下操劳的治理行状为道德榜样。从外在说，墨家提出了"天志"与"明鬼"之说，并将"天志"与"兼爱天下之民"紧密联系起来，以作为对天子（君主）的道义与赏罚约束。就此而言，墨家的天志与鬼神观，就兼具超越的信仰与现实的利益两重维度。但考虑到先秦诸子"务为治也"的思想底色，笔者以为，墨家的"天志"与"明鬼"之说，在根本上仍是一种对君权至上观念的神学抗议，故而其也就是以治道为根本导向的治道叙说。

　　事实上，中华人民共和国成立以来的中国思想史与中国哲学史研究，既否定了墨家"天志"与"明鬼"思想的宗教迷信色彩，又肯定了其作为对抗君主威权统治之手段的积极意义。如侯外庐、赵纪彬、杜国庠等编写的《中国思想史》，就评价"天志"与"明鬼"为"一种落后的思想传统"，但也可能是一种具有积极意义的"斗争"学说。① 而徐希燕的《墨子研究》则明确指出了尊天明鬼所具有的政治意义，即是为了"恫吓违反天意的尊长或君主"②。从哲学史的角度说，刘文英主编的《中国哲学史》认为，"天志"与"明鬼"明显是利用了当时的社会心理习惯，"威慑和警告统治者"，并"为劳动者鼓气壮胆"③。杨泽波则将"天志"视作"神化了的墨家理想的最高准则，是按照墨家社会理想设计出来的最高主宰力量"，"天志""明鬼"是"墨子为其思想提供的一种形上保证"④。朱传棨则指出，墨家所论的"天"与"天志"，"其实质是下层劳动者的利益和愿望的主观意识的外化，是作为衡量社会政治的进步与保证，道德风尚的美丑善恶的客观准绳"⑤。近来，有的论者更进一步指出，墨家将"天"看成一个有着人格神形象与意志的信仰对象，而天与鬼神对人的赏罚是"唯德不以祀"，因而墨家的道德思考兼具宗教性与人文性两重维度⑥；还有的论者也指出，墨家思想有治国与修身两层面向，其中，墨家的天鬼神学思想是为社会政治秩序的建立与维护服务的，其修身观主要为人的德行养成服务⑦。上述这些意见，为笔者讨论"天志"与"鬼神"观念在墨家政治哲学中的应有地位，提供了思想参照。以笔者浅见，墨家的"天志"与"鬼神"观念主要是为了解决如何约束至上君权

---

① 侯外庐、赵纪彬、杜国庠：《中国思想史》上卷，北京：人民出版社，1957年版，第220页。

② 徐希燕：《墨子研究》，北京：商务印书馆，2001年版，第128页。

③ 刘文英主编：《中国哲学史》，天津：南开大学出版社，2002年版，第105页。

④ 杨泽波：《天志明鬼的形上意义——从天志明鬼看道德学说中形上保证的重要作用》，《哲学研究》，2005年第12期。

⑤ 参见朱传棨：《墨家思想研究论稿》，北京：人民出版社，2020年版，第111页。

⑥ 参见李卓：《从天志明鬼看墨子道德思考的二重向度》，《中国哲学史》，2020年第6期。

⑦ 参见马赽：《治国与修身：墨家思想的两个面相》，《东岳论丛》，2018年第11期。

等政治问题。除此之外，墨家还试图为后世君主提供一套圣王为政的典范叙事，以增进君主自觉约束自身权力的道义意识，从而防止至上君权的可能滥用。以下，笔者拟对墨学中的权力约束观略作阐释。

第一节 以圣王为榜样的道义约束

在墨家的人文思想视野中，"士"既是墨者的自我身份认同，也是践行以"兼爱"为核心的道义的主体。这也就是说，墨家与儒家一样，皆以"士"作为自己的社会身份归属，并都曾周游诸国，游说国君来接受其学派主张。但墨家在从事政治活动时，与儒家、法家等从事政治活动时有所差别。儒家、法家重在维护某种特定的政治制度，主要依靠的是为政者的政治身份和社会地位。墨家则主要依靠其所具有的工匠及其技能，重在维护百工和农肆之人的根本利益，倡导某种以反对"亲亲"理念为根本的尚贤原则，主张唯有通过贤良之士的"兼相爱，交相利"之政，才能实现天下的"富""众""治"，而这也很可能是由于墨家源自社会下层并具有精湛工艺的缘故。[①] 这也就意味着墨家的圣人、圣王观，以及对贤人、君子等道德理想人格的理解，与天子（君主）及士的自我道德约束有着紧密的联系。

（一）墨家论"士"

古代中国的思想与文化传承主要有赖于士阶层。一般地说，今人习惯于将士泛泛论定为中国古代的知识分子。据说，士的出现，是与中国上古时期由十个青年推举一人承担公共事务的政治制度紧

---

① 参见朱传棨：《墨家思想研究论稿》，北京：人民出版社，2020 年版，第 143 页。

密相连的。^①但从字义来说，"士"与"事"紧密相关，比如，《说文解字》就将"士"解释为"事"，"从一十"，并在引用孔子所说的"推十合一为士"之后说"凡士之属皆从士"；清人段玉裁则进一步注解"士"说："仕之言事也……引伸之，凡能事其事者称士……士者，事也。任事之称也。……通古今，辩然不，谓之士。"^②显然，对"士"的上述界说，主要侧重于此一阶层所具有的能治事的文化与知识技能而言。而《论语·子路》则从德行与技艺两方面界说了儒家所论之"士"，即"行己有耻，使于四方不辱君命，可谓士矣"。这也就是说，"士"一方面要有自省的品格，善于以羞耻心来规约自身言行；另一方面还要具备实用的才艺，从而能很好完成君主所赋予的使命；而这一对"士"的界说，无疑就表露出了士要勇于任事的身份特质，意即"学而优则仕"（《论语·子张》）。与此相应，墨家也以从事的角度来理解"士"。比如，《尚贤上》就明确说"故士者，所以为辅相承嗣也"，意即"士"就是辅佐君主和国家、社稷传承的人。显然，墨家对"士"的这一界定，也意在突出"士"所必须具备的治事之能。

作为一个社会与政治阶层，"士"最初指的是周代封建制度中最低等的贵族阶层。在周代分封制的等级序列中，"士"是属于贵族之末（天子、诸侯、卿大夫、士）而四民（士、农、工、商）之首的一个独特社会阶层。孟子曾概括"士"阶层的特质说："无恒产而有恒心，惟士为能。"（《孟子·梁惠王上》）这也就是说，与天子之有天下、诸侯之有国、大夫之有家相较，作为贵族的士则缺少较为固定的土地、人口等相对恒定的社会财富（"士"阶层并不是一定没有土地的社会阶层，如《国语·晋语》就有"大夫食邑，士食

---

① 参见张蓬：《中国传统哲学的政治依附性与中国哲学的特质》，《学术研究》，2009年第9期。

② 〔汉〕许慎撰，〔清〕段玉裁注：《说文解字注》，上海：上海古籍出版社，1988年版，第20页上、下。

田"的说法）；作为民，"士"又有其独特的社会身份标识，主要体现为佩剑和学习"六艺"等。因此，"士"阶层的生存势必不能离开其所擅长的文、武知识技艺。但到了春秋战国之际，随着周代封建制度的日益"礼崩乐坏"，士则用于指代一个"新兴的、为那个时代的王公们奉献智慧与专门知识的'知识分子'（intelligentsia）"[1]阶层。作为新兴阶层的士，既可能源自原有的作为最低等贵族之士，也有可能来自衰败了的较高阶层之贵族，或者上升了的底层之民（《尚贤》亦常谈到，要从"农与工肆"之民中拣选贤能之士）。依据"士"所从事的活动的不同，其又可以分为"文士、武士、辩士和谋士"等类型。[2] 其时，士从事的主要是"上说下教""坐而言义"和"遍从人而说之"等活动。[3] 士需要周游于列国的诸侯、大夫之间，寻求参与政治活动和实现自身政治理想的机遇，而诸侯、大夫通过为士提供衣食住行方面的保障和展现才能、实现抱负的平台，来获得士的服务与效忠；但士同时也具有选择效忠对象的自由，一旦失却了实施政治抱负的机会或者遭受到不好的待遇，士也就可以选择去另寻出路。据此，"士"阶层的生存方式就有如下几个特点：一是不具备较多的社会物质财富；二是要以旨在出仕的实用之"学"为生存技能和根本；三是要自觉到其是文化与思想传统的继承者与创造者；四是要在政治活动中依附于君等执政者来实现其政治主张。[4] 这些特征也就意味着中国古代的士在出世与入世之间皆有志于治理天下之"道"，即通过直接或间接参与政治活动来使得天下由"无道"状态转轨到"有道"状态。阴阳、儒、墨、名、法、道等先秦

---

① ［美］本杰明·史华兹：《古代中国的思想世界》，程钢译，南京：江苏人民出版社，2008年版，第181页。

② 此一分类可参见张蓬：《中国传统哲学的政治依附性与中国哲学的特质》，《学术研究》，2009年第9期。

③ 参见任继愈：《墨子与墨家》，北京：商务印书馆，1998年版，第5页。

④ 参见张蓬：《中国传统哲学的政治依附性与中国哲学的特质》，《学术研究》，2009年第9期。

诸家学说皆"务为治者也"(《史记·太史公自序》),也恰好就是对"士"的上述特征的概说。

与孔子一样,墨子也推崇圣人、贤人与君子的道德人格理想。《韩非子·显学》评论儒、墨二家说:"孔子墨子俱道尧舜,而取舍不同,皆自谓真尧舜。"韩愈也强调说:"儒墨同是尧舜,同非桀纣。"① 从墨子书中的记载来说,墨子所推崇的古时圣王,也是儒家道统所论的圣王,尧、舜、禹、汤、文王、武王等。但与儒家不同的是,墨家在论述其所推崇的理想人格时,除了圣王之外,还有贤良之士、君子和兼士等观念。特别重要的是,对墨家的政治哲学思想而言,"古者圣王之事"作为"三表法"之本,是墨家用以裁定现实政治是否正当的一条重要标准。显然,在墨家对理想人格的叙述中,"圣人""圣王"是最高的道德与政治理想人格。

(二)作为墨家理想人格的"圣王"与"圣人"

《墨子》一书多用"古时圣王"作为天子和诸侯国君应当效法的理想人格。有学者曾详细统计了《墨子》一书中"圣"字的使用情况,并认为《墨子》是先秦记载"圣"字最多的典籍;《墨子》书中大约出现了190多个"圣"字,其中最为常用的就是"圣王"一词(约出现120余次),其次常用的则是"圣人"一词(约50余次)。② 这种对"圣"字的高频使用,也足以说明"圣王"与"圣人"观念在墨家政治哲学中具有的重要地位。从墨家对"圣王""圣人"的指谓对象来说,《墨子》书中明确提到的"圣人"共有九位,分别是作为古时圣王的尧、舜、禹、汤、文王、武王,以及作为古代圣人的周公、箕子、微子。具体可略示例如下:

---

① 〔唐〕韩愈著,马其昶校:《韩昌黎文集校注》,上海:上海古籍出版社,2014年版,第45页。

② 参见董楚平:《圣字的本义与变义》,《杭州师范大学学报(社会科学版)》,2009年第3期。

（1）《鲁问》："昔者三代之圣王禹、汤、文、武，百里之诸侯也，说忠行义，取天下。"

（2）《尚贤中》："然则富贵为贤以得其赏者谁也？曰：若昔者三代圣王尧、舜、禹、汤、文、武者是也。"

（3）《公孟》："周公旦为天下之圣人。"

（4）《公孟》："箕子、微子为天下之圣人。"

据此可知，墨家建立了一条完整的圣王与圣人谱系，其中居于天子、君主至尊之位的乃是所谓的"圣王"，其生平行事可以作为后世君主效法效仿的典范；其中居于辅佐至尊之天子的乃是所谓的"圣人"，其生平行事则可以作为后世之士效法的仪轨。与孔子仅明确地将"尧、舜"界定为"圣人"不同（具体如《论语·雍也》在讨论"为仁之道"时："子贡曰：'如有博施于民而能济众，何如？可谓仁乎？'子曰：'何事于仁，必也圣乎！尧舜其犹病诸！夫仁者，己欲立而立人，己欲达而达人。能近取譬，可谓仁之方也已。'"这里明确地将"尧舜"理解为"博施于民而能济众"的"圣人"），墨家则补充了禹到周公等其他人为圣人。也有论者曾明确指出说，以禹、汤、文王、武王、周公、箕子、微子为圣人，都肇始于墨家的分封。① 此外，从墨家对"圣王"与"圣人"的描述出发，不难看到，他们都要么是天子，要么是辅佐天子的名臣，这也就意味着，圣王与圣人都必须具有政治身份。日本学者青山大介曾指出这一点说："孔子与墨子所论的'圣人'兼备'为政者'的身份"，而墨家所论的"'圣人'就是在天下统治方面成就了伟大功绩的人物，因此必须能参与天下之治的身分，结果墨子所承认的圣人就是天子或者最低限度属于天子辅佐的身分"② 。这也就意味着，墨家是从外在事

---

① 参见董楚平：《圣字的本义与变义》，《杭州师范大学学报（社会科学版）》，2009年第3期。

② 参见青山大介：《早期儒墨两家"圣人"观念新探——以〈圣人之身分〉为中心》，《汉学研究集刊》，2015年第20期。

功的角度来看待圣人的，即圣人能够通过"其爱民谨忠，利民谨厚"来实现"王天下，正诸侯"（《节用中》）。

墨家所论的"圣王"与"圣人"除了政治身份之外，还必须是具有厚重德行的人。《尚贤中》借用了《诗经》中的《周颂》来描述了所谓的"圣人之德"：

> 《周颂》道之曰："圣人之德，若天之高，若地之普，其有昭于天下也。若地之固，若山之承，不坏不崩。若日之光，若月之明，与天地同常。"则此言圣人之德章明博大，埴固以修久也。故圣人之德，盖总乎天地者也。

这里对所谓的"圣人之德"不吝赞美之辞，并与天、地、山、日、月相譬喻，以明了圣人之德具有的"章明、博大、埴固、久远"等特质。在墨家看来，"圣人之德"首先是博大的，能涵盖天地间的一切德性，具体包括忠、孝、仁、义等德目；其次，还要是公正无私和恒久的，能正当地对待一切人；再次，还能为其他人提供典范。墨家所论述的这种圣人之德，或许也可以借用孟子所论的"先圣后圣，其揆一也"来理解，《孟子·离娄下》记述了孟子对舜与文王的评价："舜生于诸冯，迁于负夏，卒于鸣条，东夷之人也。文王生于岐周，卒于毕郢，西夷之人也。地之相去也，千有余里；世之相后也，千有余岁。得志行乎中国，若合符节，先圣后圣，其揆一也。"在孟子看来，圣人的所作所为不会随时空的变化而产生原则性的差异。墨家对圣王为政原则与举措的理解，也与此是类似的，即圣王为政都要以重民、爱民、利民作为根本。与"圣王""圣人"相对的就是墨家所论的"暴王"，其指谓的对象具体包括桀、纣、幽、厉等失国之君，他们的所作所为与尧、舜、禹等圣王完全相反，构成了后世天子与君主要警惕的反面对象。要言之，墨家所论的"圣人之德"的一个重要方面，就是圣王所作的重民、爱民、利民、保民的民生与政治创制。

圣王或圣人的创制集中体现为"出政施教"和"赏善罚暴"（《非命下》），也就是要确立起一套合乎爱民、利民价值观念的政治秩序。墨家将这样的政治秩序称为"法"，具体包括有"兼相爱，交相利之法""节用之法""节葬之法"等内容。比如，《兼爱中》就将"兼相爱，交相利"解读为"圣王之法，天下之治道也"，《节用中》则表述墨家的消费和丧葬观念说"古者圣王制为节用之法"（在《节用》中，墨家具体描述了圣人如何为人民制定饮食、衣裳、甲兵、宫室、舟车、丧葬等具体原则），"古者圣王制为节葬之法"等，《尚同中》也说到"昔者圣王制为五刑，以治天下"。"法"具有权威性和规范性，既是裁定事物之是非的标准，也是实现善治的典范，即"所若而然也"（《经上》）。比如"意、规、圆"（圆的观念、做圆的工具和现实存在的圆的图形），都可以作为判定一个事物是否是"圆"的标准，以及如其所是地画出圆形所必须要遵循的典范。因而，墨家将圣人所创制的治道原则称为"法"，就突出了圣王之治具有的权威典范意义。具体来说，如《非命下》在称道三代圣王禹、汤、文王、武王在为政之初时，就十分重视举孝子以劝人事亲，尊贤良以教人向善（"故昔者三代圣王禹、汤、文、武，方为政乎天下之时，曰：'必务举孝子而劝之事亲，尊贤良之人而教之为善。'"），故而后世天子或君主也应该效法三代圣王行事，去"举孝子而劝之事亲，尊贤良之人而教之为善"。总之，由古时圣王创制的治世之法，既是墨家用以判断政治言辞与行为的一条是非准则（即"三表法"中的"本"），也是后世君主实现天下善治所必须要遵循和参照的治道典范。

墨家的此种认识，也与儒家关于圣人创立文明的说法也有一致之处。比如，《周易·系辞传》中描述了包牺氏画制八卦，到神农氏稼穑尝药，以及黄帝、尧、舜等人的器物与制度创举，都是为了保民、利民的制度创作。其中，《系辞下》更是具体描述了古时圣王的创制情况：

> 古者包牺氏之王天下也，仰则观象于天，俯则观法于地，观鸟兽之文与地之宜，近取诸身，远取诸物，于是始作八卦，以通神明之德，以类万物之情。作结绳而为网罟，以佃以渔，盖取诸《离》。包牺氏没，神农氏作，斫木为耜，揉木为耒，耒耨之利，以教天下，盖取诸《益》。日中为市，致天下之民，聚天下之货，交易而退，各得其所，盖取诸《噬嗑》。神农氏没，黄帝、尧、舜氏作，通其变，使民不倦；神而化之，使民宜之。《易》，穷则变，变则通，通则久。黄帝、尧、舜垂衣裳而天下治，盖取诸《乾》《坤》。刳木为舟，剡木为楫，舟楫之利，以济不通致远，以利天下，盖取诸《涣》。服牛乘马，引重致远，以利天下，盖取诸《随》。重门击柝，以待暴客，盖取诸《豫》。断木为杵，掘地为臼，臼杵之利，万民以济，盖取诸《小过》。弦木为弧，剡木为矢，弧矢之利，以威天下，盖取诸《睽》。上古穴居而野处，后世圣人易之以宫室，上栋下宇，以待风雨，盖取诸《大壮》。古之葬者，厚衣之以薪，葬之中野，不封不树，丧期无数，后世圣人易之以棺椁，盖取诸《大过》。上古结绳而治，后世圣人易之以书契，百官以治，万民以察，盖取诸《夬》。

这也就是所谓的"备物致用，立成器，以为天下利，莫大乎圣人"（《周易·系辞上传》）。以笔者浅见，此处对圣王创制的描述，实则蕴含着一种创作劳动和民生器具以求天下万民之利的思想，而这与墨家的看法也是高度一致的。墨家认为，由古时圣王所创制的"法"，在根本上是"爱民"和"利民"的，也是对"爱民谨忠"和"利民谨厚"的"民本"观念的落实；特别是此段中的"上古穴居而野处，后世圣人易之以宫室，上栋下宇，以待风雨，盖取诸《大壮》"等论述，也与墨家对"节用宫室之法"的阐述存在着相似之处。显然，在儒、墨两家看来，圣王所创制之"法"，也就是实现兴天下之利、除万民之害的治道规范，以及达致天下"富""众""治"的最佳为政举措。

此外，墨子对作为政治与社会理想的"兼爱"是否为一历史真实情况的论证，也很能说明圣王作为为政榜样的示范作用。墨子明确表示说："今若夫兼相爱，交相利，此自先圣六王者亲行之。"（《兼爱下》）这里的"先圣六王"指的是尧、舜、禹、汤、文王、武王等儒墨两家所公认的历史上的圣王。在墨子看来，这些圣王在为政时都遵循了所谓"兼相爱，交相利"之法。面对其他人对墨家此一观点的质疑，墨子首先承认了圣王为政的历史事实并非其"亲知"，而是依据《尚书》等古代文献的"闻知"与"说知"，这具体有包括如下文献记载：（1）依据《泰誓》中的"文王若日月乍照，光于四方，于西土"，推知文王为政譬若日月之光，兼爱万民而无所私顾；（2）依据《禹誓》中的"济济有众，咸听朕言。非惟小子，敢行称乱。蠢兹有苗，用天之罚。若予既率尔群对诸群，以征有苗"，推知大禹之征有苗并非为了自身的富贵、权势和喜好，而是为了"兴天下之利，除天下之害"，而这也符合"兼相爱"的精神实质；（3）依据《汤誓》中的"惟予小子履，敢用玄牡，告于上天后曰：'今天大旱，即当朕身履，未知得罪于上下，有善不敢蔽，有罪不敢赦，简在帝心，万方有罪，即当朕身；朕身有罪，无及万方'"，推知商汤也是为了万民之利，而不惜以自身献祭于天，以求天下和万民之利；（4）引用《周诗》中的"王道荡荡，不偏不党；王道平平，不党不偏。其直若矢，其易若厎。君子之所履，小人之所视"，推知文王、武王为政特别注重尚贤，并不会以亲戚弟兄等私人情谊而害天下万民之公利。凭借这些典籍所记载的圣王为政之事，墨家试图为自己的"兼相爱"等主张找到合理的历史依据。质言之，若后世君主要知晓和信守古时圣王为政之典范，那就必须要承认"兼相爱，交相利之法"的真实性、普遍性、合理性和可操作性。

墨子在和巫马子的对话中更为明确地提出了"誉先王"的观点：

> 巫马子谓子墨子曰："舍今之人而誉先王，是誉槁骨也。譬若匠人然，智槁木也，而不智生木。"子墨子曰："天下之所以生者，以先王之道教也。今誉先王，是誉天下之所以生也。可誉而不誉，非仁也。"（《耕柱》）

按传统的理解，巫马子是儒者，比如孙诒让就曾推断巫马子的身份说："史记孔子弟子传云'巫马施少孔子三十余岁'，计其年齿，当长墨子五六十岁，未必得相问答，此或其子姓耳。"[①] 巫马子在这里引用了一个譬论式，通过将"誉先王"与"誉槁木"相比，以期说明先王为政何以是不值得效法的。墨子认为，巫马子的说明并未"察类"，"誉先王"和"誉槁木"并不是同类行为，故而这二者之间并不能"以类取"。在墨家看来，"先王之道"乃是"天下之所以生"的一个必要条件，因为圣王、圣人所创制的以"爱民""利民"为目的的日常器物与政治秩序，也就是圣王、圣人之德的具体体现。故而赞誉先王之道（"誉先王"）实际上也就是在赞誉天下生民，并践行义政与仁道。

墨家还讨论了圣王选立的依据等问题。墨家认为，圣王由天所选立，天以其至高无上而又公正无私的意志，选择天下最贤者以立为天子。圣王之所以被天选立为天子，则在于其能够顺应天志去爱利万民和尊天事鬼。比如，《法仪》就解释上天置立圣王的缘由说："昔之圣王禹汤文武，兼爱天下之百姓，率以尊天事鬼，其利人多，故天福之，使立为天子，天下诸侯皆宾事之。"又比如，《尚贤中》也解释此一缘由说："若昔者三代圣王尧、舜、禹、汤、文、武者是也。所以得其赏何也？曰：其为政乎天下也，兼而爱之，从而利之，

---

① 〔清〕孙诒让：《墨子间诂》，北京：中华书局，2001 年版，第 422 页。

又率天下之万民以尚尊天事鬼、爱利万民，是故天鬼赏之，立为天子，以为民父母，万民从而誉之曰'圣王'，至今不已。"由此可以看出，墨家以其所坚信的有意志的天为选立圣王的主体。而天选择这些圣王的缘由又在于他们能兼爱、兼利天下百姓，并能率领天下万民谨慎行祭祀之事（尊天事鬼）。这也就是说，圣王之所以得到其政治地位，是由于其能行兼爱之道的德行和功绩，从而得到了天和鬼的赏赐，位居天子之尊。同时，圣王又以其"为民父母"一般为政业绩，而能得到古往今来的天下之人的赞誉，以确立和流传其"圣王"之名号。故此，墨家认为，圣人、圣王的德行与功绩，皆都是效法于天志的公正无私而来，而"天"又反过来以其公正无私来选立能行兼爱之道的圣人为天子，以作为对圣人功绩的恩赏。与之相反，天、鬼还会对那些窃据天子尊位却不能履行"兼相爱，交相利"之天志和尊天事鬼的君主给予惩罚，如民众将他们称为"暴王"，并让他们留下千古骂名，借以表示对他们的否弃。通过上述正反两方面的例示，墨家就完成了对圣王乃为天立民誉之义的论述。美国汉学家本杰明·史华兹（Benjamin I. Schwartz）则总结了圣人与天之间的这种关系，他指出："在'建构'人类社会的理想样式时，圣贤—君王是天的积极合作者。"[①] 这一论断又可以为《贵义》所载的墨子之言论所支持："子墨子曰：'凡言、凡动，利于天鬼百姓者为之；凡言、凡动，害于天鬼百姓者舍之。凡言、凡动，合于三代圣王尧、舜、禹、汤、文、武者为之；凡言、凡动，合于三代暴王桀、纣、幽、厉者舍之。'"显然，墨家在评判言行是否利于天鬼之志和百姓之利时，也就将其与是否合于三代圣王的为政之事合而言之了，并认为这二者之间乃是一体的。这也就相当于说，在墨家的政治哲学视域中，圣王的为政言行乃是对天志等超越性律令的

---

① ［美］本杰明·史华兹：《古代中国的思想世界》，程刚译，南京：江苏人民出版社，2008 年版，第 195 页。

一种典范例示，也是对实现天下由乱到治、由贫到富、由寡到众的治道规范的历史说明。

最后，墨家的圣人观还涉及如何看待墨家学派的创始人墨子，以及与其同为"显学"且互相辩难的另一大学派——儒学的创立者孔子等问题。如众所知，孔子、墨子皆都被各自学派的继承者视作圣人。就墨子而言，《公孟》就记载了墨者跌鼻和墨子的一段对话：

> 子墨子有疾，跌鼻进而问曰："先生以鬼神为明，能为祸福，为善者赏之，为不善者罚之。今先生圣人也，何故有疾？意者，先生之言有不善乎？鬼神不明知乎？"子墨子曰："虽使我有病，何遽不明？人之所得于病者多方，有得之寒暑，有得之劳苦。百门而闭一门焉，则盗何遽无从入哉？"

墨子的学生跌鼻以墨家鬼神观为依托，提出了对墨子的如下诘难。跌鼻的推论是：（1）墨子强调鬼神能赏善罚暴的德福一致原则；（2）墨子为圣人，也就是为善者；（3）墨子有疾，即有祸；所以，墨子所主张的鬼神明知且能赏善罚暴的观点就不能成立。从批判性思维的视角来说，跌鼻的诘难要想成立，就必须建立在作为疾病的祸患都由天、鬼所唯一施予的原则和基础之上。而墨子的善辩就在于将人之得病的原因解释为多因，比如既有天鬼的赠予，也有气候变化与劳苦至极所带来的伤害，从而也就成功驳斥了跌鼻的论断。但一个确凿的事实是，在墨子和跌鼻的对话中，墨子并未否认跌鼻以他为圣人的观点。墨子不拒绝学生称自己为圣人，与孔子形成了鲜明差别。众所熟知，孔子明确拒绝别人将自己称为圣人，《论语·述而》就记载了孔子的自谦态度："若圣与仁，则吾岂敢！"同时，《庄子·天下》也在描述墨家学说与团体时指出"以巨子为圣人，皆愿为之尸"，由此亦可见，墨家后学大都可能会称墨家社团的领袖——巨子——为圣人。总之，墨家除了称三代之时具有天子和辅佐之臣的政治身份的贤人为"圣王"和"圣人"之外，还称未能占据天子及其股肱之臣等政治身份的墨子及其后继者——巨子等——为"圣人"，而这或许也可以被看作墨家"圣人"观念的一种突破。

正所谓墨子"学儒者之业，受孔子之术"（《淮南子·要略》），由此，对孔子的评价也是墨家圣人观所不得不涉及的又一个重要问题。孔子因其对中华文明的贡献，历来被儒家和中华传统文化视作"至圣"。《论语·子罕》记述了孔门高足子贡对于孔子的评价："太宰问于子贡曰：'夫子圣者与，何其多能也？'子贡曰：'固天纵之将圣，又多能也。'"按子贡的看法，孔子不仅是圣人，而且是所谓的"天纵之将圣"，即天命所定的圣人。宋代更是有论者发出"天不生仲尼，万古如长夜"的喟叹。[①] 作为先秦时期与儒家相论争的又一显学学派墨家，对孔子的评价大体上是在否定中包含肯定。墨子对孔子的评价，主要可见于《公孟》。按《公孟》记载，儒家门人公孟子称颂孔子说："昔者圣王之列也，上圣立为天子，其次立为卿、大夫，今孔子博于《诗》《书》，察于礼乐，详于万物，若使孔子当圣王，则岂不以孔子为天子哉？"公孟子首先赞成了《尚同》《尚贤》等篇所描述的以德才与地位相符为基本内容的用人机制，即天子及公卿、大夫皆要依据德行与才能的高低程度来加以确立，如圣王可能就会将至尊的天子之位禅让给所谓的"上圣"，将卿、大夫等高级官位授予贤良之士。其次，公孟子还肯定了孔子作为上圣的合理性，这主要体现在孔子对《诗》、《书》、礼乐和万物的熟稔。再次，依据圣王会以上圣为天子的原则，孔子也理当成为天子。要言之，依公孟子看来，孔子就是所谓的上圣至圣。墨子则针锋相对地反驳公孟子的上述观点说："夫知者，必尊天事鬼，爱人节用，合

---

① 关于"天不生仲尼，万古如长夜"说法的出处与意涵，参见朱祖延编著：《引用语大辞典（增订本）》，武汉：武汉出版社，2010年版，第613页。

焉为知矣。今子曰孔子博于《诗》《书》，察于礼乐，详于万物，而曰可以为天子，是数人之齿而以为富。"（《公孟》）墨家依据其尊天事鬼和爱人节用的政治学说，对"知者"（即"智者"）做了更进一步的诠释，并认为以孔子之博学而可以为天子的观点是"数人之齿，而以为富"，也是完全不能成立的。但这并不等于说，墨子对孔子采取的是一种彻底反对和全然否弃的态度。事实上，墨子对孔子也有称颂之词。比如，《公孟》就记载了墨子与程子关于孔子的如下一段对话：

> 子墨子与程子辩，称于孔子。程子曰："非儒，何故称于孔子也？"子墨子曰："是亦当而不可易者也。今鸟闻热旱之忧则高，鱼闻热旱之忧则下，当此，虽禹、汤为之谋，必不能易矣。鸟鱼可谓愚矣，禹、汤犹云因焉。今翟曾无称于孔子乎？"

的确，墨子认为儒家之道中包含着"丧天下"的部分。但墨子更认识到，对孔子的评价要实事求是，要有"当而不可易者"的态度。这里所说的"当"，以笔者浅见，应兼具语义上的"真"与语用上的"可"等意涵在内。这或许也能在某种程度上表明，墨子也认可孔子的言行中包含着一些能使天下"兴利除害"的真知灼见。但若结合上文所述，不难推知，墨子对孔子的称颂，绝不意味着墨家也会以孔子作为"圣人"。

总之，墨家的圣人与圣王观尤其突出了圣王和圣人理当具备的德行，即上能率民祭祀天鬼，下能行兼相爱交相利之事，爱利万民。在墨家看来，正是由于圣王能行兼爱之道和尊天事鬼，爱利万民，从而得到天鬼的奖赏成为天子，并被万民称颂以"圣王"的美誉。墨子和墨家主要提及了古时的六位圣王与三位圣人，而所有这些圣王与圣人无疑都是有着较高政治地位和卓越政治功绩的人。与此同时墨家也并不反对将未能占据较高政治地位的墨子看作圣人，特别是墨子并未反对其弟子将他称作圣人，而墨家后学更是以墨家组织的领头人巨子为圣人，这说明墨家的圣人观念可能也有一个由具有政治身份的"治者"向不一定具有政治身份的"师者"的转变过程。

（三）墨家论"君子"

墨子和孔子都使用了"圣贤"和"君子"等术语来表示自己的人才理想，但墨子因其推崇"尚贤"的政治观念，因而用"贤"来描述墨子的人才理念，似乎更为准确。墨子认为，为贤的重要方面主要包括"德行、言谈和道术"（《尚贤上》："厚乎德行，辩乎言谈，博乎道术。"）贤人要以"义"作为指向，厚重自身德行，擅长言语谈辩，博采各种知识。因此，墨家极为看重专门知识对于为"义"的重要性，比如墨子本人就是一个杰出的善于创制各种实用器具的技术人才，以及长于防守战争的战术人才。和儒家一样，墨家也将士之人格的养成看作改变现实政治状况的一个重要途径。清人王桐龄曾指出："儒墨教祖皆政治家也，其平生志愿以改良政治为目的，而以提高君子人格为着手方法。"[1] 这一判断可谓对墨家对"君子"的使用要义当有所揭橥。

墨家也曾使用"君子"一词，以表示对士之人格的赞许或上位者的尊称。但墨家与儒家不同，并未将"君子"作为一种理想道德人格典范。按学界的流行意见，"君子"主要指的是我国西周时期所形成的贵族阶层男子之通称，以区别于庶人。春秋晚期，孔子首次为"君子"赋予了道德人格内涵，如《论语》中的"君子怀德，小人怀土""君子喻于义，小人喻于利""君子坦荡荡，小人长戚戚"等说法，都着重突出了"君子"的道德人格意涵。陈来曾精要点评孔子对"君子"道德人格的思想贡献说："孔子的一个突出的贡献和

---

① 王桐龄：《儒墨之异同》，上海：上海书店，1931 年版，第 103 页。

工作，是把‘君子’作为一个较高的道德人格，集中在论述士君子的人生准则、人生理想，这使得西周春秋以来的道德意识通过君子的概念、形象被大大提高起来。"[①] 同时，亦有不少前贤概括了君子人格在孔子思想中的重要地位，如辜鸿铭就总结孔子思想说："孔子的全部哲学体系和道德教诲可以归纳为一句话，即‘君子之道’。"[②] 自孔子后，儒家多将"君子"与"小人"相对而论，以用来分别指谓有德之人和无德之人，从而使得"君子"成为儒家表示道德理想人格的最重要术语之一。比如，朱子就注解"君子"为"才德出众之名。德者，体也；才者，用也"[③]，这无疑也就是将君子看作德才兼具、体用合一之人。由此可略知，"君子"一词在孔子及儒家思想体系中所具有的重要地位。

若总结"君子"一词在春秋时期的用法，除了孔子所特意强调的道德人格含义之外，还可以用作指称具有较高政治地位的贵族阶层。而《墨子》一书"君子"的使用，大体就兼有此两层意涵。事实上，在《墨子》一书中，"君子"也是一个高频词汇。据有的学者统计，《墨子》一书提到"君子"的地方多达 113 处，而孙诒让校注的《墨子间诂》一书则提及"君子"多达 114 次，其含义主要包括"道德高尚之人、地位显赫之人和对人的尊称三方面"。[④] 笔者试图从"君子"及与其相对或连用之词，来考察墨家对"君子"的用法及其含义。在对"君子"的具体用法上，主要包括：

一是和"小人"相对之"君子"。比如，"君子莫若欲为惠君、忠臣、慈父、孝子、友兄、悌弟，当若兼之不可不行也"（《兼爱

① 陈来：《孔子·孟子·荀子：先秦儒学讲稿》，北京：生活·读书·新知三联书店，2017 年版，第 36 页。
② 辜鸿铭：《中国人的精神》，海口：海南出版社，1996 年版，第 50 页。
③ 〔宋〕黎靖德编：《朱子语类》，北京：中华书局，1986 年版，第 578 页。
④ 参见孙君恒、孙宇辰：《墨家的君子情怀》，《阳明学刊》第七辑，2015 年版，第 360 页。若按吴进安的统计，"君子"在墨子书中出现的次数约 69 次，参见吴进安：《墨家哲学》，台北：五南图书出版公司，2003 年版，第 401 页。

下》），此处所论的君子，主要是具备"惠、忠、慈、孝、友、悌"等德行之人。但相较《论语》，《墨子》对作为道德人格理想典范的"君子"和作为道德人格反面案例的"小人"对举，不是那么常见，这也是需要我们首先注意的。

二是和"众人"相对之"君子"，如《亲士》中的"君子自难而易彼，众人自易而难彼"以及"君子进不败其志，内究其情，虽杂庸民，终无怨心，彼有自信者也"。作为与众人相对的君子，表现出了超绝的意志力，以及始终如一的进退之道。君子以期强烈的意志而区别于众人，从而坚定自己的志向，以行兼爱兼利天下之道。

三是所谓的"世之君子"和"世俗之君子"，如《贵义》中的"世之君子，欲其义之成，而助之修其身则愠……岂不悖哉"；又如《鲁问》中的"世俗之君子，皆知小物而不知大物"。墨子在这里所要揭露的是世所尊称之君子的虚假性；换句话说，人们一般所论的君子在践行"义"事方面，知小而不知大，不察类明故，因而徒具其名而无其实。显然，墨家从其"取实予名"的名实观念出发，强调"君子"应察类明故，知小亦知大，从而践行义事义道。

四是和"贱人"相对的君子，如《非乐上》的"君子不强听治，则刑政乱；贱人不强从事，即财用不足"。此处的"君子"应该指代的是具有贵族身份的为政之人，主要承担的是社会治理之事，而"贱人"则指的是普通民众，主要承担社会物质财富的生产。与"贱人"相对的"君子"，主要是从政治身份立论，而不是从道德人格立论。墨家学说所关注的重点，实在于时刻处于生存困苦境况中的底层人民（即农与工肆之人），《非乐上》有所谓的"民有三患"，即"饥者不得食，寒者不得衣，劳者不得息，三者民之巨患也"。显然，墨家思想体系的着眼点就在于解决底层人民的物质生存需求。无怪乎《贵义》就描述楚惠王的代表穆贺对墨子说，即便"子之言成善也"，但对君主而言乃是"贱人之所为，而不用乎"。此处的

"贱人"大抵指的是如平民百姓这样的地位较低之人。当代墨学专家朱传棨曾解释"贱人"为"现实的从事感性活动的人，也是具体的个人，是维系国计民生、社稷存在和发展的人，是指发挥个人才能之人，是勇思勤为的'非命'之人"①。总之，墨家虽将"君子"与"贱人"相对而论，但却只是从社会和政治地位的高低着眼，而绝不是从道德角度所作的人格批判。

五是和"士"连用而构成"士君子"。墨子在多处都提及了"士君子"一说，并将之与"王公大人"相提并论。如《明鬼下》中的"今天下之王公大人士君子"，以及《非乐上》中的"王公大人……士君子……农人……妇人……"等论述，都指的是居于统治地位的为政之人。墨家认为，对于国家存亡和天下治乱而言，士君子发挥着重要作用。比如，《贵义》就记载了墨子与卫国国君关于"养士"问题的讨论："子墨子谓公良桓子曰：'卫，小国也，处于齐、晋之间，犹贫家之处于富家之间也。贫家而学富家之衣食多用，则速亡必矣。今简子之家，饰车数百乘，马食菽粟者数百匹，妇人衣文绣者数百人，若取饰车食马之费与绣衣之财以畜士，必千人有余。若有患难，则使数百人处于前，数百于后，与妇人数百人处前后孰安？吾以为不若畜士之安也。'"墨子在这里从国家存亡的功利角度指出，卫国所处的政治地理格局决定着其更应该行节用之道以养士，以备不时之需。显然，在墨子看来，对于国家的安危治乱来说，士君子的重要作用乃是不言而喻的。

此外，有的学者还指出说，墨家在一些具体的问答情景中还用"君子"尊称某个特定的人，如《鲁问》在提到墨子和鲁阳文君关于何谓忠臣的讨论时就有"君子将何得于景与响哉"的说法。②但从明代刻印的道藏本《墨子》和唐尧臣刻本，以及孙怡让的《墨子间诂》

---

① 朱传棨：《墨家思想研究论稿》，北京：人民出版社，2020年版，第188页。
② 参见孙君恒、孙宇辰：《墨家的君子情怀》，《阳明学刊》第七辑，2015年版，第362页。

等书看，原句皆作"君将何得于景与响哉"。① 或许，此处的"君子"很可能是对"君"的传抄错误了。

综上所述，《墨子》一书中对"君子"一词的用法，既包含有与"小人"和"众人"相对立的道德人格意涵，也包含有与"贱人"相分以及"世俗之君子""士君子"等相连用的社会阶层与身份之意涵，因此，相较儒家对"君子"一词的道德人格阐释，墨家对"君子"的使用则显得要更为混杂。同时，相较儒家的君子观来说，墨家则要更为看重君子的"作"。比如，《耕柱》就记载了公孟子和墨子关于君子的"述"与"作"之间的对话，公孟子坚持儒家立场说："君子不作，术而已。"此处之"术"当训释为"述"②。这也就是说，在公孟子看来，君子重在阐释先贤著作中的义理，而不自己创作，即"君子循而不作"（《非儒下》）。③ 墨子则反驳"君子述而不作"的看法说："不然，人之其不君子者，古之善者不诛，今也善者不作。其次不君子者，古之善者不遂，已有善则作之，欲善之自己出也。今诛而不作，是无所异于不好遂而作者矣。吾以为古之善者则诛之，今之善者则作之，欲善之益多也。"按毕沅、孙诒让等《墨子》注疏大家的意见，此处的"诛"和"遂"都应当作"述"解④，显然这也合于此处的文义。因此，墨子从正反两方面批判了所谓"君子述而不作"的看法；他认为，对先贤的善言善行不加阐述，也不对今人的善言善行有所创作，这绝不应是君子作为；同理，只对自己的善言善行有所创作，而不对先贤的善言善行有所阐述，这也不是君子

---

① 见《墨子》，明正统十年刻万历二十六年印（道藏本），载任继愈主编：《墨子大全》第 1 编第 1 册，北京：北京图书馆出版社，2002 年版，第 363 页；《墨子》，明嘉靖三十二年唐尧臣刻本，载任继愈主编：《墨子大全》第 1 编第 3 册，第 466 页；孙诒让：《墨子间诂》，北京：中华书局，2001 年版，第 471 页。

② 孙诒让：《墨子间诂》，北京：中华书局，2001 年版，第 434 页。

③ 公孟子的看法，很可能也是继承了孔子"述而不作，信而好古，窃比我于老彭"（《论语·述而》）的观点。

④ 参见孙诒让：《墨子间诂》，北京：中华书局，2001 年版，第 435 页。

作为；以此类推，所谓的今人要"述而不作"的教条，与前面所论的"不好述"而只"好作"一样，都不是君子的作为。出于功利后果的考虑，墨家认为，君子应该既阐述先贤的善言善行，也应该创作今人的善言善行，从而来增益天下之善。如此一来，对墨家道德人格理念的阐述，"贤人"和"兼士"或许是比"君子"更为合适的表述。

墨家在其所确立的秩序井然的等级社会结构中，特别看重具有不同社会身份的个体在社会中所应承担的职分。墨家强调，唯有每个阶层的人各司其职，各尽其责，天下也才能回归到义政之中。比如，墨家就在《非乐上》中区分了王公大人、士君子、农夫和妇人四类身份，并明确了各自所要尽到的分内职责（"分事"）。对王公大人来说，其分内之事是"蚤朝晏退，听狱治政"（《非乐上》），即勤于政务，处理狱讼；对士君子来说，其分内之事是"竭股肱之力，亶其思虑之智，内治官府，外收敛关市、山林、泽梁之利，以实仓廪府库"（《非乐上》），即要竭尽全力和心智，协助王公大人处理好内外政事，在内协助王公处理好官府之事，在外征收各类赋税之利，从而充实国家财用；对农人来说，其分内之事是"蚤出暮入，耕稼树艺，多聚叔粟"（《非乐上》），即要勤于农事，多打粮食；对妇女来说，其分内之事是"夙兴夜寐，纺绩织纴，多治麻丝葛绪，捆布縿"（《非乐上》），即要勤于家务，纺纱织布。尽管此段后半部分描摹了农业社会中男耕女织的家庭生活图景，但从叙事来说，墨家最为注重不同阶层的人所应承担的社会职责，强调各个阶层都应勤于任事，且各自辛劳。或许，在墨家的社会理想中，合理的阶层分工及各阶层勤勉地承担起各自的职责，乃是实现义政、兴天下万民之利的一个必要条件。

总之，墨家从其最为看重的"义"之角度，论述了君子、士和圣人、圣王等理想人格典范。在墨家的论述中，君子和士都可以承接"谈辩""从事""说书"的为"义"之道，并以"兼爱"作为最高的价值追求。就此而言，君子和士都应当具备严格的自我道德约束。而作为君子和士效法典范的圣人、圣王，不只以其至高的政治地位，还要以其卓绝的道德品格，方才能够成为史华兹所说的"天的积极合作者"。但政治现实的吊诡之处在于，居于天子或国君之位的并不一定是墨家所推崇的贤人，当此之时，又该如何对他们的政治权力进行约束呢？墨家对此的回答是，一方面，古时的圣王之法形成了某种对君权的历史与道德约束；另一方面，则要通过诉诸"天""鬼"的人格化，及"天""鬼"所拥有的公正无私和赏罚分明的强力手段，来建构一种对现实中的至上君权的强力约束。

第二节 "天"的道义约束机制

"天"是墨家政治哲学体系中的核心观念之一。在墨家思想中，"天"具有人格神的意涵。"天"有其意志，并依据其意志行赏义和罚不义之事。从政治得以建立的道义理据来说，"天"被视作最终极、最权威的价值来源。这就使得在墨家这里，"天"具有最高价值的规范性意涵，而这一点尤其体现在墨家要求天下所有人都要上同于"天"，特别是君主和贤人，更是要在其施政行为中做到上同于"天"。同时，墨家还将"天志"看成判定一切言辞与行为之是非的最根本标准。正所谓："我有天志，譬若轮人之有规，匠人之有矩。轮匠执其规矩，以度天下之方圆。曰：'中者是也，不中者非也。'"（《天志上》）墨家在这里所使用的"譬"式论证，凸显出的正是"天志"作为判定言辞是非标准所具有的基源地位。梁启超总结"天"在墨家哲学体系中的地位说："墨子常以天为其学说最高之标准者也，故不知天，无以学墨子。"[①]并以"天"为"万事万物之标

---

① 梁启超：《子墨子学说》，台北：台湾中华书局，1985版，第4页。

准"①和"至高贵而为义之所从出也"②。但墨家所论之"天",又是由其对商周以来的人们对"天"的认识而来,故而讨论墨家之"天",就需要首先简单交代"天"在春秋以前的大致意涵。

（一）先秦政治思想史视域中的"天"

按《说文解字》的解释,"天"的本义是"颠也,至高无上,从一大",清人段玉裁进一步解释"至高无上"说,"是其大无有二也";"天"还可以被引申出"臣于君,子于父,妻于夫,民于食,皆曰天是也"等意涵③。若单从字义说,"天"具有某种至高无上的权威性。但若从哲学史的角度来分析"天"这一范畴,其含义无疑是更为丰富且多元的。在对"天"所作的哲学史诠释中,冯友兰较早就对"天"范畴做出了不同层次划分,认为中国古代所说的"天"兼有五义:"曰物质之天,即与地相对之天。曰主宰之天,即所谓皇天上帝,有人格的天、帝。曰运命之天,乃指人生中吾人所无奈何者……曰自然之天,乃指自然之运行……曰义理之天,乃谓宇宙之最高原理。"④张立文则进一步总括了"天"所兼具的"自然、神、义理"⑤等意涵。按上述对"天"之含义的归类,"天"既有作为主宰的人格神含义,亦有作为以民为本的道德含义。作为主宰之天的"天"观念,主要体现为殷人所崇拜的"天"与"上帝"观念。在殷人看来,"天命"和"天"之意志具有最高的权威,并且是君主行事的重要依据。比如,《尚书·汤誓》记载了商汤伐夏桀时所立的誓言:"非台小子敢行称乱! 有夏多罪,天命殛之。""夏

---

① 梁启超:《子墨子学说》,台北:台湾中华书局,1985 版,第 5 页。
② 同上,第 7 页。
③ 〔汉〕许慎撰,〔清〕段玉裁注:《说文解字注》,上海:上海古籍出版社,1988 年版,第 1 页上、下。
④ 冯友兰:《中国哲学史》上册,北京:商务印书馆,2011 年版,第 45 页。
⑤ 张立文:《中国哲学范畴史》上卷,北京:中国人民大学出版社,1986 年版,第 66 页。

氏有罪。予畏上帝，不敢不正。"又如，商王盘庚在做出迁都决定时，也托名于天命以寻求此一决定的合法性，这也就是"肆上帝将复我高祖之德，乱越我家"（《尚书·盘庚下》）。陈来亦在解释殷人的信仰系统时指出，殷人的最高神首先是具有最高权威并能宰制自然与万民的上帝，但包括商王在内的所有人都无法通过祭祀来影响上帝的诚命，而只能通过祭祀祖先进而来影响上帝；但从《尚书》中的相关记载来看，到商朝晚期时，"天"出现的频率开始增加，这就意味着殷人所崇敬的上帝观念，其来源应建立在"天"的观念之上。[①] 这些证据表明，"天"与"上帝"皆有其威权和意志，并成为殷人崇拜的对象和行事的依据。与商人相比，周人的"天"观念则具有一定的道德意涵，这主要表现为"敬德"和"保民"的说法。[②] 在周人看来，"皇天无亲，惟德是辅"，而沟通无常之"天命"的乃是君主"敬德""保民"之大"德"。周人的这种"以德配天"观念，实则业就构成了以民为本的"天"之政治与道德意涵。

　　中国古人对天的认识还集中表现为"天人合一"的天人关系观。梁涛曾梳理了现当代的钱穆、饶宗颐、杜维明、安乐哲、张光直等关于中西天（神）人关系异同点的看法。[③] 其中，钱穆对东西方天人关系曾这样评论："中国文化过去最伟大的贡献，在于对天与人关系的研究。中国人喜欢把天与人配合着讲。天人合一论是中国文化对人类最大的贡献"，而"西方人喜欢把天与人离开分别来讲。换句话说，他们是离开了人来讲天……中国人是把天与人合起来看。中国人认为天命就表露在人生上。离开人生，也就无从讲天命。离开

---

① 参见陈来：《古代的宗教与伦理——儒家思想的根源》，北京：生活·读书·新知三联书店，2009 年版，第 111、128 页。

② 同上，第 183 页。

③ 参见梁涛：《不是请回上帝，而是多元一体——中西天人关系之异同》，《江苏行政学院学报》，2016 年第 1 期。

天命，也就无从讲人生"①。又如饶宗颐将古代的天人关系总结为一种"天人互益"论；杜维明认为中国古代宇宙观中的天人关系，具有一种连续性的根本特征；安乐哲则认为天与人之间互相影响，天人是互动与互益的；张光直则认为中西方天（神）人关系存在着根本差异，西方的神人关系是断裂的，主要表现为人对神（上帝）的被动服从，而中国古代的天人关系则是连续的，主要表现为人与天的互相影响和互动；综观这些对中西天人关系差异的不同认识，都会得到中国古人重天人间的互动互通，看重人的自由意志，从而更具包容性的基本认识。②这一基本认识对于我们讨论儒、墨等先秦诸家的宇宙与天道观，无疑也可以提供一个较为宏观的理论视野和阐发基础。

事实上，先秦诸子共享着自周公以来的西周政治文化与宗教文化。西周的政治文化可以被总结为"崇德贵民"的思想要义，而其宗教文化则可被视作一种"天人合一"的天命观念。③比如，《尚书·泰誓》中说道："惟天地万物父母，惟人万物之灵，亶聪明，作元后，元后作民父母。"这里将天地视作万物父母，将人视作万物之灵，而人中的聪明之士则为君主（元后），君主的使命又在于保养与教诲万民。因而，天是佑护下民的，并为之设立君主与老师（"作之君，作之师"）。既然上天设立君主的目的是实现天下护佑下民的意志，那君主就有责任和义务去像父母爱护子女一样护佑民众。因此，"天"与"民"之间的关系就成为一个二元一体的关系，也就有了"天矜于民，民之所欲，天必从之"（《泰誓》），"天视自我民视，天听自我民听"（《泰誓》）的"'民意论'的天命观"（"天民合

---

① 钱穆：《中国文化对人类未来可有的贡献》，《中国文化》，1991 年第 4 期。

② 参见梁涛：《不是请回上帝，而是多元一体——中西天人关系之异同》，《江苏行政学院学报》，2016 年第 1 期。

③ 参见陈来：《殷商的祭祀宗教与西周的天命信仰》，《中原文化研究》，2014 年第 2 期。

一论")①。因此，自西周起的政治文化传统中，天意、天志就成了民意、民愿的集中体现，这也就使得天意成了民意的最高支持者和最大保护者。

在先秦诸子中，儒、墨两家对"天"皆有所论述。就儒家论"天"而言，尤为值得注意的是孔子所说的"天何言哉？四时行焉，百物生焉，天何言哉？"（《论语·阳货》）一语。该句中的"天"，先贤或释为"自然之天"，或释为"上帝意志"，但若结合文意而论，孔子所论之"天"当为能主宰四时变化与万物化生的有意志之天，"天何言哉"并不表示"天不能言"，而是表示"天能言而不言"。②接续孔子对"天"的这种认识，孟子亦有"天不言，以行与事示之而已矣"（《孟子·万章上》）之论。此外，孟子论"天"还可见如下记载：

> 乐正子见孟子曰："克告于君，君为来见也。嬖人有臧仓者沮君，君是以不果来也。"曰："行或使之，止或尼之。行止，非人所能也。吾之不遇鲁侯，天也。臧氏之子焉能使予不遇哉？"（《孟子·梁惠王下》）

此一故事记载了孟子面对突然变故时不怨天尤人的处事态度。其中所论的"天"，或与"命"相关，指代的是人所无能为力、不可掌控的机遇、运势、力量等因素。以笔者愚见，孟子此处所论之"天"，既没有过分突出神学意义上的意志天（如墨家的"天志"）之意涵；也不是一种物理意义上的自然天（如荀子所论的"不为尧存，不为桀亡"之"天"），而成为一种反衬人生际遇如何的命运天。孟子通过对"天""人"的区分，来解释如何坦然面对人生际遇

---

① 参见陈来：《殷商的祭祀宗教与西周的天命信仰》，《中原文化研究》，2014 年第 2 期。
② 笔者对此句的论述参考了晁福林先生的分析。详见晁福林：《从上博简〈诗论〉看文王"受命"及孔子的天道观》，《北京师范大学学报（社会科学版）》，2006 年第 2 期。

的坎坷不平，获得一种内心的安然与浩然境界，显现出人之作为主体性存在所应具备的价值形态。与孔、孟对"天"的上述解读不同，墨子和墨家显然继承了殷人的主宰之天与周人的道德之天的观念，尤为注意阐发"天"所具有的政治、道德与宗教功能。墨家对此种"天"观念的继承，或可从墨家对《尚书》的引证窥见一斑，所谓"墨子之书，引《书》尤众，亦足以见墨子之学，本于《尚书》者尤深。《尚书》言治多原于天；而墨子之言政，实本于《天志》"①，"墨子之学，其根本偏重于《尚书》，《尚书》称天以治者独多，如《皋陶谟》之天叙，天秩，天命，天讨之类，固无论矣，即《甘誓》《汤誓》《盘庚》诸篇，亦莫不言天罚，天命也。故墨子本之，以天有意志，固尊天明鬼"②。由此看来，墨家"天志"之说与其"天"观念的确立，也有其政治、宗教与道德思想史上的理据。

（二）墨家论"天"的政治意涵

墨家不仅继承了殷人的"主宰之天"的观念，还继承了周人"敬德保民"思想。这也就意味着，墨家既将"天"看作绝对的有威权意志的存在，能对人间行赏罚之事，敦促天子以至庶民等天下之人行义而不为不义；但与此同时，墨家也将"天"的意志解读为一种重视人民之利的"兼爱"之道，这也就是说墨家所界定的"天"主要突出的是其道德与政治功能。朱传棨总结"天"在墨家政治哲学体系中的作用说："天与万物是不同层次、不同作用的统一整体。天是寓于万物之中的核心和本源。"③"天"以及"天志"成为墨家政治哲学体系里的关键一环，既为人间的政治秩序提供着道义上的终极合法性依据（如《尚同》《尚贤》所述），也裁定着人间政治是否合于"义"以及如何才能合于"义"。所以说，墨子"天志"主张所

① 参见陈柱：《墨学十论》，上海：华东师范大学出版社，2015 年版，第 43 页。
② 同上，第 88 页。
③ 朱传棨：《墨家思想研究论稿》，北京：人民出版社，2020 年版，第 114 页。

说的"天","既不是具有创造世界万物的神性之天，也不是自然世界之天，而是根本之道的天，体现'万民之利'之原道的天"①，就此而言，"天志"就是万民意志的一种外化。以笔者浅见，讨论墨家的政治哲学，断然不能脱离"天"与"天志"，或者说不能只是将"天志"理解为墨家为了推行其以"兼爱"为核心的政治主张而提出的某个补充性概念。这主要是因为，"天"以及由之而来的"天志"，为墨家政治哲学提供着道义价值上的绝对而客观的理据；也正是通过将"兼爱"界定为或者说上升为"天志"，墨家才能申发出其整个政治思想体系在价值上的规范性来，即墨家能以"兼爱"之"天志"为依据，来匡正现实政治秩序的得失。

墨家首先认定，天是一个有意志的存在，故而墨家多说"天意""天志"。同时，"天"又有赏善罚不善的能力，即对遵循天志而行的人给予福禄方面的奖赏，而对不遵循天意而行的人则给予福禄乃至生命、声名方面的惩罚。《法仪》概括这一点说："故曰：'爱人利人者，天必福之；恶人贼人者，天必祸之。'曰：'杀不辜者，得不祥焉。'"一方面，爱人利人的"兼爱"精神是墨家所论之"天志"的主旨；另一方面，人若遵照此一天志，则能得到天所赐之福，人若违背此一天志，行亏人以自利之事，则会得到天的惩罚。《天志上》进一步将之总结为"顺天意者，兼相爱、交相利，必得赏；反天意者，别相恶、交相贼，必得罚"。由此可以看出，在墨家的思想世界中，"天"的确是作为能赏善罚不善的权威而发生作用的。况且，墨家还将"天"的德性界定为"天之行广而无私，其施厚而不德，其明久而不衰，故圣王法之"（《法仪》），"天"为"公"而不为"私"，重"施"而不重"得"，且是恒久明智的，天在德与才上的这种优异性，才构成了人应效法于天的关键所在。但"天"在发挥其赏善罚不善的作用时，在意志上并不是任意而行和一意孤行的，而是要牢牢遵循

---

① 参见朱传棨：《墨家思想研究论稿》，北京：人民出版社，2020年版，第91页。

"兼爱"的道义意志，也就是遵循墨家所擘画的"义"道。

从墨家"择务而从事"的角度来说，"天志明鬼"主要针对的是"淫僻无礼"的国家治乱状况（见《鲁问》）。从字面上来说，"淫僻无礼"主要指的是失却了墨家所肯定的孝慈、忠惠和仁义等善品的社会与政治秩序崩坏之现实。若以文本的比照分析来说，墨家所论的"淫僻无礼"也是可旁证于《天志》与《明鬼》诸篇的相关内容。《天志下》提及"尊天事鬼"所要解决的现实问题是"大则攻小也，强则侮弱也，众则贼寡也，诈则欺愚也，贵则傲贱也，富则骄贫也，壮则夺老也。是以天下之庶国，方以水火毒药兵刃以相贼害也"。这也就是说，人与人之间、国与国之间难以做到"兼相爱，交相利"，从而造成了大、强、众、诈、贵、富、壮之人、之国对势不如其的其他人、其他国家的欺凌。《明鬼下》也再次重申了墨家"尊天事鬼"之说所要针对的现实出发点："是以存夫为人君臣上下者不惠忠也，父子弟兄之不慈孝弟长贞良也，正长之不强于听治，贱人之不强于从事也。民之为淫暴寇乱盗贼，以兵刃毒药水火，退无罪人乎道路率径，夺人车马衣裘以自利者，并作由此始。是以天下乱。"总言之，"淫僻无礼"主要描述了一种需要警醒的人皆亏人以自利的社会现状。墨家进而探察出现此种政治与社会失序的原因说："天下之士君子之于天也，忽然不知以相儆戒"（《天志上》），"皆以疑惑鬼神之有与无之别，不明乎鬼神之能赏贤而罚暴也"（《明鬼下》）。墨家将人丧失了对天与鬼神的敬畏之心，看作"寡""贫""乱"等天下之大害得以出现的一个重要原因。因此，为了重新建立合于万民与天下之大利的"众""富""治"的政治秩序，也就需要所有人树立起对能赏贤伐暴的天与鬼神的信仰。

若按"择务而从事"的解释，那也就意味着，墨家之所以提出"天"与"鬼神"，乃是为了提供一种外在于人的约束力量，以催逼人能行义，特别是催逼统治者能行义政而非力政，从而构建出大不欺小、强不侮弱、众不欺寡、诈不欺愚、贵不傲贱、富不骄贫、壮不夺老的理想政治秩序。换句话说，"天"与"鬼神"在墨家的政治思想中，确实具有一种工具或手段的意涵，也正是由于天与鬼神的赏贤罚暴，才会迫使人投入"能从事者从事，能谈辩者谈辩，能说书者说书"（《耕柱》）的为义之事中去。

（三）墨家论天人关系

墨家以"天"为义，并对"天"给出了一种造化之主的说明。作为人格神的"天"，具有创造的能动性。《天志中》描述这一点说，天为人"以历磨为日月星辰，以昭道之；制为四时春秋冬夏，以纪纲之；雷降雪霜雨露，以长遂五谷丝麻，使民得而财利之；列为山川溪谷，播赋百事；为王公侯伯以临司民之善否，使之赏贤而罚暴；贼金木鸟兽，从事乎五谷丝麻，以为民衣食之财"。这也就是说，"天"是为了民的利益而创造出了日月星辰、四时交替、风霜雪雨、山川溪谷这些自然事物与自然现象。当然，日月星辰等这些自然事物与现象本已为自然界所有，但墨家则要对其采取一种目的论的解读，而这种目的论解读的核心就在于将这些自然事物与自然现象都视作为人而服务的。同时，墨家还将表示社会等级差异的王公侯伯乃至天子等政治身份，也看作天的设置（墨家的这一说法也可见于《尚同》），并认为此一作为造化与主宰之主的天之所以要设置王公侯伯，主要是为了在人间施行赏贤罚暴，也就是保证墨家所论之"义"的施行。显然，这里的王公侯伯等统治阶层之人，也只是作为一种工具性的存在，其根本目的在于满足民的利益。此外，《尚同下》还有"天之始生民"的说法，似乎也预设了人也为天所创生的创世论意涵。要言之，墨家所论之天，也是一种具有创生、创造意味的天。

从天与人的关系角度来说，墨家认为天贵于人。若单看人间的政治统治秩序，天子为天下所有人之贵，居于人间统治秩序的最高位置。墨家非但没有否定天子的至高政治地位，反倒基于其"尚贤"和"尚同"主张，肯定和强化了天子所具有的此一独特地位。与此同时，墨家又转而强调说，人间的这种统治秩序并非就永远合乎"义"，故而也需要得到更进一步的价值裁定。墨家将这一价值裁定的根据诉诸"天"，并以"天"为约束天下之人尤其是天子的外在、强力而又超越的政治权威。墨子指出，天贵于天子，而"义不从愚且贱者出，必自贵且知者出"（《天志中》），"天"而非天子才是唯一的"智"且"贵"者，因此，"天"也就也就能顺理成章地将自身置于天子之上。《天志中》更为这种"天贵于天子"的观念提供了理由："吾所以知天之贵且知于天子者，有矣。曰：天子为善，天能赏之；天子为暴，天能罚之；天子有疾病祸祟，必斋戒沐浴，洁为酒醴粢盛，以祭祀天鬼，则天能除去之。然吾未知天之祈福于天子也。"显然，这一理由主要包括两个方面：其一是"天"给予天子为善和为暴的不同奖赏，"天"给予天子为善的奖赏主要有"贵为天子，富有天下，名誉至今不息"（《天志中》），与之相反，"天"给予为暴之天子的惩罚就包括"弃而不葆"和"聚敛天下之丑名而加之焉"，以及"书其事于竹帛，镂之金石，琢之盘盂，传遗后世子孙"，也就是给予为暴之君地位与名誉上的惩罚。其二是从天子与天之间的单向关系来立论，即天子在遭遇一些困顿之境时，通过祭祀于"天"的方式来去疾除害，也就是说天子有求于"天"而非"天"有求于天子，这也就旁证了"天"在地位上贵于天子。"天"对天子的赏罚及天子对"天"的祭祀都说明，天子的权力运行必须得到天的制约，而天又是有意志的存在，故此，天志就在整个社会与政治秩序的运行中，发挥着匡正现实政治之得失的重要作用。这一点亦可与汉代大儒董仲舒对君权合法性的说明相较而论。董仲舒将君主占据政权的合法性建基于道德性之上，所谓"德侔天地者称皇帝，天佑而子之，号为天子"（《春秋繁露》）。这一叙事虽虚悬了"天"作为君主政权合法性的根本依据，而实将德业作为君主之被称为皇帝、天子的核心依托。由此，天与德就可以从内外两方面合而为一，以期实现对君权的某种道德约束。与之相比，墨家关于"天"对君权的道义约束，则重在诉诸外在的赏罚机制来立论。

讨论墨家天人关系论的另一个重点内容是"非命"之说。《非命下》明确谈道："命者，暴王所作，穷人所术，非仁者之言也。"由此可知，墨家并不认为命为实有，而是桀纣等暴王所创造和穷困之人所讲述的用以推脱自身责任的"骗术"，是需要被具有辩察力的贤良之士着力加以反对的。显然，墨家所要反对的是一种"命定论"的观念，即将个人生平的好坏际遇与社会治理的好坏，都归之于所谓的"命"，"命富则富，命贫则贫；命众则众，命寡则寡；命治则治，命乱则乱；命寿则寿，命夭则夭"（《非命上》），一如俗语所讲的"命里有时终须有，命里无时莫强求"。墨家认为，将政治与社会治理的"众""富""治"系于所谓的"天命所定"之上，就会产生无为避事的消极态度，从而给天下的安危治乱带来极大危害，这也就是所谓的"执有命者，此天下之厚害也"（《非命中》）。反言之，若天下的士君子要辨别治理天下的是非与利害，就不得不反对这种"以命为有"的观点（"疾非之"）。

墨家首先详细描述了这种"命定论"的危害。从个人的角度来说，"命定论"会混淆个人作为与所受后果之间的因果关系，比如某个贤人因其在家能孝慈父母，在外能友敬乡里，为官做事能不监守自盗，不临阵叛逃，故而受到天下之人的赞誉和上级的奖赏，但执命定论的人则将其得到赏赐与赞誉的原因归结为"其命固有"，而非其人的贤良与道义行为。与此类同，有的不法之徒因其不道德不合法的行为而遭受惩罚，则会被命定论者视作"其命固罚"。如此一来，这种以命为有的观点，就会在实践上造成"为君则不义，为臣则不忠，为父则不慈，为子则不孝，为兄则不良，为弟则不弟"（《非命上》）的不良人伦与政治后果。其次，墨家进一步将此类"命定论"称为"暴人之道"。具体到个体来说，人在遭遇困苦时，若将其遭遇全都归之于"命定"（"命固且贫"），就不会去强力从事以改变现状。而对于亡天下、身死国灭的君主来说，则会习惯于将其恶政和不善举措归结为"命固失之"（《非命上》）。如此一来，如果以"命定论"的观点来治理社会，就会使得"上不听治，下不从事。上不听治，则刑政乱；下不从事，则财用不足；上无以供粢盛酒醴，祭祀上帝鬼神；外无以应待诸侯之宾客，降绥天下贤可之士；内无以食饥衣寒，将养老弱"（《非命上》），"群吏信之，则怠于分职；庶人信之，则怠于从事。不治则乱，农事缓则贫，贫且乱政之本"（《非儒下》）。最后，墨家还指出，这种"以命为有"的观点于史无据，"自古以及今，生民以来者，亦尝有见命之物，闻命之声者乎？"（《非命中》）所以，为了避免出现人伦及社会治理上的不良后果，人们就应该彻底否弃这种"命定论"观点。从"非命"的角度来说，墨家认可的是人的强力从事与勉力行义，正所谓"赖其力者生，不赖其力者不生"。这也就蕴含着天并不会为人赋予或命定某种东西，人面对天是自主和自为的积极观点。或许，在墨家看来，唯有人的积极作为，才是实现个人福祉与天下治平的关键所系。

要言之，墨家既看重天志的赏善罚暴，从而为天子和君主的为政以善提供外在的强力约束，但又反对天对人的过分干预，强调人的作为皆由自主而非由命说固定。墨家既倡导"天志"又明确"非命"的观点，似乎凸显出了其在天人关系上的折中与无奈，即无"天志"的约束则没法说明天子（君主）统治的合法性，亦无外在强力来保障天子去为义政和善治；但又不能过分强调天对于人的所命，人间政治与社会秩序的好坏则又全凭人的自主与努力，所谓"存乎桀纣而天下乱；存乎汤武而天下治"（《非命下》）。这也就使得天下治乱的关键，系于人的强力从事，而绝非来自天命等超越性力量的干涉。故此，墨家对"天人关系"的论述就具有二重性特质，其既重"天志"能赏善罚暴的超越性强力，也重人应强力从事以实现天下"众""富""治"之利的自主性。

此外，墨家所论之"天志"还是一种用于评判一切政事和言论之是非的标准。《天志中》明确谈及这一点："故子墨子之有天之意也，上将以度天下之王公大人之为刑政也，下将以量天下之万民为文学、出言谈也。"从这一评价也可以看出，统一天下之义必须要以天志为基础；反过来，天志又可以成为评判王公大人之刑政与天下万民之言谈的最重要和最权威标准。但需要明确的是，这一标准并不是从言辞与事实是否相符合的角度来论"当"与真，而主要是从信念与价值的角度出发去追求道义上的"善"。以笔者愚见，这也就是"天志"作为判定政事与言论之是非的实质所在。与之相应，墨家还提出了"三表法"用以判断言辞之是非。"三表法"具体指的是：

何谓三表？子墨子言曰：有本之者，有原之者，有用之者。于何本之？上本之古者圣王之事。于何原之？下原察百姓耳目之实。于何用之？废以为刑政，观其中国家百姓人民之利。此所谓言有三表也。（《非命上》）

"古者圣王之事"与"百姓耳目之实"是从经验的角度来看待言辞是否合于常理常识，而"其中国家百姓人民之利"则是从效果或者说后果的角度看待言辞所具有的实际功用。当然，这一"三表法"的提法，也并不代表着其与"天志"的背离。按《墨子》一书中的说法，"古者圣王之事"无疑就指的是古者圣王顺"天意"而行的"兼爱"之事，而"百姓耳目之实"与"国家百姓人民之利"，都体现为"兴天下之利，除天下之害"的义政义事，而这也就是合乎"天志"的义政义事。因此，在某种程度上说，"三表法"就可以被视作对"天志"的具体落实。而"三表法"与"天志"之间的相通，也充分说明了墨家在其政治与道德哲学中，的确也是以能否行"兼相爱，交相利"之义事的道义内容来作为判断政事与言辞之是与非的标准。但必须要承认的是，墨家所论的作为"天意"与"天志"的评判标准，完全是一种宰制统治者与被统治者在内的客观性的道义规范，且具有永恒性与至善性特质，因而这也就使得墨家的政治哲学论说呈现出了某种政治神学意义上的面向。

综合墨家对天的超越性、威权性、创造性与正义性的论述，不难发现，"天"在墨家政治哲学的整体论说体系里，有着价值来源与是非裁定的双重作用。墨家强调人若欲行仁义之事，要法天而不法人，因为无论是父母、师长还是君主，皆都有不仁之人，故而难以为人提供一固定的、客观的效法标准，而天则能补人之不足，故而"莫若法天"。吴进安在其大作《墨家哲学》一书中分析此中的缘由说：

> ……此义此理不从主体思辨入手，因若从主体思辨则违反墨子义理原则，主体思辨之矛盾为自利心掌控个体心灵，无法开出社会公义，益加证明人间的灾难来自自利心之驱使，唯有寻找超越主体的客观且外在的权威再造价值社会，故须法天。因此一切人间之现存制度及对象均不可法，自王公大人以迄天子，皆不可法，墨子言"莫若法天"，法天即将客观存在的典范之理，直接引入吾心为人所知、所接受，人同此理是指透过此一客观存在的"义理"及"原则"，普化而成共同的道德与伦理基础，人之生命方能有所安顿，社会所面临的现实苦痛方能彻底解决，否则所有的人为造作或道德教说皆属缓不济急，无助于解决社会之问题，只有"法天之义"，"义理"直接落于吾人行为上，人人把握天志之义理，依义而思，依道而行，依理而言，此社会方有可能转变，以达成墨子兼爱非攻的和平世界之早日到来。①

按吴教授的分析，墨家是认识到了人无法为政治、道德与伦理提供一个"共同基础"，故而才要寻找某个超越了人的"客观且外在的

---

① 吴进安：《墨家哲学》，台北：五南图书出版公司，2003 年版，第 135—136 页。

权威", 即 "天", 来作为重新构造义政义事的社会基础。的确, 墨家将其所倡导的 "兼爱天下之人" "兼相爱, 交相利" 等政治伦理主张归之于 "天志", 并勾勒出一个能赏贤罚暴、赏善罚不善的意志与主宰之天, 进而给出某种作为历史证据的 "古者圣王之事" 的说明, 试图来奠定其论述政治与道德价值规范的客观基础。但 "天" 在墨家政治哲学的整体结构中, 并不只是一种推行某种政治与道德价值的工具, 还具有作为信仰对象的含义。天贵于天子, 且能以其赏善罚暴的能力来约束天子, 如《天志中》所说: "吾所以知天之贵且知于天子者, 有矣。曰: 天子为善, 天能赏之; 天子为暴, 天能罚之。" 设若无法建立起对 "天" 的信仰, 墨家所论之天志乃至天对君主的赏善罚暴, 也就不具有约束力了。故而, 在笔者看来, 墨家所论之 "天" 与 "天志", 兼具宗教与人文、信仰与价值的双重面向, 墨家试图通过对 "天" 的超越性与宗教性解释, 来奠定 "天" 作为治道规范之来源的独特作用。诚如梁启超评论中西政治文化的差异时所说: "欧美今世君民同受治于法之下, 中国古代君民同受治于天之下, 不过法实而有功, 天远而无效耳。"[1] 墨家试图通过依靠 "天" 来建构起政治与道义规范的权威基础, 并希望 "天" 能在其时的现实政治中发挥匡正作用, 无疑也就是 "远而无效" 之论了。

第三节 "鬼神" 的威权约束

《墨子》一书中出现了大量对 "鬼" "神" 的描述。按孙中原的统计, 其中, "鬼" 字在《墨子》书中被提及约 190 次, "神" 字被提及约 130 余次, 而 "鬼神" 连用也高达 101 次。[2] 墨家对

---

① 梁启超:《清代学术概论》, 北京: 中国人民大学出版社, 2004 年版, 第 9 页。
② 参见孙中原等:《墨子大辞典》, 北京: 商务印书馆, 2016 年版, 第 121、284、285 页。

"鬼""神"和"鬼神"这三个术语的高频使用,与《论语》等儒家典籍所持的"远鬼神"态度[①],形成了鲜明对比。墨家曾批评儒学说,其一大缺陷就在于不谈"鬼神"。比如,《公孟》就说道:"儒以天为不明,以鬼为不神,天鬼不说,此足以丧天下。"这既凸显出了墨家对鬼神问题的重视,也说明墨家大谈特谈鬼神的现实功利考量。一如朱传棨所指出的,墨子沿用春秋时的"鬼"观念,乃是为了"约束人们的道德观念和端行"[②]。如此一来,与论"天"一样,墨家论"鬼神"也侧重于其所具有的政治功能。质言之,墨家侈谈"鬼神"的一个主要目的就在于,用鬼神能赏善罚暴的外在威权来约束君主等统治阶层的为政行为,并督促君主施行义政义事。

(一)墨家对"鬼神实有"的朴素经验主义论证

墨家首先论述了鬼神的实有性。墨家认为,鬼神主要有三类:"古之今之为鬼,非他也,有天鬼,亦有山水鬼神者,亦有人死而为鬼者。"(《明鬼下》)《大取》亦谈论"鬼"与"人"的关系说:"人之鬼,非人也;兄之鬼,兄也。"就此而言,墨家一方面指出了鬼与人的不同,另一方面又肯定了基于血亲关系而来的人伦秩序,仍适应于人与鬼之间的关系,如兄之鬼就与兄有其相关性。显然,墨家认为鬼神乃是实有的,并从朴素经验主义立场出发对"鬼神实有"的观点作了论证。这一论证又可区分为"立"和"破"两个维度,"立"即对"鬼神实有"观点的证成,而"破"即对"鬼神无有"的观点的反驳。首先,从反驳的角度说,墨家认为,那种执鬼神为无

---

① 《论语·雍也》篇说:"敬鬼神而远之。"《论语·先进》也肯定说:"未能事人,焉能事鬼。"就此可见,孔子主要是从人本主义的立场出发,寻求一种敬鬼神与远鬼神、事人与事鬼之间的平衡。正如有的学者所指出的:"无鬼神的儒家是不完整的……早期儒家基于魂魄说而言鬼神,鬼神更加地人文化、理性化和非实体化、非威灵化了。"(王国雨:《"魂魄""鬼神"与早期儒家祭礼诠释的内在向度》,《人文杂志》,2020年第9期)

② 朱传棨:《墨家思想研究论稿》,北京:人民出版社,2020年版,第91页。

有的观点会造成人们的思想惑乱，进而导致天下政治和伦常秩序的崩乱。《明鬼下》开篇就总述到："今执无鬼者曰：'鬼神者，固无有。'且暮以为教诲乎天下，疑天下之众，使天下之众皆疑惑乎鬼神有无之别，是以天下乱。"要言之，墨家之所以要反对"鬼神无有"的观点，主要就在于这种观点会造成天下之乱。何以说"鬼神无有"观点就会造成天下之乱呢？墨家对此的回答是，若普天之下的所有人皆相信鬼神实有并能赏贤罚暴，那就不会造成天下之乱，"今若使天下之人，偕若信鬼神之能赏贤而罚暴也，则夫天下岂乱哉！"（《明鬼下》）这也就是说，只有建立起对鬼神实有的信仰，并借助鬼神能赏贤罚暴的认知，才能规约天子和王公大人乃至于庶人皆去为义而不为不义，从而避免天下走向政治和伦常失序的境地。由此可见，鬼神所扮演的角色与功能，只不过是一个中立的裁判者与赏罚者。但从次第上讲，这种以"鬼神无有"观点会带来政治与伦常失序的后果论进路，并不能必然就反推出鬼神是实有的。故而，墨家还需进一步从证成的角度解释清楚鬼神何以就是实有的。

从"鬼神实有"观点的证成方面说，墨家主要运用了其所提出的"三表法"来加以详细论述。首先，墨家从"原"（即"百姓耳目之实"）的角度论证了鬼神何以是实有的。具体来说，墨家主要通过列举百姓所传闻的杜伯对周宣王的复仇、庄子仪对燕简公的复仇、句芒①对郑穆公的锡寿等事例，来声明鬼神乃为"众人所同见"和"众人所同闻"（《明鬼下》），并以此论定鬼神为实有。在墨家所列的百姓传闻之事中，大多都可以凸显出以鬼神代表"义"的特质。比如，杜伯对周宣王的复仇事例就说明了这一点：

---

① 句芒是中国古代神话中一个人面鸟身的神祇，具有"创世之神与造物之神""东方之神""木官之神""春神"和"生命之神"等多重神格。按《明鬼》所述，句芒乃是"司命之神""生命之神"和"福神"。对此的详细论述可参见刘锡诚：《春神句芒论考》，《西北民族研究》，2011年第1期。

周宣王杀其臣杜伯而不辜，杜伯曰："吾君杀我而不辜，若以死者为无知，则止矣。若死而有知，不出三年，必使吾君知之。"其三年，周宣王合诸侯而田于圃田，车数百乘，从数千，人满野。日中，杜伯乘白马素车，朱衣冠，执朱弓，挟朱矢，追周宣王，射之车上，中心折脊，殪车中，伏弢而死。当是之时，周人从者莫不见，远者莫不闻，著在周之《春秋》。为君者以教其臣，为父者以警其子，曰："戒之！慎之！凡杀不辜者，其得不祥，鬼神之诛，若此之憯速也！"

墨家援引此一故事，的确是为了说明可以从"众人所同见"和"众人所同闻"的经验角度，证实鬼神确为实有。但这一故事还折射出了鬼神能对君主行赏罚之事的劝告意味。宣王枉杀杜伯，是一件不义之事（"不辜之事"）。若从"尚同"所包含的人间统治等级来说，因宣王位居天子尊位，故也就没有其他人可以再为杜伯伸张正义了。由此，杜伯便以死后若有知（即"为鬼而有知"）的信念，来谋求对君主的复仇，后来他也确实在为鬼之时实现了自己的誓言。除此之外，墨家还举了燕简公枉杀其臣下庄子仪，庄子仪死后为鬼对燕简公加以复仇等相同类型的事例，来说明鬼神乃为实有。墨家所举的这些案例，大多都包含着强烈的政治与道德教益，意即墨家所立的"凡杀不辜者，其得不祥，鬼神之诛"的普遍信念，进而来约束上位者的滥杀无辜之举。墨家所述之事例，应当有不少是春秋战国时期的民间信仰。晁福林在考察《明鬼》中相关事例的基础上指出"春秋时人迷信鬼神，有相当浓厚的鬼神观念"，并且"春秋时期各个诸侯国对于鬼神是相当敬畏的"[①]。他还评论杜伯和庄子仪的复仇之事虽"于史无征，很可能都是民间传说而为诸侯国的《春秋》所记者。……如果说这样的舆论出自下层民众，当不为无稽之谈"[②]。这

---

① 晁福林：《春秋时期的鬼神观念及其社会影响》，《历史研究》，1995 年第 5 期。
② 同上。

也就表明，墨家是通过援引民间传说中的众之所见与众之所闻，来论证鬼神之实有。

其次，墨家从"本之于古者圣王之事"的角度论证了鬼神的实有。墨家从"本"的角度来论证鬼神实有的主要对象，是那些认为"众之所见""众之所闻"不足以采信的鬼神无有论者，"若以众之耳目之请，以为不足信也，不以断疑。不识若昔者三代圣王尧舜禹汤文武者，足以为法乎？故于此乎自中人以上皆曰：若昔者三代圣王，足以为法矣"（《明鬼下》）。墨家试图通过援引《尚书》中记载的古者圣王为政之事的历史经验，来进一步支持以鬼神为实有的主张。墨家抛出的第一个圣王事例，就是武王诛纣王时率领诸侯分行祭祀之事，这也就表明武王是以鬼神为实有的："昔者武王之攻殷诛纣也，使诸侯分其祭，曰：'使亲者受内祀，疏者受外祀。'故武王必以鬼神为有，是故攻殷伐纣，使诸侯分其祭。若鬼神无有，则武王何祭分哉？"（《明鬼下》）这一论证实际上包含了两个层次：第一个层次是武王令诸侯分别祭祀，所谓"亲者受内祀，疏者受外祀"，由此推断出武王以鬼神为实有，因为若执鬼神为无有的话，祭祀就失去了其应有的对象与功能；第二个层次是作为古之圣王的武王以鬼神为实有，那依据"三表法"之"本"，也就可以类推出鬼神为实有。就第一个层次而言，《公孟》给出了更加明确的事例说明：

> 公孟子曰："无鬼神。"又曰："君子必学祭礼。"子墨子曰："执无鬼而学祭礼，是犹无客而学客礼也，是犹无鱼而为鱼罟也。"

《公孟》此段使用譬式论证来说明既有祭祀之礼，则就必定会有鬼神存在，正如有待客之礼就必定有客人存在，织渔网就必定会有鱼存在一样。显然，墨家试图以圣王重视祭祀之事来说明鬼神是实有的。此外，墨家还通过援引《诗经·大雅》中对文王的称颂之辞，来论证鬼神是实有的。"大雅曰：'文王在上，於昭于天，周虽旧邦，其命维新。有周不显，帝命不时。文王陟降，在帝左右。穆穆文王，令问不已。'若鬼神无有，则文王既死，彼岂能在帝之左右哉？"（《明鬼下》）墨家用了一个否定后件式来说明这一点，即如果承认鬼神是不存在的，那就不能说文王殁后还能在"帝之左右"，既然《诗经》明确承认说文王殁后在帝之左右，那也就可以说明鬼神确实是实有的。总之，墨家试图通过古之圣王之事，来证明鬼神为实有。

墨家认为，无论是"众之所见""众之所闻"的"百姓耳目之实"，还是《尚书》记载的武王下令祭祀以及《诗经》记载的文王殁后在帝之左右等圣王之事，都能说明鬼神确实是实有的。显然，墨家试图通过经验来论证鬼神的实有，的确有其不足。因为鬼神是否是实有的，本就是一个经验领域无法或者说很难验证之事，故而墨家对鬼神实有的论证，实是想以一种基于经验的理性思维来把握某种超验的实在，而这缺少充分且可靠的说服力。不过，正如上文所述及的，墨家论证鬼神为实有的根本目的，乃是为了其"兴天下之利，除天下之害"的功利的治道目标。《明鬼下》对此说得很是清楚："若是，则先死者非父则母，非兄而姒也。今洁为酒醴粢盛，以敬慎祭祀，若使鬼神请有，是得其父母姒兄而饮食之也，岂非厚利哉？若使鬼神请亡，是乃费其所为酒醴粢盛之财耳。自夫费之，非特注之污壑而弃之也，内者宗族，外者乡里，皆得如具饮食之。虽使鬼神请亡，此犹可以合欢聚众，取亲于乡里。"墨家在此做了这样一个简单推理：

（1）若鬼神实有，对鬼神的祭祀就有益于父母兄嫂，因此谨慎祭祀会产生厚利；

（2）若鬼神不实有，祭祀鬼神所用的酒醴粢盛之财，会内和宗族，外睦乡里，因此谨慎祭祀也是有利的；

（3）鬼神或者实有或者不实有；

（4）总之，谨慎祭祀都是有利的。

上述推理表明，墨家对鬼神是否实有进而对祭祀所具有的重要性的讨论，整体上还是从其有利于亲、有利于人的角度着眼的。这也就充分表明，分析墨家对鬼神为实有的论证，实际上也就是在分析鬼神观所具有的道义与政治功能。在墨家看来，鬼神除了具有赏贤罚暴的能力之外，还能关注民生疾苦，并是公正无私的。而鬼神的这一特质，无疑也就有助于建立良好的伦常与政治秩序。

（二）墨家论鬼神与天子之间的关系

从政治哲学的角度说，墨家鬼神观的一个重要内容便是对鬼神与天子间的关系的讨论。如上文所述，从天与天子的角度来说，天高于天子，且天能对天子的言行加以赏罚，所谓"天子为善，天能赏之；天子为暴，天能罚之"（《天志中》）。那鬼神是否也能行对天子的赏罚之事呢？墨家认为，鬼神是比才德卓异的圣人更为明智的存在，"鬼神之明智于圣人，犹聪耳明目之与聋瞽也"（《耕柱》）。这也就是说，鬼神要比圣人更为明智，故也就能对包括天子在内的所有人行公正的赏善罚暴之事。诚如伍非百所言："墨子以为鬼神二灵，皆能作祸福与人间，而助天行志，有威权，能监察，亦公直，明与人，尊与民，与天德较，可谓具体而微，唯不能创造耳。"[①] 鬼神与天一样，皆是依据义而行事，也都遵循着"兴天下之利，除天下之害"的义政目标，还都具有赏善罚暴的威权。故而，我们就可以说，鬼神是除了天之外，对天子为首的统治者的又一层约束力量了。

首先，墨家论述了鬼神与古时圣王之间的关系。在墨家看来，由于鬼神对天子具有约束力，故古时圣王皆要求自己能顺应鬼神之所欲而从事，特别是能谨慎祭祀天与鬼神。"故古者圣王，明天鬼之所欲，而避天鬼之所憎，以求兴天下之利，除天下之害。是以率天下之万民，齐戒沐浴，洁为酒醴粢盛，以祭祀天鬼"（《尚同中》）；

---

① 伍非百：《墨子大义述》，济南：山东文艺出版社，2018 年版，第 108 页。

"上有以洁为酒醴粢盛，以祭祀天鬼"（《尚贤中》）。在墨家看来，天与鬼神的所欲所憎是同一的，天之所欲当是鬼神之所欲，天之所憎亦是鬼神之所憎。天欲人能兼相爱交相利，而不欲人之相亏相害。故而圣王就会顺应天鬼之所欲而行事。与之相反，如果天子遇到疾病祸患，就需要虔诚祈祷于天和鬼神，以达到去疾祸而得康福的目的，《天志中》描述这一点说："天子有疾病祸祟，必斋戒沐浴，洁为酒醴粢盛，以祭祀天鬼，则天能除去之。"同时，圣王若欲求"兴天下之利，除天下之害"，还需要率领万民以祭祀天鬼，从而得到天鬼的支持与赐福。这说明，天与鬼神的意志是古时圣王为政所不得不遵循的指南，而人们也必须对天与鬼神有所虔敬与祭祀。若人不对鬼神有虔敬的祭祀，则鬼神就会降下惩罚，《明鬼下》记载了宋之《春秋》所载的这样一件事，宋文君时的官员观辜负责祭祀之事，用不合礼制规格的珪碧、不洁净的酒器、不纯色肥美的牛羊，且不按时行祭祀之事，故而厉神附身于祝史之身将观辜打死在祭坛之上。墨子借由此一事件意在说明，对鬼神的虔敬祭祀乃是得到鬼神赐福与庇佑的一个必要条件。

其次，墨家还将倡明鬼神之说视作一种治国利民之道。"尝若鬼神之能赏贤如罚暴也，盖本施之国家，施之万民，实所以治国家、利万民之道也。"（《明鬼下》）在墨家看来，鬼神具有的一个最重要功能就是赏贤罚暴，这也就意味着鬼神具有超越人类的公正力量。这种力量体现为鬼神的"明"与"能"，"明"即知（智），是对一切事物的洞察入微，"能"即赏罚，是能公正地赏罚施与包括天子在内的所有人。《明鬼下》概述鬼神的"明"与"能"说："故鬼神之明，不可为幽闲、广泽、山林、深谷，鬼神之明必知之。鬼神之罚，不可为富贵众强，勇力强武、坚甲利兵，鬼神之罚必胜之。"要言之，鬼神之"明"，对人来说是无所逃遁的；鬼神之"能"，对人来说也是无所规避的。鬼神的"明"与"能"还具备某种必然性与普遍性，遵循有善必赏、有暴必罚的基本原则，"鬼神之所赏，无小必赏之；鬼神之所罚，无大必罚之"（《明鬼下》）。鬼神明察与赏罚的最主要对象，就是居于人间至尊地位的天子。墨家举例说，纵使桀、纣贵为天子，但因他们下不爱民利民，上不祭天祀鬼，因而天便命商汤和武王对他们行以诛道，取而代之。墨家进而还提出，三代圣王之所以能得天下的重要原因之一，就在于他们能敬畏天志与鬼神，从而得到了天与鬼神的赐福；而三代暴王之失天下的缘由之一，就在于他们不能敬畏天志鬼神，从而受到了天与鬼神的惩罚。《公孟》篇记载了一段墨子和公孟子关于鬼神在政治活动中的重要性的谈话，公孟子认为鬼神是"有义不义，无祥不祥"，这也就否定了鬼神信仰对于政治活动的重要作用；而墨子则针锋相对地提出"圣王皆以鬼神为神明，而为祸福，执有祥不祥，是以政治而国安也。自桀纣以下，皆以鬼神为不神明，不能为祸福，执无祥不祥，是以政乱而国危也"，用圣王和暴王对鬼神的不同认识所带来的不同政治后果为例，来说明鬼神信仰在治国理政中的重要作用。总之，墨子及其后学明显是想以鬼神的赏贤罚暴之威权，作为约束天子及其统治者权力的外在监督力量，以督促天子等能实行义道，实现天下人民的"众""富""治"等大利。如此一来，墨家的鬼神之说就成为一种探究君权约束机制的政治论说了。

最后，墨家还提出了"先鬼神而后人"的观点，以阐明治国活动中鬼神与人的先后关系。《明鬼下》说："且惟昔者虞夏、商、周三代之圣王，其始建国营都，曰必择国之正坛，置以为宗庙；必择木之修茂者，立以为菆位；必择国之父兄慈孝贞良者，以为祝宗；必择六畜之腯肥倅毛，以为牺牲；珪璧琮璜，称财为度；必择五谷之芳黄，以为酒醴粢盛，故酒醴粢盛，与岁上下也。故古圣王治天下也，故必先鬼神而后人者，此也。"墨家认为，作为后人为政典范的古时圣王之政，第一要务便是要设立宗庙，置立祝宗，行祭祀之事，这也就是"先鬼神而后人"的治道理念。正所谓"国之大事，在祀与戎"（《左传·成公十三年》），墨家"先鬼神而后人"的观点，也就特别突出了祭祀在治道中的重要地位。而墨家的此种观点，或许也与春秋以降重民轻神的观念看似有些抵牾。据《左传》等文献的记载，古时圣王为政是"先民而后神"，并形成了"神依人而行"的观念，如《左传·桓公六年》记载了"夫民，神之主也。是以圣王先成民而后致力于神"等说法，而《左传·庄公三十二年》亦记载太史史嚣之言说："国将兴，听于民；将亡，听于神。神，聪明正直而壹者也，依人而行。"由此亦可见"先鬼神而后人"与"先民而后神"之间的相互抵牾所在。但若就墨家鬼神观乃是一种政治论说的实质来说，"先鬼神而后人"的本义，乃是为了在更大程度上树立起鬼神的权威，以方便对包括天子在内的人间政治活动加以道义约束与规范，而这也就潜在地包含有利民的一面。事实上，墨家也主要是通过"吸收殷代的宗教传统和民间的鬼神信仰"①，来建构和阐明某种披着宗教外衣的政治论说，以更好保障其"爱民""利民"的价值诉求了。

要言之，墨家首先通过其所主张的"三表法"论证了鬼神乃为实有，进而阐发了"天"与"鬼神"所具有的遵循"义"来公正无私地进行赏善罚暴的能力，用以监督包括天子在内的天下所有人的强力从事能趋近"义"而远离"不义"，从而实现天下和万民"众""富""治"的治理后果。墨家认为，只有普天下之人怀着对"天"与"鬼神"的敬畏，才能各尽自身的本分与职责，这也就使得"明鬼"成为了实现天下"富""众""治"的一个必要条件。《明鬼下》阐明这一点说："若以为不然，是以吏治官府之不洁廉，男女之为无别者，鬼神见之；民之为淫暴寇乱盗贼，以兵刃毒药水火，退无罪人乎道路，夺人车马衣裘以自利者，有鬼神见之。是以吏治官府，不敢不洁廉，见善不敢不赏，见暴不敢不罪。民之为淫暴寇乱盗贼，以兵刃毒药水火，退无罪人乎道路，夺车马衣裘以自利者，

---

① 盖立涛：《墨家仁义政治哲学研究》，中国人民大学博士学位论文，2017 年，第 177 页。

由此止。是以莫放、幽闲，拟乎鬼神之明；显明，有一人畏上诛罚，是以天下治。"显然，"鬼神"在这里所要起的主要作用，也就在于去约束人之"亏人以自利"的本性，以维系治道和人伦的道德底线，实现天下之治。诚如唐君毅对墨家天鬼之说的总结："吾人一方须知墨子论证天与鬼神之存在之言，不必有效，一方须知墨子实相信有鬼神与天志。在另一方，吾人又须知墨子天志明鬼之论，原不重在论证天与鬼神之存在，而要在论此天与鬼神乃能知义，而本义以行其赏罚者。"① 墨家的天鬼之说，实也就是一种墨家义道和义政的思想延伸。在一定意义上说，墨家所论之天与鬼神的意志，实也就是以墨家治道主张为内核的。同时，墨家所坚持的此种"天"与"鬼神"的观念，也是春秋时期鬼神观念的一个重要代表。而春秋时期的鬼神观念的一个重要特质，也就在于"春秋时期的人们相信神灵是'聪明正直而壹者'，因此对于鬼神能够惩罚恶势力总是怀着希望"②。墨家也可能是继承和弘扬了此一民间渴望，进而从"爱民""利民"的价值角度来申明天、鬼神与人在义道上的合一，并为其天志与鬼神学说赋予政治与道德意涵。就此而言，美国汉学家葛瑞汉的论述就是切中肯綮的："墨家思想体系中的'天'与神的功能，是通过赏罚来落实真正的道德，以及纠正与弥补天下的不公。"③

总言之，墨家虽重视"天"与"鬼神"所具有的宗教与祭祀特质，但主要还是将其作为一种约束人勉力去从事义道义政、实现治国利民的政治主张。以笔者浅见，墨家关于"天志"和"鬼神"等问题的讨论，本质上也都是作为一种政治观点加以民间宗教式引申阐述的。若单纯从政治哲学的角度来看，对天志和鬼神的信仰，主要是基于其既能对统治者的权威来源加以界说，又能对统治者的地

① 唐君毅：《中国哲学原论·原道篇》，北京：中国社会科学出版社，2006年版，第78页。
② 晁福林：《春秋时期的鬼神观念及其社会影响》，《历史研究》，1995年第5期。
③ ［英］葛瑞汉：《论道者：中国古代哲学论辩》，张海晏译，北京：中国社会科学出版社，2013年版，第60页。

位悬设一个更高的约束力量。墨家谈论了"天"对人的爱，却很少谈及人对"天"的热爱与崇拜（如果说有的话，那也主要表现为一种敬畏感）。倘若墨家所说的"天"与"鬼神"是一种宗教信仰的话，那除了谈论"天"或"鬼神"对人的爱与罚之外，还必须谈论人对"神"所要秉持的自发热爱与主动崇敬；但墨家在论及人对"天"的态度时，惯常使用的是诸如"尊天事鬼"之类的说法；而这一说法明显缺乏以虔敬为特色的宗教成分，故而其也就应该主要被理解为一种对统治者要"爱民""保民""利民"的老生常谈式的劝诫（这类谈论的基本格式是："若君主爱民保民，会得到天和鬼神的赐福与庇佑；若君主不爱民保民，则会得到天和鬼神的降灾与惩罚。"）① 显然，若不能以天与鬼神的即刻奖赏与惩罚为凭据，面向统治者的这类说教，往往就会显得极其贫乏无力。同时，从宣教的对象上说，墨家宣扬"天志"和鬼神所主要针对的人群，乃是统治者而非底层民众。在墨家看来，天和鬼神主要是与人间的政治秩序相关联的，从而无法绕开整个社会的政治统治秩序，去实现某种民众与神圣权威的直接沟通交流。就此而言，若结合"尚同"与"天志"两大主张来说，"尚同"说就必须要建立在"天志"说的理论基础之上。一方面，作为人间之"义"的标准的"天子"，在"尚同"的政制设计中，还必须要服从"天志"而为政和行事；另一方面，"天志"与"鬼神"还要以一种明察与赏罚天下之人的强力意志，约束着包括天子在内的统治者去行"兼爱"义道。故而，以笔者愚见，墨家的"天志"与"明鬼"主张，主要还是一种权力约束学说，而这一权力约束说的本义，则在于通过"天"与"鬼神"所具有的公正无私的赏善罚暴能力，来保障以"重民、爱民、利民"为本的价值观念在政治活动中的落实。

---

① 参见［美］本杰明·史华兹：《古代中国的思想世界》，程钢译，南京：江苏人民出版社，2008年版，第230页。

第六章　儒、墨政治哲学的比较与会通

当代的墨家政治哲学研究，大多是在比较哲学的视域中进行的。此一比较，大抵有两个维度，其一是辨察墨家与中国古代儒、道等诸家思想的同异，以把握墨家政治思想的优点与缺弊；其二是选择某一西方政治哲学理论作为基础，以引申和阐发墨家政治哲学所具有的现代意义。就第二个角度来说，因墨家在论述"尚同"的道义必要性时设定了一个"自然状态"，而这与西方政治哲学大家霍布斯、洛克的政治哲学致思理路有相类之处，故而在梁启超等近代治墨学者的眼中，墨家政治思想也就可与霍布斯、洛克的政治哲学理论相媲美。[①]同时，经由这种比较研究，极易得出墨学有近于西学一面的结论。

从方法论来说，由梁启超倡导和使用的比较研究法，则是近代以来的墨家政治哲学研究的一个重要方法。所谓"比较研究法"主要指的是对几个不同的研究对象进行对照分析，通过寻找这些对象

---

① 方可涛也指出，墨子是第一个从"自然状态"解释政府起源的思想家，参见 Chris Fraser, *The Philosophy of the Mòzǐ：The First Consequentialists*，New York：Columbia University Press，2016。

之间的相似性或相异性，来深化对这些研究对象的理解与认识。梁启超论述中国古代史研究的方法时，阐述了此种比较研究法："天下古今，从无同铸一型的史迹。读史者于同中观异，异中观同，则往往得新理解焉。"①这一"同中观异，异中观同，得新理解"的论断，可谓充分说明了比较研究法的实质。根据"同中观异，异中观同"的论述，就可以将比较研究法的必要条件阐述如下：（1）至少存在两个以上的研究对象；（2）比较的对象之间应当具有可以比较的类同性质，即对象彼此之间的结构、功能、属性存在相同或相似之处；（3）通过比较研究能得到对研究对象的新理解和新认识。例如，近代以来的墨家辩学研究就主要采用了此种"以西释中"的比较研究法，意即以西方形式逻辑（特别是三段论）或因明三支作法为参照，分析先秦名辩学是否具有与此相应的推理结构。通过中西、中印逻辑思想间的比较研究，研究者们更好诠释了墨家逻辑思想的本质和地位，如墨家逻辑也是以研究推理论证为主的，但在形式上并未深入到研究推理形式等科学结论。但观察近代墨辩学研究中的比较研究法，往往会发现一种"由比较到比附"的诠释现象，也就是放弃了比较研究法的第二个条件而强行比较，从而形成了一些错误的诠解以及不正确的结论。②与此类似，近代以来的墨家政治哲学研究，也多是在中西比较研究法的范式中得以揭橥和阐发义理的。但由于此一方面的研究，无论是在方法上还是在观点上，都已为前贤所充分展开，且笔者学力有限，故对此不再泛泛议论，而只专注于讨论同为中华优秀传统文化有机组成部分的儒、墨之间的比较研究。

近年来，随着中国古代政治哲学研究的逐步深入，探讨墨家与儒家、道家、法家等诸家的政治思想之间的异同，也成为当代墨学研究的一个热点。比如，由山东大学、中国墨子学会和滕州市委、

① 梁启超：《中国历史研究法》，北京：中国华侨出版社，2013年版，第112页。
② 参见杨武金：《墨经逻辑研究》，北京：中国社会科学出版社，2004年版，第146—155页。

市政府联合举办的第十三届国际墨子鲁班学术研讨会、第八届墨子文化节、儒学全球论坛（2020 年 11 月）大会，就以"儒墨会通和国家治理"为主题，系统探究了以国家治理为中心的儒学与墨学之间的同异与会通等问题。《文史哲》杂志则承续了儒墨会通话题的讨论，于 2021 年第 4 期刊载了一组"儒墨关系的现代诠释（笔谈）"文章。陈来、李存山、陈卫平等当代儒学研究的代表性学者就"儒墨相用""仁爱与兼爱之异同"以及墨子在孔孟之间的重要思想史地位等展开了讨论，而秦彦士、杨武金等当代墨学研究专家则围绕儒墨与中西的会通、儒墨的殊途与同归等问题阐发了见解。[①] 上述这些会通儒墨的努力，为笔者进一步讨论和阐发儒、墨二家的政治哲学（思想）的同与异，提供了更为充分和可靠的思想史料。囿于笔者的学力和见闻所限，笔者拟只择取儒、墨之间的比较研究，来对墨家政治哲学进行一些简单阐述。

第一节　重思墨家的"非儒"主张

一般认为，墨子曾先求学于儒家，后因不满儒学的某些理论与做法带给民生的伤害，而针锋相对地创立了墨家与墨学。比如，《淮南子·要略》就记载说："墨子学儒者之业，受孔子之术，以为其礼烦扰而不说，厚葬靡财而贫民，久服伤生而害事，故背周道而用夏政。"若这一说法大抵是可以接受的话，那就不得不承认墨学出于儒学，但也反对儒学的思想史事实。同时，按《淮南子》的这一说

---

① 该组笔谈文章分别为：（1）陈来：《从"儒墨不相用"到"儒墨必相用"》；（2）李存山：《仁爱与兼爱异同论》；（3）陈卫平：《墨子：孔孟之间的重要环节——以古今之辩为中心的考察》；（4）秦彦士：《儒墨会通与中西会通——人类命运共同体的再思考》；（5）杨武金：《儒与墨的殊途与同归》，具体见《文史哲》，2021 年第 4 期，第 13—40 页。

法，墨学反对儒学的理由主要在于儒学追求的慎终追远之礼仪，对民众从事生产与生活是有害的，故而墨家选择回归到最早的夏政理念（如薄葬）来建立自己的政治主张。但这一说法同时还遮蔽了墨学对儒学的继承与发展等问题。事实上，墨家和先秦其他诸家一样，都共享了《书》《诗》等传统的思想与知识体系。诚如陈柱在《墨子之经学》一文中所指出的，经孔子删述后的"《六经》，虽出于儒家"，但孔子未删述之前的"《六艺》，实诸子与儒家之所同，非儒家之所得私也。故墨子虽非儒，而未尝不诵《六艺》""夫孔子之学，本于《六经》；而墨子所处，亦大抵相同。然墨子之所引以《尚书》为最多，而《易》则无之，惟文句有一二略同者而已"①。与《论语》等儒家先贤对《尚书》和《诗经》的引用相同，《墨子》书中也征引了《尚书》多达四十余处②，借以阐明墨子效法"古者圣王之事"的历史合理性。

儒、墨二家皆承续共同的思想资源而来，也已为至少汉代以前的学人所充分认识。比如，《韩非子·显学》就在评论儒、墨两家之学皆为"愚诬之学"时，一体性地说道："孔子、墨子俱道尧舜，而取舍不同，皆自谓真尧舜。"这也就是说，儒、墨二家皆是"法先王"的，并都称颂尧、舜、禹为德才兼备的圣人，还都将自己的学说定位为对尧舜之道的真正传承。又如，《淮南子·主术训》就明确谈及"孔墨皆修先圣之术，通六艺之论"，因而也皆成先秦之显学。

---

① 陈柱：《墨子之经学》，载《墨学十论》，上海：华东师范大学出版社，2015 年版，第 40、88 页。

② 关于《墨子》对《尚书》文本的具体引用情况，可参见陈柱：《墨子之经学》，载《墨学十论》，上海：华东师范大学出版社，2015 年版，第 42—73 页；亦可参见郑杰文：《〈墨子〉引〈书〉与历代〈尚书〉传本之比较——兼议〈伪古文尚书〉不伪》一文，载于《孔子研究》，2006 年第 1 期。关于《墨子》引用《书》的作用与特点，可参见钟云瑞、马士远：《墨子援引〈尚书〉的作用与特点》一文，载于《广东培正学院论丛》，2015 年第 4 期。因拙著论述重点不在于追究《墨子》书中引用《尚书》的具体内容、版本变迁和作用特点，故只是泛泛论及而未能详尽阐述，以期明确墨家与儒家共享同一知识传统的思想史判断。

同时，墨学的思想内容展开与学术进步也离不开其与先秦其他学派的互动交流。墨子及其后学集中批评了儒家、道家、阴阳家、名家和法家等相关主张，亦为儒家、道家、法家等诸子所批判。[①]美国汉学家史华兹对这一点的评论可谓真切。在他看来，理解墨学的要点首先就在于去理解儒、墨二家所共有的思想前提或假设。一方面，依据《淮南子·要略》中耳熟能详的说法，"墨子学儒者之业，受孔子之术"，即墨学源出于儒学，并反对了儒学中的某些内容（如仁爱、厚葬、重乐、信命等）；另一方面，墨子在非儒的同时也对孔子多有称颂，《公孟》记载程子与墨子的对话："程子曰：'非儒，何故称于孔子也？'子墨子曰：'是亦当而不可易者也。'"这也就表明，墨子之非儒，并非单纯为了非儒而非儒，而是有所选择地只针对其所理解到的儒学中有碍于人民利益、兴利除害的内容来加以辩论斥责。而萧公权也一针见血地指出，墨子与孔子相对立的看法"不免皮相之谈。吾人考其行迹，则而这实有相似之处。述古学以自辟宗风，立治道以救时弊。游行诸国，终无所试。乃广授门徒，冀其能行道而传学。凡此皆孔墨之所同也"[②]。就此而言，笔者认为，墨家与儒家有着共通的积极入世的思想文化倾向，皆有志于去实现（恢复或重建）天下有序的治道状态，并最终去努力建立一个人人皆能彼此相爱的理想社会。同时，它们还都共享了如下观念，即只有圣王才能真正统一天下的道义标准，而这也就潜在地承认了某种金字塔式的秩序观念，以及只有在上层社会中才能发现对建立社会秩序负有终极责任之人。[③]的确，注重秩序、追求秩序是任何社会都需要具备的一个基本特征，而"人们需要秩序以便能够在其中找到自

---

① 关于墨家批判先秦诸家的具体内容，可参见高华平：《墨家对先秦诸子的学术批评》，《文史哲》，2020 年第 5 期。

② 萧公权：《中国政治思想史》，北京：新星出版社，2010 年版，第 85 页。

③ 参见［美］本杰明·史华兹：《古代中国的思想世界》，程钢译，南京：江苏人民出版社，2008 年版，第 185 页。

己的位置。秩序可以提供一致性、连续性以及正义"①。若以儒家的
"仁义"之道而言，"仁"暗含着社会秩序的横向平等追求；儒家所
论的"礼"，则表现为一纵向的等级秩序。②要言之，儒、墨两家都
讲仁义③，都强调要效法古时圣王，都主张要举贤任能，都希求一个
人与人相爱的理想世界，当然还包括二家所共有的以"民本"为基
础的政治观念。

　　墨家与儒家虽有其共通的思想文化倾向，但对如何实现其心目
中的理想盛世则形成了各自不同的主张。正如《淮南子·氾论训》
总论儒、墨二学的差异所说，"夫弦歌鼓舞以为乐，盘旋揖让以修
礼，厚葬久丧以送死，孔子之所立也，而墨子非之"。显然，儒家
所强调的礼乐之政与久丧厚葬的孝道人伦规范，乃为墨家所极力反
对。但就墨家来说，墨子也试图将孔子与其后学区分开来，并从孔
子后学对待命的消极态度出发，来展开其对于儒学的批判并引申出
自身关于命、天、鬼神、礼乐、贤人、尚同等方面的相关政治与伦
理主张。

　　如上所述，墨子及墨家对儒学的批评，主要集中于"礼"所带
来的"繁文缛节"与"厚葬久服"等问题。《公孟》明确指出说：
"儒之道足以丧天下，四政焉。"此处所说的"四政"主要包括"以
天为不明""厚葬久丧""弦歌鼓舞"和"以命为有"。"以天为不
明"会在实践上导致不义之人（包括君主在内）丧失掉敬畏感，而
民众也无法借此来表达自己的不满。"厚葬久丧"不利于民众的生
产并导致奢靡之风，从而妨害到人民的物质生产与消费活动。"弦歌

---

① 希尔斯（Edward Shils）语。转引自梁涛：《仁学的政治化与政治化的仁学——荀子仁
　　义思想发微》，《哲学研究》，2020 年第 8 期。
② 参见梁涛：《仁学的政治化与政治化的仁学——荀子仁义思想发微》，《哲学研究》，
　　2020 年第 8 期。
③ 《墨子》中对"仁"和"仁人"的提法大多是肯定的，并将"仁义"视作"兼爱"的表
　　现。这一点已为冯友兰的《中国哲学简史》所明确指出。

鼓舞"所代表的乐仪会助长社会上的奢靡之风。"以命为有"则会使得社会各阶层各安其命，丧失向上的奋斗动力。在墨家看来，儒家足以丧天下的"四政"主要是妨害到了人民从事生产以兴利除害的实际效用，并针锋相对地提出了"天志""节用""非乐"和"非命"等政治与伦理主张。然而，最能旗帜鲜明地讲述墨家对儒家之批评的当属《非儒》，尽管近代以来学术界关于此篇是否为墨子所著（或者说如实反映了墨子本人思想）及其所针对的批评对象究竟何指存有不同意见[①]，但其批评儒家的礼乐之政及厚葬久丧的孝道之论，与《公孟》所述一致而仍可成立。此外，《耕柱》亦提到了墨子对儒者所持的以鬼神为无有而执祭礼、君子述而不作和推己及人之爱等方面的批评。在墨子对儒家的批判中，其中的关键环节恰在于人们只顾自身及其宗族、邻人和家国的利益，而罔顾他人及其宗族、邻人和家国的利益，从而会生出种种不义的行为。故而，在某种程度上说，墨家应当是论"仁"而不论"礼"的。或许，在墨家看来，"礼"所要造成的明贵贱、明同异、明是非，可能就正是造成人与人之间不相爱的最重要的制度原因。如果说"兼爱"的实质可以被理解成一种"视人之身若视其身""视人之家若视其家""视人治国若视其国"的平等之论，那"兼爱"就势必要去克服"礼"所带来的外在的贵贱同异之别。而墨家所反对的，恰也就是儒家以血缘宗亲为基本依据而建立起来的"仁爱"观念。

---

① 如清人毕沅就认为《非儒》并非为墨子所著，乃是墨家后学"设师言以折儒也"，因而也就是"门人小子臆说之词"，后人也就并不能据此来指摘墨子对儒家的批评。孙诒让则依据荀子关于"世之俗儒"（《荀子·儒效》："逢衣浅带，解果其冠，略法先王而足乱世术，缪学杂举，不知法后王而一制度，不知隆礼义而杀《诗》《书》；其衣冠行为已同于世俗矣，然而不知恶者，其言议谈说已无以异于墨子矣，然而明不能别；呼先王以欺愚者而求衣食焉，得委积足以掩其口则扬扬如也；随其长子，事其便辟，举其上客，然若终身之虏而不敢有他志，是俗儒者也。"）的看法而认定，墨家批评的主要是俗儒，若以此来指摘孔子，则属"诬诋增加之辞"。毕沅和孙诒让的观点可参见〔清〕孙诒让：《墨子间诂》，北京：中华书局，2001年版，第286页。

事实上，当代也有不少学者就试图从普遍性的伦理维度出发，以反对儒家所倡导的"差等之爱"。限于笔者学识和见识，这里仅略举一例以为引申。黄裕生曾从其所提倡的普遍伦理学出发，而将儒家所推崇的"差等之爱"视作"儒家伦理学中最荒诞、最黑暗的思想"；这一主张的理由主要在于，"差等之爱"会在"理论上导致整个儒家伦理学陷入相对主义与特殊主义，从而否定一切绝对的普适性伦理法则；在实践上，则给予实践——践履原则的过程留下了可以灵活的巨大空间，直至一切保证正义的绝对原则都丧失掉规范作用。而儒家之所以倡导'爱有差等'，根源于它仅仅从角色间的功能关系去理解'仁（爱）'，从而把'仁'这一原则建立在'亲情至上'这一绝对概念之上"①。当然，这一对儒家"差等之爱"的否定性评价，也很快就遭受到了一些学人的责难与批评，如有的论者则基于为儒家辩护的立场，十分坚持"爱有差等，是合理、光明的思想。……爱无差等，是伦理学中最荒诞、最黑暗的思想"②。笔者无意去揣测和论证"差等之爱"和"爱无差等"究竟何者在伦理学上更为高明，而只是借此以说明儒、墨二家在治道原则上所存在的思想张力。③

美国汉学家史华兹对墨家的评价，则更能说明墨家在世俗意义上的人文精神追求。史华兹指出，墨家认识到了两个世界之间的对立，其中一个是不受任何自由意志（天［神］或人）对秩序加以控

---

① 黄裕生：《普遍伦理学的出发点：自由个体还是关系角色？》，《中国哲学史》，2003年第3期；该文亦载郭齐勇主编：《儒家伦理争鸣集——以亲亲互隐为中心》，武汉：湖北教育出版社，2004年版，第952页。同一评价还可见黄裕生：《本相与角色的存在论区分——普遍伦理学的起点》，载王金林、郭晓东主编：《复旦哲学评论（第1辑）》，上海：上海辞书出版社，2004年版，第116页。

② 邓曦泽：《抽象普遍与推扩普遍》，载郭齐勇主编：《儒家伦理争鸣集——以亲亲互隐为中心》，武汉：湖北教育出版社，2004年版，第415—416页。

③ 笔者已在第四章第一节说了墨家的"兼爱"思想。笔者的一个核心观点是，墨家的"兼爱"说具有多重维度，而"爱无差等"只是对其中一个维度的把握，故而"兼爱"并不能只被简单称为"爱无差等"。

制的世界，另一个是由天和人的自由意志所积极努力而创生出秩序的世界（显然，墨家所认识到的两个世界的对立，并不是近代西方意义上的由神［上帝］来控制一切的世界与人能支配自身命运的世界之间的二元对立）。[①] 而墨家的"非命"之说，恰恰就是要去否定那种执命为实有而否认天与人积极努力的观点（意即"重力而非命"）。因为这样一种观点，无疑充当着人民在一个强必凌弱、富常辱贫、贵多欺贱的不义世界中的精神麻醉剂，从而造成全社会随波逐流、哀怜自怨的消极生存状态。墨家进而认识到，人类社会秩序和宇宙秩序的产生与维持，有赖于天、鬼神和有义之士间的通力合作，而这种合作又是以应对由多样事物、多元意志、多种利益所招致的破坏世界统一秩序的可能性为目的。因此，对秩序的维护，对无序的反驳，都需要不断强化此一合作过程。而这又意味着在《天志》《明鬼》《非命》诸篇之间，存在着共通的思想勾连，从而共同组成墨学的宗教关怀维度。但这种宗教关怀维度的重点，又在于去强调给人造成灾难的自然界的无序现象，来自天对人违背天志的某种不满情绪。除此之外，墨家并未给出任何关于宇宙演化秩序以及天、鬼如何维持自然秩序的宇宙论解说。据此，笔者以为，《墨子》所讨论的主要问题仍然是事关人类政治与社会事务中的秩序问题，而其宗教维度也只是与其对人类事务之关怀的一种传统信念意义上的前提预设或理论延伸而已。

墨子对人类事务的关注首先体现在其关于"刑政"（"政治"与"国家"）起源的叙述之中。在《尚同上》中，墨子开篇就论及了处于混乱之中的"自然状态"（state of nature）。这种自然状态体现为"一人则一义，二人则二义，十人则十义。其人兹众，其所谓义者亦兹众。是以人是其义，以非人之义，故交相非也"的无序局

---

① 参见［美］本杰明·史华兹：《古代中国的思想世界》，程钢译，南京：江苏人民出版社，2008 年版，第 189 页。

面。显然，墨子这里是将追求个人利益的个体作为组成人类社会的基本单元。既然人与人之间的利益不同，而人们也都会将"何者为义"界定为一种"应当对自我有利之事"，所以人与人之间的"义"就自然会彼此相非。这种个体之"义"的彼此相非，即便是亲若父子、兄弟、夫妇，也无法从中摆脱。人与人之间为"义"的相非，又会带来人与人之间的彼此怨念、互相亏害而非通力合作、互相帮助。墨子论述这一点说："内者父子兄弟作怨恶，离散不能相和合。天下之百姓，皆以水火毒药相亏害。至有余力不能以相劳；腐朽余财不以相分；隐匿良道不以相教。天下之乱，至若禽兽然。"（《尚同上》）墨子在这里表明了其与儒家截然不同的立场，即他否认以血亲关系作为基础的家庭，及以祖宗崇拜作为纽带的家族（部族），能防止、消弭和化解人与人之间的亏害状态。[①] 这同时也就意味着，墨子不承认个体身上存在任何先在的导向公共之善的社会秩序，无论其是作为某种潜在的趋势，还是作为某种现实的表现。在墨子看来，整个社会秩序的构建，"公共之义"的实现，都是人们重力非命、积极努力的结果。就此而言，墨家所倡导的人文精神，实与儒学所倡导的自强不息、厚德载物的精神，在根本上应是一致的。

第二节　从政治哲学看儒、墨会通

与儒学一样，墨家哲学也是在中国先秦时期周王朝的统治名存实亡、分崩离析和诸侯异政的社会现实中得以产生和发展的。在这一社会现实中，据传由周公所创立的"纳上下于道德，而合天子、

---

① 　参见［美］本杰明・史华兹：《古代中国的思想世界》，程钢译，南京：江苏人民出版社，2008 年版，第 191 页。

诸侯、卿、大夫、士、庶民以成一道德之团体"①的"礼乐"制度日趋崩坏，用以指称客观世界的"名"和所指称的客观事物之"实"也不再表现为名实相应的固定形态，特别是由先王所创立的指称人事制度的爵名和刑名更显得"相怨"。《管子·宙合》概括当时的社会现实说，"夫名实之相怨久矣，是故绝而无交"。奠基后来中国文化的主流学派儒、道、法等诸家，乃是与墨家思想一道，同在这一时期（即由诸子间的思想争鸣而造成的所谓中华文明的"轴心时代"②中萌发、成型、成熟和衰落的）得以建立和形成了各自最为核心的政治与伦理主张。

　　围绕着这一"天下无道"的社会现实局面，先秦诸子纷纷提出和向当权者兜售各自的政治伦理主张，以期服务于使天下从大乱回复到井然有序的大治的现实目标。这一点也早为先秦和秦汉之际的思想史和哲学史学者所认识到。比如，《庄子·天下》就概括这一社会现实和诸子之学的特点说，"天下大乱……多得一察焉以自好"和"道术将为天下裂"。这大致上也就是说，原本统一的以探查宇宙万物和社会人事之规律的"道术"，随着礼崩乐坏和天下大乱而为天下裂和分崩离析，以儒、墨为代表的诸子之学只是各得自身所好的"道术"之一而已。司马谈"论六家要旨"则更说得直白，诸子学说

① 王国维：《殷周制度论》，载《观堂集林（外二种）》，石家庄：河北教育出版社，2003年版，第232页。

② 这里所说的文明"轴心时代"是援引自德国哲学家雅思贝尔斯（Karl Jaspers）在《历史的起源与目标》一书中提出的观点。雅斯贝尔斯指出，人类理性精神的重大突破发生于公元前800至公元前200年间，特别是公元前600至公元前300年间，在北纬30°左右地区出现了代表现今各文明样态的原生性文明，在古希腊以苏格拉底、柏拉图和亚里士多德为代表的哲学家，在印度是《奥义书》、佛教、耆那教等，在中国则是老子、孔子、墨子等思想家，在波斯则是琐罗亚斯德创立的祆教，在中东则有犹太教的众多先知。这些文明形态发生的一个共同点，就是其都处于一个邦国分立、诸家思想争鸣的时代，人们经由反思都关注"终极关怀"的问题，都试图通过理智来说服别人（参见［德］雅斯贝尔斯：《历史的起源与目标》，魏楚雄、余新天译，北京：华夏出版社，1989年版，第7—30页）。

的根本目的是"务为治者也"。因此，完全能够认为，这一"分崩离析、名实相怨"的社会现实，以及出于让天下从大乱重回大治的现实目的，是包括墨家政治哲学在内的所有墨家思想和其他诸子学术得以产生和发展的最主要客观社会条件所在。

服务于"为治"这一总目标，先秦诸子提出了各自的政治与伦理主张，进而形成了各自的政治哲学。循于"名实相怨"所表征的天下大乱之现实，先秦诸子所讨论的焦点之一便是所谓的"名实之辩"；换句话说，在先秦诸子看来，将名实关系厘定清楚是解决社会治理难题的关键所在。如孔子就站在"恢复周礼"的立场上，提出了"正名"的政治主张以作为"为政"的首要大事，而这一"正名"主张的实质内容，则是确立"君君臣臣，父父子子"的纲常秩序。孔子"正名"思想的实质就表现为一种"以名定实"的名实观。与孔子不同，墨子则以"天志"和"三表法"为依据，特别重视言论对国家和百姓的实际利益，而立足于其时名实相乱的实际情况主张"取实予名"。"取实予名"的名实观，实际上也是墨子所开出的根据新的客观现实而重新定名的名实主张。此外，道、法、名诸家也纷纷抛出了各自的名实观。纵观地看，先秦诸子提出各自名实观的目的，都是为了解决表征天下大乱的"名实相怨"问题而如何重新厘定名实关系的总任务。要言之，围绕着使天下由大乱回复到大治的现实目标，诸子所抛出的以名实问题为代表的政治主张展开了相互之间的辩难，以期指摘对方论题的错误和证成自身主张的正确。墨家政治哲学的价值观念与基本主张也正是在这样一个百家争鸣、相互辩驳的学术氛围中得以产生和发展起来的。

（一）墨家的"爱""利"观

学界一般认为，墨家并未形成明确的人性论观念。这也就是说，墨家并未形成诸如孟子的"性善"说或荀子的"性恶"说这样的人性论，而只是专注于对现实政治的论辩与分析。但近年来，随着对墨学诠释的深入，有不少学者试图一般性地概括和总结墨家的人性论。如林晓媚就提出说，墨家并没有去"断言'人性善'或'人性恶'，而是运用类比的方式，将人性看作'染丝'"，由人性的此种不定善恶出发，墨家进而强调可以由"'以利言性'的外在实践逐渐转向'以义治性'的内在实践工夫"[①]。在笔者看来，此种诠解墨家人性论学说的努力，实有助于对墨家政治思想所包含的"制"与"治"两个维度的本原性思考。以笔者浅见，抓住"利"而言"性"，实也就与墨家对"仁""义"的价值认知联系到了一起。而"仁""义"又是自孔子以来的儒家最为看重且最为内核的价值观念。如《论语·八佾》曾有言："人而不仁，如礼何？人而不仁，如乐何？"这也明确表明，作为某种制度文明的礼乐需要建基于人之仁德的基础之上。就此而言，墨家也并未全然背离儒家对于仁、义问题的讨论，而是承认了仁、义的道德价值。

首先，墨家论述了对"仁"的认知。据孙中原的统计，"仁"在《墨子》全书中出现约116次，而墨家对"仁"之含义的解释，应当与传统儒家是一样的。[②]这也就是说，墨家也是以"爱"来释"仁"。或许，墨子和墨家也可能会赞成儒家关于"仁者爱人"（《孟子·离娄下》）的说法。但在墨家看来，儒家所说之"仁"实为"体爱也"（《经上》），并进一步解释说："仁，爱己者非为用己也，不若爱马者"（《经说上》）。这也就是在强调，仁者应"爱人若爱其身"（《兼爱上》）和"为彼犹为己"（《兼爱下》），即要亲身体察他者的身心感受而后做出合适的举动。

其次，墨家还论述了"义"。"义"在《墨子》书中出现约294次，其含义主要为"仁义，道义，正义"[③]。如第三章所分析的，墨家论"义"首要突出的是利民的价值维度。一方面，墨家首先假定

---

① 林晓媚：《"以义治性"何以可能——墨家人性论新探》，《哲学动态》，2022年第3期。
② 参见孙中原等：《墨学大辞典》，北京：商务印书馆，2016年版，第146页。
③ 同上，第157页。

了"自然状态"下的人乃是只考虑自身利益的（即"一人一义，百人百义"的本来局面）。另一方面，墨家还要在理论上说明，如何才能让处于"自然状态"下的人们普遍相信，自我利益的实现与保全须臾离不得公共的社会利益。所谓后期墨家对于"义"的界说尤能说明这一点，即《经上》说"义，利也"，《经说上》进一步解释说："义，志以天下为芬而能能利之。不必用。"① 这也就是说，"义"在根本上就体现为对天下人的"利"，而为"义"也就是要以天下为己任，要利于天下之人。

总之，墨家对于"仁""义"的定义和解释，无不凸显的是一种为他人利益而服务、以践行"义"为根本特征的外向型道义规范。或许，墨家所认定的圣贤之人，主要当是以"行善"（doing good）而非"成善"（being good）作为根本目的。② 这种外向型的道义规范取向还体现在《墨经》对告子所持的"仁内义外"说的批判上。《经下》批评"仁内义外"说"仁义之为内外也，悖"，《经说下》进一步解释说："仁，爱也；义，利也。爱利，此也；所爱所利，彼也。爱利不相为内外，所爱利不相为外内。其为仁，内也，义，外也，举爱与所利也，是狂举也。若左目出右目入。"③《墨经》认为"爱、

---

① 关于《经说》这一条的释义，主要是将"义"视作利人之事。但关于此条的具体解释，也有多种不同意见，兹略举二种。如谭戒甫将之解释为"立志把天下人的事当成自己的分内事才能兼利天下，不必为自己求用故"（参见谭戒甫：《墨经分类译注》，北京：中华书局，1981年版，第188页）。《墨经正读》则将此条解释为"有志以天下为己任，而后才能利天下人，但不必等执政了始从事于义"（参见王讚源主编：《墨经正读》，上海：上海科学技术出版社，2011年版，第9页）。虽说对于此条的具体解释存在差异，但将"义"视作以天下人之利为己任，则是共识。墨家认为："义"是天下之公器，是公利。《天志下》解释说"义，正也"，可见以"利"解释"义"所涉及的政治、伦理方面的复杂面向。

② 参见［美］本杰明·史华兹：《古代中国的思想世界》，程钢译，南京：江苏人民出版社，2008年版，第197页。

③ 此处引文来自王讚源先生主编的《墨经正读》所作的校文（参见王讚源主编：《墨经正读》，上海：上海科学技术出版社，2011年版，第158页）。

利"都是由自身施予他者的，而"所爱、所利"则是由他者所接受到施予，因此，"爱、利"所代表的仁义不能说成内外关系，因此，"仁内义外"说的错误就在于将能施之"爱"与所受之"利"相提并论，就好比说左眼管出右眼管入一样，都是错误的。显然，墨家对道义的外向型特质的认识，具有一种鲜明的后果论伦理学色彩。①

墨家所说之"仁""义"，在根本上还是体现为爱民、利民的言与行。而"爱"的施予又不能以自我为价值指向。故而，在墨家看来，爱民与利民当必须践行一种能周遍地爱一切人的兼爱观念。一如第四章所述，兼爱首先是普遍的，要将别人的利益与自身的利益等量其观。其次，兼爱还是抽象的，其在内涵上要遍及古往今来的所有之人。认识到兼爱的普遍与抽象，或许也就有助于人们在具体行为中秉承"兼相爱，交相利"的原则来行事。从逻辑推衍的角度说，追求普遍而抽象的兼爱，方才是实现局部之爱的"体爱"（或者说"仁爱"）的前提。这是因为，出于自然血缘亲情建立的家庭，也不能避免家庭成员彼此间"义"的冲突，而只有贤可之人被立为天子后，才能一统天下之义，从而带来"兼相爱"与"交相利"的良好政治秩序。同时，当人们从自身所秉持的"兼爱"观念出发，自然也就会带来忠、孝、悌等德性。这也就是《兼爱上》所提到的：

> 若使天下兼相爱，爱人若爱其身，犹有不孝者乎？视父、兄与君若其身，恶施不孝？犹有不慈者乎？视子弟与臣若其身，恶施不慈？故不慈不孝亡。犹有盗贼乎？视人之室若其室，谁窃？视人身若其身，谁贼？故盗贼有亡。犹有大夫之相乱家，诸侯之相攻国者乎？视人家若其家，谁乱？视人国若其国，谁攻？故大夫之相乱家，诸侯之

---

① 比如，方可涛将墨子视作人类思想史上的第一个后果论者（Chris Fraser, *The Philosophy of the Mòzǐ: The First Consequentialists*, New York: Columbia University Press, 2016）。

相攻国者有亡。若使天下兼相爱，国与国不相攻，家与家不相乱，盗贼无有，君臣父子皆能孝慈。若此则天下治。

显然，此处在承认不孝、不慈、盗贼、诸侯相攻、大夫相乱等皆为不义之行的基础上，指出实现忠、孝、慈等德行的方式就在于"视人之身若视其身，视人之家若视其家，视人治国若视其国"的兼爱理念。墨子认为，设若人人都不去行兼爱之道，那家庭、国家就都会成为或大或小的利益集团。这些利益集团都会为了自身的利益，去侵害他人、他家与他国的利益，并认定其自身行为是正当的。《兼爱上》指出这一点说，"贼人以利其身""诸侯各爱其国，不爱异国，故攻异国以利其国"。这里也再次表露出，缺失了兼爱理想的天下政治，就会造成人皆自利而亏人、皆爱其家而亏人之家、皆爱其国而亏人之国的无序局面。笔者以为，墨子对人性的看法，总体上是悲观的，人都是自爱自利，并还会亏人自利的。因此，墨子特别强调奖赏和惩罚的重要性。尽管天与鬼神皆是爱人的，并希望人也能彼此相爱，但还是要行霹雳手段，对为义之人（包括君主在内）给予奖赏，对不义之人施与惩罚。与此相应，天子以下的为政之人也要效法于天，对义人义事予以奖励，对不义之人不义之事施以惩罚。因此，墨家就提出说，兼爱的理由就在于兼爱本身，意即唯有通过兼爱，人类和个人的利益才能最终得到保障；唯有通过兼爱，才能实现天下的长治久安。而这一点，又恰恰构成了中国古代政治思想史上儒、墨两家之间的最大冲突。

（二）墨家思想的实用理性特质

尽管诸子的哲学思想都是回应和反思礼崩乐坏的社会现实的产物，但墨家思想与儒家、道家思想相比，则更为重视理智和经验，更表现出了一种趋近于西方哲学的分析理性的思维方式。当然，说墨家思想更趋理性，不是说儒、道等诸家哲学不重视理性反思，而是要说明与儒、道诸家相比，墨家更为强调理性反思对于论证政治伦理主张正确性的极端重要。这一点，首先表现在墨家对谈辩活动的价值肯定上。墨家认为"万事莫贵于义"（《贵义》），而人们为义的方式则可以是"能谈辩者谈辩，能说书者说书，能从事者从事"（《耕柱》）。综观《墨子》一书，不难发现，墨子在行文和与人论辩时，多以"敢问其故""不明吾言之类"等来揭示墨家之所以如此主张的理由和根据，同时也善用辟、援、推、止等论式以进行论证和反驳，可见墨家的确是将"谈辩"活动视作为义的一种重要方式。与墨家将从事辩论活动看成为义的重要方式，从而对谈辩持肯定性的态度相比，儒家强调的是一种对谈辩的否定性态度。孔子说，"君子欲讷于言而敏于行"（《论语·里仁》）和"巧言令色，鲜矣仁"（《论语·学而》），孟子回应自己的好辩形象时也说及"予岂好辩哉，予不得已也"（《孟子·公孙丑下》）。与儒家一样，道家也对谈辩持否定性态度。老子指出"大辩若讷"（《道德经·第四十五章》），庄子也说"大辩不言"（《庄子·齐物论》），即真正具有大辩才的人都是木讷不言的，这也就是在否定"辩"的重要性。从西方逻辑思想和印度因明萌芽和发展的历史来看，研究应用于哲学论辩活动的论辩术是逻辑思想得以萌芽发生的重要因素之一。而墨家之所以能产生一定的逻辑思想，与墨家对论辩活动持有的肯定态度是分不开的。质言之，墨家对论辩活动的价值肯定，可谓是墨家哲学思想具有趋理性特点的第一个重要表现。

墨家哲学思想的趋理性特质还表现在墨家对经验知识的重视上。在先秦诸子百家中，墨家是较为重视经验知识的学派之一，也向以重视科技而为中国科技史家所推崇。与墨家并称显学的儒家，向以"克己复礼""礼乐之术"和"仁政王道"之学作为自己学说的核心，不甚重视经验技术方面的学问，如孔子批评樊迟请教稼穑、为圃之术是"小人"之行（见《论语·子路》），对卫灵公请教兵阵之事也表示"未之学也"（见《论语·卫灵公》），可见儒家的确对经验性学问不甚重视。李约瑟也指出这一点说，儒家对于中国古代科学思想的贡献，"几乎全是消极的"[1]，这当是一个儒家不重视生产生活经验的准确的客观判断。先秦时期的道家、名家学说也多以哲学玄思为特征，法家更为关注"刑名之术"，对百工所总结的日常生产生活经验的重视都不若墨家之甚。实际上，墨家将"从事"与"谈辩"一道视为"为义"三事之一，也多以"筑墙""染丝""战阵"等经验事实譬喻论证墨家的为义、修身等主张的正确。如《法仪》等篇记述了墨子对百工从事生产技术活动的认识。墨子认为，百工从事之法就是"为方以矩，为圆以规，直以绳，衡以水，正以县"（《法仪》）。而《墨经》诸篇更是记载了诸多关于力学、光学、几何学方面的朴素认识，论述了其时制造和使用辘轳、滑车、车梯等器械以便利民生实践的工作原理。墨家还有专门论述守城问题的《城守》诸篇的兵法之学，这都从侧面说明了墨家是非常熟悉农业、手工业、战阵等生产生活经验的。但需要说明的是，墨家对技术的认识颇具实用理性的色彩。一方面，墨家强烈反对儒家所持的"君子述而不作"的文化态度，转而强调历史上的圣人会创制有利于民生的各种实用技术。一如美国汉学家葛瑞汉所说："墨家让所有传统的道德都接受社会功利性的考验，而且要公开捍卫技术创新。"[2]另一方面，墨家也会对那些缺少实用功能、与民众的生产生活不甚相关的技术创制，持一种完全贬低乃至否定的态度。这也就是说，墨家对技术活动的认识与实践，不是出于为了技术而技术的纯粹兴趣式的知识需求，而是为了便利民生。关于此点，最为明显的证据当属《公输》所载的公输削鹊而为墨子所批评之故事。墨家出于以爱民、利民为本的技术价值观念，而极为贬低那种为了单纯展示技术之"巧"

---

① ［英］李约瑟：《中国科学技术史（第二卷）：科学思想史》，北京：科学出版社 1990 年版，第 1 页。

② 葛瑞汉：《后期墨家的逻辑学、伦理学和科学》，第 4 页。转引自［美］本杰明·史华兹：《古代中国的思想世界》，程钢译，南京：江苏人民出版社，2008 版，第 208 页。

而从事的技术创制活动，转而强调技术之"巧"的根本就在于其能"利于人"。在墨家看来，哪怕再为精巧的技术，如若不能利于人，也都是"拙"。同时，《墨子》中的城守诸篇所记载的守城之术，也都是本之于"兼爱""非攻"等墨家主张的实行，故而也是本之于爱民、利民的价值立场而来。要言之，墨家技术哲学的核心也在于其强调技术应当秉持爱民利民的价值立场。墨子认为，创制那种为了显摆自身手艺之精妙的炫耀性的技术创新，不如那种为了满足生产与生活需要的技术制作。墨家对技术的实用理性看法，会使得只有那些有助于改善民生利益的技术创作，才是墨家所赞成的。这或许就会使得墨家在技术上处于某种摇摆状态，既承认那些对民生有利的技术创新的必要性，又秉承一种保守的重视古人实践经验之足用性的观念。因此，像科技史家李约瑟、汉学家史华兹等人，虽都将墨家的技术思想视作最相像于西方自然科学成分的中国古代思想资源①，但笔者可以肯定的是，墨家追求技术创制活动的目标，并非出于对技术知识本身的纯粹好奇，或者是出于某种对自然现象的客观化、对象化研究的自发需求，而仍旧是实现一个满足人们日常需要的"够用"型技术观念。②

---

① 李约瑟在《中国科学技术史》第 2 卷中指出："完全信赖人类理性的墨家，明确地奠定了亚洲自然科学最为重要的基本概念。"史华兹在此基础上进一步论说道，在讨论"古代中国的哪一种思想模式可能潜含着有利于后来西方意义上的自然科学兴起的成分"时，"后期墨家占有更重要的地位"。参见［美］本杰明·史华兹：《古代中国的思想世界》，程钢译，南京：江苏人民出版社，2008 年版，第 227 页。

② 史华兹对此的讨论极有建设性。他指出，在更为一般地意义上说，古代思想家很难设想出通过改善生产技术来推动社会发展的思想图景。这些古代思想家，既包括中国古代的孔子、墨子和古希伯来的先知，也可以包括如亚里士多德这样的古希腊先贤。他们都秉持的是一种"够用"观念，意即他们并不认可技术创新会带来社会进步，而是更愿意将技术创新与战争、物财浪费等不良的社会文明行为相联系，这也使得他们倾向于相信，对于人民的生活而言，其时的技术就已足够，而不用再创制更为便捷有利的技术工具了。至于自然发生的瘟疫、地震等灾害，则将其视作世界秩序的一部分而加以接受，并不会去努力寻求改变或控制这类灾祸的发生。参见［美］本杰明·史华兹：《古代中国的思想世界》，程钢译，南京：江苏人民出版社，2008 年版，第 227—228 页。

同时，墨家所提出的判断言辞是非的标准——"三表法"更加能够说明了墨家哲学对经验的看重，"三表法"指出要将经验事实作为判断言辞真假、是否正当的最终依据。无论是所本的代表历史成功经验的"圣王之事"，还是所原的代表现实经验的"百姓耳目之实"，抑或是从言辞所产生的实际效果是否有利于国家百姓，都在强调实践经验是判断言辞是非的根本标准所在。墨家在论证自己的"非命""非乐""明鬼"等主张时，也完全是按照"三表法"的标准寻找经验事实而加以直接证明的。正是由于墨家对经验科学的重视，才使得《墨经》中包含有多条记述了由经验观察而来的几何学、物理光学等科学定义，这也是墨家辩学能够以其"交同异"学说较为正确地总结名家之惠施、公孙龙和道家之庄子的"同异观"，从而达到先秦名辩思潮中"同异之辩"最高峰的根本原因所在。而墨家思想的趋近实用理性的思维特色，也与以儒家为主干的中国传统思想的运思方式相趋近的。

　　墨家思想趋近实用理性的又一个表现是，墨家在从事论证和反驳时所体现出的思维更近于一种分析方式，而非以道家哲学为代表的中国古代哲学所惯常运用的辩证法所代表的辩证思维方式。逻辑史家杜密特留（Dumitriu）在论述中国古代逻辑思想史时就指出，以《道德经》为代表的中国古代哲学思想所体现出的思维方式，是很难用一种类似西方哲学思维所有的清晰、确切的观念加以表达的。[①] 在先秦诸子哲学中，对辩证思维运用的最为纯熟的当首推以《道德经》为代表的道家哲学。道家将"道"的根本特征界定为"反者道之动"（《道德经·第四十章》），即"道"是时刻处在一种相反相成的循环运动中。这也就是说，"道"的根本特征就是在相矛盾的事物中不断转化。同时，道家还存在诸如"言尽悖"这样需要进一步辩证解释的命题。儒家的辩证思维更主要地体现为以"中庸"为

---

① 　参见 Anton Dumitriu，*History of Logic*，Vol.1. Tunbridge：Abacus Press，1977，pp. 12–13。

代表的人生价值观上，"中庸"强调要避免"过"和"不及"，要"执两端而用中"，区别是难以差异，"中庸"本质上也是再强调一种对矛盾的统一。作为这种辩证思维较强的例证，就是道家和儒家并不充分重视运用"归谬法"来进行证明和反驳。墨家则较为重视对"归谬法"的总结和运用，《小取》更是总结了代表归谬法思想的"推"论式作为基本论式之一，用"悖"概念来指称违反矛盾律的逻辑错误（墨家曾批评了道家的"言尽悖"等逻辑悖论），多处用"明于小而不明于大""知小而不知大"等命题指摘出论敌的错误所在。可见，墨家哲学在强调运用辩证思维阐释自己哲学理论的同时，也不忘运用追求明晰性和精确性的分析思维以证明自身主张和反驳对立论题。这种分析性的思维方式，或者说对语言、思维和逻辑规则的高度自觉，虽可看作一种分析理性的呈现，但在根本上仍是服务于墨家的政治伦理主张的，而这也就构成了墨家思想趋于实用理性特质的又一表现。

墨家趋于实用理性的精神品格，虽说与儒、道两家略有差别，但仍不脱中国古代重视伦理与政治、重视实用性的经验知识之窠臼。就此而言，墨学的运思风格在根本上也是与儒学相一致的。而这亦可为基于政治哲学角度的儒、墨会通，提供某种理性思维层面的大体基础。

最后，笔者还想简要交代一下何以要关注政治哲学意义上的儒墨会通的缘由。一个不得不承认的事实是，当代中国的国家治理，需要不断汲取古代思想家所形成的治国理政智慧，并实现创造性继承与创新性转化。从当代中国共产党人对中华民族精神的认知来说，政治哲学意义上的治国理政智慧具有极其重要的理论与实践价值。比如，中华民族在几千年的文明史中"形成了关于国家制度和国家治理的丰富思想，包括大道之行、天下为公的大同理想，六合同风、四海一家的大一统传统，德主刑辅、以德化人的德治主张，民贵君轻、政在养民的民本思想，等贵贱均贫富、损有余补不足的平等观念，法不阿贵、绳不挠曲的正义追求，孝悌忠信、礼义廉耻的道德操守，任人唯贤、选贤与能的用人标准，周虽旧邦、其命维新的改革精神，亲仁善邻、协和万邦的外交之道，以和为贵、好战必亡的和平理念，等等"①。这其中的"大同理想""民本思想""用人标准"与"和平理念"等，墨家都有精到的论述。如墨家的"尚贤"治道原则就是对"任人唯贤、选贤与能"的思想史阐明，而"尚同"的天下秩序观与"大一统"的文化传统，"兼爱""非攻"的治道法则与外交之道和和平理念，爱民、利民、重民、养民的"民本"思想与"政在养民"的认识，都具有很大程度上的相应性。墨学所具有的这些理论贡献，在根本上也是与儒家推崇的一些核心价值主张是一体的。因此，若从推进当代有利于民生、利民养民的社会治理的角度讲，基于政治哲学的儒、墨会通及其思想资源在当代的创造性转化，应当是古为今用、推陈出新的应有之义。

---

① 习近平：《坚持和完善中国特色社会主义制度 推进国家治理体系和治理能力现代化》，《求是》，2020 年第 1 期。

余　论　以利民为本的墨学基本精神

　　如何认识和把握墨家政治哲学的精义与根本？这是推进墨学当代转化与创新发展所不得不去厘清的基础问题。近代以来的治墨学者，在实现墨学研究由"绝"转"显"、由"衰"转"兴"的同时，对墨家政治哲学基本精神的体认，也形成了一些或褒或贬的见解。一般地说，学者多以"兼爱"作为墨家思想的旗帜与纲领，将"非攻""天志"等其余诸论视作"兼爱"的延伸、落实与保障，从而凸显出了墨学重"爱"的精神品格；有的学者则试图以墨学作为对接西方逻辑与科学传统的本土思想文化资源，力图开出墨学所谓重科学、重逻辑、重理性的精神风尚；还有的论者试图以"义"来整合墨家诸说，以期彰明墨学最为贵"义"的精神风貌；但也有论者给予墨学以一种彻底否定性的评价，认定其是为专制统治乃至特务统治张目的祸人之术，不足为取。这些相异的见解，既与持论者不同的人生阅历与学术需求有关，也与《墨子》一书包括有"墨语""墨论""墨辩""墨守"等不同部分，内容也涉及政治、伦理、科技、逻辑、军事等多个学科，思想体系颇为庞杂等因素有关。故此，仅从阐明内容体系的对象层次来把握墨家政治哲学的基本精神，难免会有失偏颇，以致"呼卢成卢、喝雉成雉"①。设若能从思维方法与

---

① 《冯友兰中国哲学史上册审查报告》，《金明馆丛稿二编》，北京：生活·读书·新知三联书店，2011年版，第280页。

价值立场的元层次，接续探究墨家政治哲学基本精神的应有内涵与思想特质，对于把握墨学在中国思想史中的"显"与"隐"，和推动墨学研究在当代的守正创新，或许更有必要与价值。

（一）爱民、利民的价值立场

墨家向以"贵义"自许。如《贵义》有言："万事莫贵于义。"然墨家所论之"义"，其实为"利"。《经上》说"义，利也"。但墨家所说之"利"，非一己之私利，而是天下之公利。这种天下之公利，又具体表现为人口之众、国家之富、刑政之治等治道现实。《经说上》进一步解释说："志以天下为芬，而能能利之。"这也就是说，墨家既重视为义者要以"兴天下之利"作为自己的本分，也强调为义者要培育自身兴利除害的才能，前者是为义应有的动机与德性，后者是为义者当有的资材与德行。由此观之，墨家论"义"时，既重义、利在理论上的一体性，也重为义者应当德才兼备。止楚攻宋的义事，正是对墨家所论的义利统一、德才兼备的为义之道的一个经典例示。

墨家所孜孜以求的"天下之利"，归根到底是宰制天下的君主及统治阶层之利，还是作为士、农、工、商等阶层的人民之利呢？如若是前者，所谓"天下之利"就实为统治阶层之私利的托庇之辞，而"兴天下之利"也就成了奉天下之财用以满足统治阶层之穷奢极欲的粉饰之言。如若是后者，所谓"天下之利"实就是对民生民利的一种维护，也就是对统治阶层只顾自利而罔顾民利的一种抗议。若单从动机的角度来看，墨家所述的"兼爱""天志""尚贤""节用"等说，都主要是在试图去维护民生民利。"兼爱"要求统治者应当像爱利自身、自家、自国那样去爱利他人、他家、他国，尤其是要普遍地爱利天下民众。"天志"则悬设一大公无私、竭诚为民、能赏善罚暴的至高无上之天，以规约君主的言行，使其能实行"兼爱"的义政义事。"尚贤"则要求打破公职的世袭与肆意授受，而主张以德行和才干作为任职和利益国家、人民的为政之要。"节用""节葬""非乐""非攻"等主张，则从民生基本所需的衣、食、住、行、葬、乐等角度，规劝统治者应当厉行节约之道，"去无用之费"以实现对民生民利的保全。

同时，墨家还为统治者树立了能保民、爱民、利民的以大禹为典范的古时圣王形象，作为统治者试行爱利万民的义政义事之历史经验。而对那些极端戕害民生民利的如桀、纣、幽、厉一般的暴君，墨家又提出了"不非诛"的革命主张，从而保留了以武力来维护民生民利的底线。为了更好地约束君权与公权，墨家还基于朴素的经验立场和其时的历史认知，诉诸"天"和"鬼神"来范导和监督君主的作为。从这些角度说，墨家所论的"天下之利"，应当还是以民生民利为主流，而唯有符合民生民利的统治者之利，方才有可能成为"天下之利"。

（二）明故、察类的思维方法

墨家政治哲学的立论，极为重视实用理性的思维方法。在墨家看来，治国理政、言辞谈辩与百工从事一样，皆都有其相应的方法准则。"三表法"是墨学最先提出的一个用以判断言辞是非标准的方法。"古者圣王之事""百姓耳目之实"和"国家人民之利"，以其经验主义和实用理性的立场，构成了墨家在立论时所惯常使用的基本论证结构。如墨家在论述其"兼爱""明鬼"等主张时，既引述《书》等古籍所载的尧舜禹等圣王之事，也分析其对国家之治和人民之利所具有的利害关系，还基于常人的朴素经验而申明其有无或利害。然则，"三表法"的提出与使用，只是墨家对如何论述自身主张的一种思想结构自觉。而在此思想结构之下，还贯穿着墨家对"明故""察类"的理性思维追求。

墨家在向别家释疑自家所持的学说主张时，常将"未察吾言之类""不明吾言之故"作为解释的标志性语句。其中，"类"主要表现为一种区分开不同类型的事物（如对"木长"与"夜长"的区别），或可取与不可取的道义言辞（如对"诛"和"攻"的划分）的界定方式。尽管墨家所论之"类"不能简单比附为逻辑学所论的划分概念种属关系意义上的"类"，但其仍是一种明确不同的道义观念并进行合理（可取）说理的理性思维模式。在墨家看来，哲学论辩活动中的立论与反驳，都应遵循"以类取，以类予"的思维原则，做到同类相推、异类不比。

"故"则指的是事物（事情）之所以如此这般出现的原因，或者说言辞之所以如此这般得出的前提或条件。《墨经》开篇就界定"故"说"所得而后成也"，即必须要明了事物之所以成为如此这般的原因或条件。墨家进一步将"故"区分为相似于充要条件的"大故"与相似于必要条件的"小故"，并强调要"明故""求故"。无论是墨家的政治哲学还是技术哲学，都非常强调不能满足于只是观察事物（事情）的现状，而要探究其之所以如此这般出现的原因和规律。如墨家在论述其最为核心的"兼相爱"之治道主张时，就遵循了一套典型的"有什么—是什么—为什么—如何办"的"求故"逻辑链条。而对世代相传的工巧之术，墨家也主张要"巧传则求其故"，即穷究工艺背后的原因或规律。要言之，在墨家看来，区分事物的同异，辨明言辞的是非，形成合理的立论和反驳都要遵循"异类不比"的基本思维原则，还要探明其背后的原因、条件和规律，如此才能正确地分析并解决现实政治及其技术运用所遇到的疑难问题。

总之，尽管我们可以仿照现今的学问分类体系，建构起墨家的政治哲学、道德哲学、技术哲学、逻辑思想、军事思想等不同门类的知识体系，并基于不同的时代需求及认知偏好，形成对墨学基本精神的不同体认。但墨学之为墨学，还是有其最为根本的价值立场与思维方法。在价值立场上，无论是从政治哲学与道德哲学的观点看，还是从技术哲学的观点看，爱民、利民都是墨家哲学立论的一贯出发点。在思维方法上，明故、察类的理性思维追求则贯穿于墨家哲学的全部内容。据此，爱民、利民的价值内核与明故、察类的理性追求，无疑就反映出了墨家哲学所秉持的人文价值与运思模式，从而其也就可以被视作墨家哲学的精义与根本。而此一精义与根本在政治哲学上的全部呈现，就是一种类似掺杂了乌托邦的理想色彩与朴素的经验认知在内的，以讲求实用理性、注重爱利民生基本需求为特色的"民本"价值理念。

附　录

举物比类与属种归谬：中西哲学论辩原理比较 ①

—— 从墨家辩学和古希腊论辩术说起

　　以反思性为根本指向的哲学思维的基础功能之一是为人类思想活动提供诸种好的论证范型。对这些论证范型遍有的基本形式与基础原理进行思维规律意义上的自觉探究，形成了不同文化、思想和哲学传统中说理方式、说理模式的共有建构原则。论辩活动无疑是人类说理活动的典型体现，在中、西、印等文明形态中也都有较高程度的表现，并不断理论化为以研究论辩活动制胜策略为主的论辩术。论辩术的充分发达，特别是对其所内蕴的思维规律研究，又构成了逻辑思想得以普遍发生的重要条件。② 因此，若我们以西方逻辑思想为参照，讨论先秦哲学文本中是否有逻辑思想或逻辑学，进而

---

① 附录此文，主要是为了从中西哲学论辩原理之间的差异性比较之角度，探究墨家政治哲学在思维方法论层面所用及的思维方式，从而弥补笔者对墨家政治哲学与霍布斯、洛克等西方思想家的政治哲学之间的比较研究的不足。本文曾发表于《宁夏社会科学》，2019 年第 2 期。特此说明。

② 参见宋文坚：《西方形式逻辑史》，北京：中国社会科学出版社，1991 年版，第 13 页。

把握中国传统哲学思维方式的特质，就不能离开对中西论辩术的比较研究。墨家辩学是中国古代论辩术理论和逻辑思想的集大成者①，由苏格拉底所倡导和使用的"助产术"则是古希腊论辩术的最杰出代表。由此，我们若以墨家辩学和"助产术"的运用为例，来剖析中西思维方式和说理模式的不同特质，进而寻求其间所具有的会通可能，将能够为我们从对象层次和元层次上界说以墨家辩学为代表的中国古代逻辑思想的性质和特征奠定新的分析基础，进而或能为当代中国思想史、文化史、哲学史的判定和写作范式更新产生些许推动作用。

一、归律与比类：归谬法运用的差异性分析

论辩活动是轴心时期东西方思想家群体进行哲学探讨和研究的一个重要表征。围绕论辩活动的顺利展开和求胜策略，辩者们必须明确论辩何以可能与如何可能等问题。这既涉及辩者们对"辩"之一般性的认识，如论辩双方只能是围绕同一论题而非不同论题展开，论辩需要"通义而后对"，论辩双方所持的论题应为彼此矛盾的命题等，也涉及对论辩何以能胜的事实性与规范性研究，即对矛盾律、归谬法等规律的自觉发现与主动使用。中西思想史上为人所熟知的经典论辩案例，如古希腊智者普罗泰戈拉的"半费之讼"，邓析的"两可之论"，韩非子的"矛盾之说"等，为今人了解古代论辩活动

---

① 之所以说墨家辩学是中国古代论辩术理论和逻辑思想的集大成者，主要原因在于以《小取》为代表的《墨经》原典，对中国古代哲学论辩所使用的主要论式进行了自觉总结和分析，这是其他诸子思想所未能达致的。西晋时期的逻辑史家鲁胜曾评价墨家辩学在中国论辩术和逻辑思想上的重要地位说："墨子著书，作《辩经》以立名本。惠施公孙龙祖述其学……孟子非墨子，其辩言正辞则与墨同。荀卿庄周等皆非毁名家，而不能易其论也。"（〔西晋〕鲁胜：《〈墨辩注〉叙》，载《缩印百衲本二十四史·晋书》，北京：商务印书馆，1958年版，第5468页）。鲁胜此段的论述虽有错误，但瑕不掩瑜，其所指出的墨家辩学具有独特价值的观点则可为公论。孙诒让也说墨家辩学是"周名家言之宗"（〔清〕孙诒让：《与梁卓如论〈墨子〉书》，载《籀庼述林》卷十，《续修四库全书·子部·杂家类》，上海：上海古籍出版社1995年版，第290页）。据此，笔者以为，以墨家辩学作为讨论中国古代论辩术问题的代表是完全可以成立的。

的实际提供了基本的分析模型。同时，超越具体论辩活动案例而展开的论辩术研究，则愈加青睐于探赜种种不同的逻辑规则与方法，以确保论辩双方合情合理地进行立与破。论辩术揭示的第一逻辑方法无疑是用于揭示话语间自相矛盾的"归于不可能论证"式的归谬法。就对归谬法的纯熟运用来说，苏格拉底的"助产术"（尤其是"讥讽"和"助产"环节）则堪称古希腊论辩术的典范，而先秦墨家学派在《墨经》中也一般地论述了如何使用归谬法（即其所总结的"推"论式）以进行论证与反驳的问题。以下，本文试图通过简单比较苏格拉底的"助产术"和墨家辩学对归谬法的具体探讨与使用，及其在后来的中西逻辑思想发展史上的影响，以明确二者之间的同与异。

渊源于广场政治和公共生活的古希腊论辩术，经由了修辞术到辩证法（作为一种反驳方法的逻辑技术）的立破关系嬗变。修辞术专长于对 logos 技艺的各种精妙使用，并形成了以语言为媒介的各种说服人进而支配人的雄辩技巧。古希腊智者学派的哲学家们尤为擅长这种修辞术技艺来为自身主张立论，并以期说服他者，即"用话语去说服法庭上的法官、议会的议员、公民大会上的民众"，实现"使师傅变成你的奴隶，使商人不为自己赚钱而去为他人赚钱"[①]的诸种迷幻功效。显然，这种修辞术的滥用会形成种种难以辨明是非真假的似是而非的论证，进而误导甚至败坏人们的思想。有鉴于此，苏格拉底发展了源自芝诺的辩证法技巧以批评这种花言巧语式的修辞术，形成了明确概念与论题的"助产术"方法。"助产术"方法共有四个阶段，前两个阶段"讥讽"和"助产"，就是通过从对方所承认的论题中推导或引申出对方所不承认的明显虚假的或与原论题矛盾的论题，从而迫使对方放弃原论题的方法；后两个阶段的"归纳"和"下定义"，则是一种通过分析概念外延间的包含于关系

---

① Plato, Gorgias, 452e, Lobe.

（种属关系）而归纳出一个能给事物进行定义的命题的方法。比如，苏格拉底在同美诺分析"美德是什么"时，美诺认为男女的美德有所不同，男人的美德是能够管理国家事务等，女人的美德是能够管理家务、服从男人等；苏格拉底反驳美诺说："无论是男人美德中的管理国家，还是女人美德中的管理家庭，都需要审慎和公道。而审慎和公道是所有成为好人的人都需要具备的东西，即所有人都是以同样的东西成为好人的，也就是说既然人们要以同样的东西成为好人，那就必须要承认人们的美德是同一个美德。"① 这里苏格拉底就是通过先承认美诺的观点，再从美诺的观点中推导出"审慎和公道是男女共有的美德"，从而反驳了美诺认为美德有性别差异的观点。最后，苏格拉底将美德定义为"是一种知识"，即"美德"和"知识"这两个概念之间具有一种真包含于关系。西方逻辑思想在后来的发展中，代表归谬法的"讥讽"和"助产"方法是斯多亚学派命题逻辑得以产生的重要依据，而"归纳"和"下定义"则经柏拉图的"上升法"（即归纳法）和"下降法"（即演绎法）导致了亚里士多德以三段论为主要内容的词项逻辑的产生。② 显然，古希腊论辩术尤其是用以反驳的辩证法技巧，紧紧依赖于对归谬法的自觉使用。

与此类似，先秦诸子的名辩思想也曾一般地论及了矛盾命题和归谬法。以好辩著称的孟子曾论及何为"知言"说，"诐辞知其所蔽，淫辞知其所陷，邪辞知其所离，遁辞知其所穷"（《孟子·公孙丑上》），而要了解上述"四辞"的种种不足，除了正确的义理知见之外，展开论辩以发现其所存在的谬误亦是必须。又如韩非子的"矛盾"之说，就意在通过揭示立论方言辞间存在的矛盾和不一致来堪破其论说。显然，在先秦百家争鸣的历史处境和名辩家的思想谱系中，一如古希腊贤者对修辞术和辩证法的研究，名、墨、儒、

---

① Plato, "Meno", in *Classics of Western Philosophy*, Edited by Steven M. Cahn, Indianapolis: Hackett Publishing Company, 1995, pp.4–7.

② 参见杨武金：《中西逻辑比较研究》，《哲学与文化》，2010 年第 8 期，第 5—22 页。

法等诸子也对矛盾命题和归谬法进行了整理和研究，以期形成某种统一的论证与反驳模式。作为名辩家中的佼佼者，墨家辩学在总结先秦名辩思潮中各家所主要运用到的证明和反驳的推论形式的基础上，提出了"辟、侔、援、推、止"等论式，并在与道家等其他学派的辩论中应用了这些论式。墨家辩学将归谬法整理为"推"论式："以其所不取之，同于其所取者，予之也。"（《小取》）"同"即"类同"，"取"即接受、证成，"予"则涵括拒绝、反驳之义，再结合"以类取，以类予"（《小取》）的基本思维原则，不难看出，"推"论式显然就是墨家辩学所总结的反驳论式，在实质上也体现为一种建立于"类同"关系上的归谬法。具体来说，"推"指的是在辩论活动中，论者为了反驳对方论题，而刻意选择一个与对方论题为同类的命题，且这个命题也是对方所不能接受的命题，从而最终成功反驳了对方论题，取得论辩的胜利。就对"推"论式的使用而言，墨家辩学在论证类似"学无益""言尽悖"等悖论命题时就运用了这种方法。如为了反对"言尽悖"，若认为"言尽悖"可接受，那么根据这句话的含义就能够推导出这句话是错误，说这句话既是正确的也是错误的，显然不能成立（"之人之言可，是不悖，则是有可也"）；同理，以"言尽悖"为假，那么根据这句话的含义所得到的是"言尽悖"为真，同样也是矛盾的（"之人之言不可，以当，必不审"），所以说"言尽悖"是一个悖论。从墨家对这一悖论的分析中不难看出，"可"与"不可"不能同时成立的矛盾规律，是墨家进行"推"式（归谬法）反驳的主要逻辑依据。同时，墨家辩学强调论辩得以进行的基本前提是论辩双方持矛盾命题，《经上》第 75 条明确界定辩为"争彼"，《经说上》第 75 条进一步解释"争彼"说"或谓之牛，谓之非牛"，即是说"辩"需要围绕一组矛盾论题而展开，而这组矛盾论题不能同时成立（"不俱当"），辩胜的依据也就在于言辞合于事实（"当"）。显然，以墨家辩学为代表的中国古代论辩术也一般地论及了矛盾命题及归谬法的使用命题。

由此，以"助产术"为代表的古希腊论辩术与以墨家辩学为代表的先秦名辩思想，都一般地论及了矛盾命题并自觉使用归谬法，以完成对对方论题的指责和破斥，此可谓二者之同。尽管如此，单就形式上的对比而言，苏格拉底的"助产术"只是一般地运用了归谬法，而未能如墨家辩学般去总结出一个归谬法的一般使用格式（即"推"论式）。但从后续的思想发展来说，希腊后期的麦加拉学派和斯多葛学派则进一步深入到了复合命题之间的逻辑组成及其推理关系，并加以不断的形式化从而形成传统的命题逻辑知识。依照于这种形式化规律的深究，古希腊论辩术发现了归谬法所运用的主要逻辑规律，即矛盾律（$\neg(A \wedge \neg A)$）和假言命题中的否定后件式（$(A \rightarrow B) \wedge \neg B \rightarrow \neg A$），并加以形式化、普遍化的描述。反观墨家辩学，因囿于语言和数学形式等因素制约，未能从一般地归谬法论式发展出研究命题间推理关系的形式化逻辑体系。据此，古希腊论辩术与墨家辩学的重要不同之一，就是古希腊的知识谱系中经由研究归谬法的使用终而发展出了形式化的命题逻辑体系，而墨家辩学只是一般地研究了归谬法的基本使用格式，未能进一步形成形式化的逻辑知识体系。

进而言之，古希腊论辩术和逻辑学主要是根据命题之间的推理关系，即是从原命题能合乎逻辑地得出一个与之相矛盾的命题，从而证明原命题的不能成立以反驳原命题。墨家辩学则在定义"推"论式时特别强调，原命题和用以反驳的命题之间或它们所反映的事物之间必须要具有类同关系，也就是说，用以反驳的命题可以不是从原命题推导出的，而只要是与原命题属于同类言辞，或与原命题表达的事物是同类事物，就可以用来反驳原命题的成立。显然，墨家辩学对归谬法中的两个命题或其所反映的事物间的类同关系的强调，是其区别于古希腊论辩术和逻辑学的第二个主要特点所在。

要言之，古希腊论辩术及其后来发展出的命题逻辑重在强调对论辩研究的形式归律，与此不同，以墨家辩学为代表的名辩学则重在阐明使用归谬法式的"比类"。

二、属种与举物：定义方式的差异性比较

使用和研究归谬法的一个基本前提是正确认识和分析命题。命题是由概念组成的，因此分析命题之间的推理关系也就需要研究概念之间的同异关系。墨家辩学与古希腊论辩术及逻辑学的一个很大差异，就体现在二者对概念下定义时的方式上的不同，以及所反映出来的二者对概念间同异关系的关注点的不同。就下定义方式而言，古希腊论辩术及逻辑学形成了"属加种差"的定义方法，并通过阐明不同概念外延间存在的相容与不相容关系，最终形成质、量不同的性质命题，以把握诸事物或观念间的同一与差异；以墨家辩学为代表的先秦名辩学则形成了"以名举实""名实相谓"的明确概念方法，并通过"所缘以同异"来把握事物和概念间的差别。

"属加种差"的下定义方法由亚里士多德明确提出。这一定义方法的形成，主要就是对苏格拉底"助产术"中强调的"归纳"和"下定义"环节加以规范形式的普遍说明。这一方法的实质，就是在准确区分开大、小概念的基础上，将二者通过"种差"的属性连接起来，如把人和动物通过两足、无羽毛等代表种差的属性连接起来，形成"人是两足无羽毛的动物"式的定义。这种下定义方法紧紧依赖于概念外延间存在的相容关系，并通过质的肯定与否定、量的全称与特称将实体、属性、关系等连接起来，形成一个层层相环递进的概念知识体系。反映到定义命题中，就是要正确反映出两个概念之间的同异关系，即概念外延之间的同异关系。如，亚里士多德研究了用作谓词最高类的"范畴"概念，反过来说，即可用作谓词的最大类概念，包含了下辖的各类具体事物，如"实体"范畴就下辖了"动物""植物""人"等类概念。可见，"范畴"和它所辖的类概念之间的关系也正是概念外延间的这种包含关系。进而，围

绕着对概念外延间同异关系的讨论，亚里士多德讨论了性质命题的划分（即 A、E、I、O 四类命题），以及这些命题间存在的矛盾、反对、差等关系，最终形成研究由不同词项所组成的多种推理关系，如换质位推理和三段论推理等，从而最终形成了传统形式逻辑知识体系的又一主干——词项逻辑。要言之，由"属加种差"的定义方式所代表的对不同概念外延间关系的形式分析，侧重于把握不同概念外延间存在的同异关系，并立足于这种关系进一步反映出组成某一或某几个性质命题的诸词项之间可能形成的形式有效推理等问题。

　　与古希腊论辩术和逻辑学重视对概念的研究相类似，墨家辩学也探究了概念（墨家将概念称作"名"）的本质、分类和明确等问题。《墨经》中就有不少的逻辑学、伦理学、力学、几何学和光学等相关学科基本概念的定义，如《经上》第一条就定义了与逻辑学相关的"故"概念，即"故，所得而后成也"，"故"即原因、条件或前提；又如《经上》第 8 条定义了与伦理学相关的"义"概念，即"义，利也"，"义"即有利于人；还如《经上》第 59 条定义了与几何学相关的"圆"概念，即"圆，一中同长也"；等等。但综观墨家对概念所作的说明，不难发现，墨家在定义概念时多侧重于对概念进行一种功能性描述，或者说对概念所反映的事物现象进行一种描述性说明，而未能若古希腊论辩术和逻辑学那样，采用"属加种差"的定义方式来揭示概念外延间存在的同异关系。墨家辩学提到明确概念的实质，主要就是要"以名举实"（《小取》），"名"兼具概念和名称二义，"实"即客观存在的事物、属性等，"举"即"拟实"，即概念和名称是对事物的某种模拟和表达。因此，墨家辩学所认识到的概念及其表达概念的语词，侧重于强调该概念是如何用来指称事物的内涵式、功能式说明，即强调概念和名称的主要功能是通过列举事物所有的属性，尤其是事物所特有的本质属性从而将一类事物与他类事物、某个事物与其他事物区分开来。墨家辩学进一步将"名"划分为"达名""类名"和"私名"三类，达名是如"物"这样的表示事物最大类的概念；类名是如"牛"和"马"等这样的表示一类事物的概念，实际上反映的是一类事物彼此之间所具有的"类同"关系，和区分于其他类事物所具有的"类异"关系；私名是如某个个体的名字（"张三"等）这样的表示单个事物的最小概念，相当于单独概念。粗看起来，墨家所作的这种概念划分类似于逻辑学所作的依据外延间包含关系而形成的概念分类体系，然细究其中的作用机理，则主要是用于将概念所反映一类事物与他类事物的区别或者说种差揭示出来，而非将较大的种概念和较小的属概念联系起来，形成"属加种差"式的定义方式。也正是由于墨家辩学较为侧重于描述种不同概念间所具有的"类同""类异"关系，而不甚重视分析不同概念之间尤其是大概念和小概念之间存在的可能联系，因而也就很难像古希腊论辩术和亚里士多德建立的词项逻辑那样，经由分析几个不同概念之间所具有的外延关联性而形成一些形式有效推理。

上述分析可以在《经说下》所用的一个由"亲知""闻知"而得到新知的"说知"的推理案例中得以例示。即如果人们"亲知"是室外某个物体的颜色为白色，"闻知"是别人告诉说室内某个物体的颜色与室外这个物体的颜色是相同类的颜色，那么依据"同类相推"的原则，会推导出"说知"室内物体的颜色也是白色的。分析这个推理，不难发现这一推理成立的关键是室内与室外物体在颜色上的同类；而不是像亚里士多德那样的以概念外延间的包含于关系进行三段论推理，即形成一个类似"室内物体与室外物体是同色的，室外物体是白色的，所以室内物体是白色的"的推理来。转化成符号语言来说，令 A 表示"室外物体"，B 表示"室内物体"，W 表示"白色"，≡ 表示"两个事物在颜色上的类同关系"，则墨家这一由"亲知"和"闻知"推导出"说知"的推理结构为（A ∈ W）∧（A ≡ B）→（B ∈ W），而三段论的推理结构为"A 是 B，B 是 W，

所以 A 是 W"。从这两个推理结构来说，前者之所以成立是由于
"A"和"B"之间的类同关系；后者之所以成立则在于"A""B"
"W"之间的包含于关系。显然，古希腊逻辑学主要研究的是推理
和论证形式而非推论方式，墨家逻辑思想则研究的是推论方式而非
形式。①

据上所述，窃以为，墨家辩学用以明确概念的思维方式与古希
腊论辩术和逻辑学存在着根本性的不同。墨家辩学强调，明确概念
就是将其所指谓的事物间的同异关系拟举出来，而古希腊论辩术和
逻辑学则通过下定义的方式，对种、属概念外延间的包含关系进行
分析。与这种明确概念的不同方式相应，墨家辩学主要研究的就是
某种推理和论证的方式，也就特别强调事物或名称以及言辞间的同
异关系直接影响到论证的正确与否。古希腊逻辑学则强调经由概念
间的外延关系形成某几个命题，进而由这几个命题之间的真值来保
证推理和论证的有效性与无效性，还特别注重总结和建立起一些如
"三段论"那样的形式有效的推理系统。

三、中西哲学论辩原理的现代重审：从元层次和对象层次看

上述分析表明了中西哲学论辩原理所存在的思维模式差异。由
此，基于中西思维方法论的比较视野，似可追溯如下问题：（1）以
墨家辩学为代表的中国传统论辩术是否蕴含有普遍性的逻辑思想？
（2）这一思想的共性与殊性是如何表现的？同时，这些问题也是近
代以降专研墨家辩学研究和中西思维比较研究的学人所长久探讨争
议的问题。这些问题有渊源于自梁启超以来的近代学者在研究墨家
论辩术或逻辑思想时，都特别注重运用西方逻辑的一些基本概念和
理论来解释阐发墨家辩学的内容和特征的比较研究方法。也正是凭
靠这种比较研究方法，学人似能得出墨家形成了一定的逻辑思想，

---

① 参见杨武金：《墨经逻辑研究》，北京：中国社会科学出版社，2004 年版，第 45 页。

且与形式逻辑之间的相似点和相异点也能够得到充分的说明。但这种方法同时也可能会为墨家逻辑思想增添上一些未有的内容，使得墨家逻辑思想变体为了西方形式逻辑体系或者说其中一部分内容的复写，而丧失了本来面貌。近代以来梁启超、胡适等先辈学者在阐释墨家逻辑中的不当之处，也充分佐证了这一点。鉴于比较研究方法运用不当所造成的对墨家逻辑思想的比附现象，就有如张东荪、陈汉生（Chad Hansen）等主张应立足于中国传统文化本身，解释墨家辩学是一种迥异于逻辑学的推理论证方式。如此一来，研究以墨家辩学为代表的传统论辩术的共性与个性特征，实质上还是一种墨家辩学与西方逻辑体系之间的比较研究，只不过这个比较研究的前提是恰当地甚至独立地整理墨家辩学本身的客观实际内容。由此，若能采用一种从元层次和对象层次两分的方法对墨家逻辑思想和逻辑思想加以比较，就能更清晰地说明墨家辩学及其所发轫出的逻辑思想在何种意义上与发端于古希腊论辩术中的西方逻辑思想之间的相似与相异。

元层次和对象层次的区分，借鉴了逻辑学家希尔伯特的元理论和对象理论，以及塔斯基"语言层次论"中的元语言和对象语言之间的区分。实际上，早自古希腊亚里士多德，就在自己学说体系中使用了"元"（Meta）概念用以表示对对象事物的一种超越性研究，如亚氏对物理学（Physics）和元物理学（即形而上学，Metaphysics）所作的区分所显示的。数学家希尔伯特则区分了元理论和对象理论，他所说的对象理论指的是所要研究的某种理论，如形式化数学等；元理论指的是研究对象理论时所使用到的工具性理论，如研究形式化数学中的一般证明的元数学。[①] 逻辑学家塔斯基则提出了"元语言"和"对象语言"的区分，所谓对象语言指的是

---

① 参见张家龙：《数理逻辑发展史：从莱布尼茨到哥德尔》，北京：社会科学文献出版社，1993 年版，第 327—328 页。

作为谈论对象的"被谈论"的语言，元语言指的是谈论对象语言的
"语言"。① 这种对元理论和对象理论、元语言与对象语言的区分，也
可适用于对元逻辑和对象逻辑的区分。简单地说，所谓对象逻辑就
指的是某一被谈论到的逻辑理论，如谈论到的某个逻辑系统内的公
理、定理等内定理；相应地，元逻辑也就是谈论对象逻辑的逻辑理
论，如关于该系统的一致性、可靠性、完全性等理论。② 中西哲学论
辩原理的对象层次比较主要指的是二者理论体系间的比较研究，如
墨家辩学所使用的"辟、侔、援、推"等各种不同论式，明确概念
的拟举方式等，与古希腊论辩术及后来的逻辑学中的概念定义方式、
归谬法的使用及其思维规律说明和依赖词项外延间同异关系、命题
间真值关系而形成的有效推理形式等，所体现出的思维模式同异。
二者间的元层次比较指的是我们用以重构二者的概念、理论本身所
体现出的差异，如墨家辩学是否具有"真"观念等问题③。

从墨家辩学对以"侔"论式为代表的推理论证方式等的界定、
说明和运用来看，墨家的逻辑思想无论是对归谬法的使用，还是对
概念进行定义的方式，都与古希腊论辩术和逻辑学存在着根本上的
原理性差异。显然，墨家辩学在对象层次上就表现为一个旨在帮助
人们明辨真假是非，从而展开的对证明和反驳所用到的各种论证方
式的研究，是现在所讲的"非形式逻辑"（Informal Logic）或"批判
性思维"（Critical Thinking）的论证体系。④ 也就是说，墨家辩学在

---

① 参见阿尔弗雷德·塔斯基：《真理的语义学概念和语义学的基础》，肖阳译，涂纪亮
校，载涂纪亮主编：《语言哲学名著选辑（英美部分）》，北京：生活·读书·新知三
联书店，1988 年版，第 257 页。

② 参见 Geoffrey Hunter, *Metalogic*: *An Introduction to the Metatheory of Standard First Order
Logic*, California: University of California Press, 1971, p.10. 转引自杨武金：《中西
逻辑比较研究》，《哲学与文化》，2010 年第 8 期。

③ 关于此点的分析可看杨武金、张万强：《墨家辩学中的"真"观念辨析》，《中州学
刊》，2015 年第 6 期，第 100—105 页。

④ 参见杨武金：《墨经逻辑研究》，北京：中国社会科学出版社，2004 年版，第 167—
168 页。

对象层次上是研究推理论证中所运用到的具体推理方式，而没有研究命题形式和推理形式；侧重点也主要集中在不同概念之间的区别而非种概念与属概念之间的关联上。而西方逻辑史中的麦加拉学派到斯多亚学派的命题逻辑则是一般地以命题为单位研究了推理形式，是属于形式化的形式逻辑体系，亚里士多德的词项逻辑则以概念或词项为单位，研究了不同的命题形式，并以外延间的包含关系为依据研究了命题之间的推理形式。笔者认为，就对象层次而言，尽管墨家辩学也如西方论辩术及其所发展出的逻辑学一样，形成了追溯推理的正确性问题等思维科学意识，但是墨家辩学要求通过事物之间所具有的"类同"或"类异"关系的充要条件来保证推论的可靠性，事物之间的"类同"和"类异"关系在命题中主要表现为两个概念在内涵上的相似或相同，因而墨家辩学思想在处理推论时较为注重概念的内涵；而亚里士多德所创立的词项逻辑和三段论则是要求通过制定各种保证推理形式有效的普遍规则确保从前提得到结论的可靠性，依赖的是不同概念外延之间的包含或包含于关系。

尽管墨家辩学在对象层次上与西方论辩术及其发展出的形式逻辑学说存在很大的差异，但在元层次上则具有一些共通性的内容。笔者以为，就墨家辩学思想的元层次研究而言，其与西方论辩术和逻辑思想的共通性内容表现在对同一律和矛盾律等逻辑规律的自觉，以及一些共有的重要逻辑概念上。就逻辑规律而言，有许多研究者都已指出了墨家辩学思想对逻辑规律的自觉，其中较有代表性的观点如周礼全在《中国大百科全书（哲学卷）》中所指出的，"《墨经》中没有应用对象语言来表示的命题形式和推理形式，而只有应用典型的具体推理来体现的推理方式。但《墨经》中却有不少应用元语言来表述的逻辑规律，虽然这些是不够精确的，但表明《墨经》中的逻辑已开始进入形式逻辑的阶段"[①]。又如何莫邪（Harbsmeier）

[①] 《中国大百科全书（哲学卷）》，北京：中国大百科全书出版社，1987年版，第537页。

也指出，尽管西方人在进行推理和论证所运用的结构与中国人截然不同，西方语言与古代汉语也迥然相异，但是都使用的是本质相同的逻辑工具，如相关的逻辑连接词并非、合取、析取等，以及共同的逻辑规律，如同一律、矛盾律、充足理由律等。① 具体来说，墨家在《经说上》中论及矛盾命题之间的关系是"不俱当，必或不当"，即矛盾命题不能同时为真而必有一假的矛盾律；墨家总结到的"二名一实"的"重同"关系，以及强调"以类取，以类予"的"同类相推"和"异类不比"，则不精确地表达了同一律；墨家提出"故"是"所得而后成"，强调前提推出结论的"有之必然"和"是而然"，以及结论对于前提的"无之必不然"等表述了充足理由律。② 除了这些逻辑规律的相同外，墨家辩学中还包含有一些相较于西方逻辑学的重要概念。其中较为重要的是墨家辩学关于辞之是非时所指出的相应于符合论和融贯论意义上的"真"（Truth）概念、"类"概念等。实际上，西方汉学界在认识中国古代逻辑思想时比较侧重于分析和比较中国哲学中的重要逻辑概念，何莫邪就总结、分析和比较了中国古代逻辑思想中的"命题及语句""意义"（意思）"真""必然性""悖（矛盾）""类""属性""包含""知识和信念"等 9 个概念。③ 尽管这些概念与西方逻辑学中的概念并不都能完全相应，且这些概念大多是在语用情景中而非专门论及，但这些概念也构成了墨家辩学在元层次上的重要表达。就墨家辩学研究的元层次而言，其与古希腊论辩术及逻辑学之间的共性也正在于它们都对一些重要的逻辑规律和逻辑概念的自觉性表达，虽然这些表达都是在具体的语用情景中不清晰地呈现出来的。

---

① 参见 Christoph Harbsmeier, *Science and Civilization in China*, *Volume*7, *Part 1*: *Language and Logic*, Cambridge: Cambridge University Press, 1998, pp.3–8。

② 参见杨武金：《中西逻辑比较研究》，《哲学与文化》，2010 年第 8 期，第 21–22 页。

③ 参见 Christoph Harbsmeier, *Science and Civilization in China*, *Volume*7, *Part 1*: *Language and Logic*, Cambridge: Cambridge University Press, 1998, p.XXiii。

四、结论

比较以墨家辩学和古希腊论辩术所代表的之间的中西哲学论辩原理，不难发现，无论是在归谬法的运用，还是在定义概念的方式上，二者都存在着较大差异。在归谬法的使用上，墨家辩学将"归谬法"称为"推"论式，并总结和研究了"推"论式的一般使用方式，但墨家辩学认为"推"论式的正确使用需要建立在事物或言辞之间的"类同""类异"关系上，只能是"同类相推"而不能"异类相比"。古希腊论辩术对归谬法的使用，则强调的是从原命题合乎逻辑地得出与之相矛盾的新命题，从而反驳原命题，其成立的关键是以命题为基础的"矛盾律"和"否定后件式"等逻辑规律。这种以命题为基础，并研究命题间的推理关系的归谬法，经麦加拉学派和斯多葛学派的发展，最终形成了命题逻辑体系，而墨家辩学的"推"论式，则囿于对事物或言辞之间的"类同""类异"关系的强调而未能充分以命题为基础，未能发展出类似命题逻辑的研究以命题间的推理关系为主要内容的逻辑体系。在明确概念的方式上，墨家辩学强调概念的主要功能是正确模拟所要反映的事物间的"类同""类异"关系，未能将种概念和属概念相联系起来而普遍采用"种加属差"的下定义方式。古希腊论辩术和亚里士多德创立的词项逻辑，在下定义时比较注重分析种概念和属概念之间的关系，从而普遍采用了"种加属差"的定义方式。与之相应，墨家辩学强调事物或言辞间的类同、类异，会直接影响到一个论证在实质上是否正确；词项逻辑则侧重分析经由概念间的外延关系所形成的命题间的真值，保证推理论证在形式上的有效无效，这种对推理形式的研究就形成了"三段论"推理系统。

中西哲学论辩原理的这一比较，从论辩这一侧面展示了以墨家辩学为代表的先秦逻辑思想在对象层次和元层次上的根本特征。从对象层次来说，其表现为一个以帮助论者辨明是非为主要目的，以研究证明和反驳中所使用的各种论式为基本内容，以事物或言辞之间的"类同""类异"关系和"以类取，以类予"作为正确使用论式为根本保证，注重概念间内涵关系的非形式化逻辑体系。从元层次来说，墨家辩学自觉到并在辩论中遵守了同一律、矛盾律和充足理由律等基本的逻辑规律，形成了诸如"真"这样的重要逻辑学概念，这也正是墨家逻辑思想与逻辑学之间的共性所在。然，墨家是在一种语用情景中不清晰地表达了这些规律和概念，这使得以墨家辩学为代表的中国古代逻辑思想具有一种重语用和语境的根本特征。

参考文献

1. 原典注释类

任继愈等主编：《墨子大全》，北京图书馆出版社 2002—2004 年版。

毕沅：《墨子校注》，上海古籍出版社 1995 年版。

陈癸淼：《公孙龙子今注今译》，台湾商务印书馆 1991 年版。

傅山：《墨子大取篇释》，《霜红龛集》卷三十五，山西人民出版社，1985 年版。

高亨：《墨经校诠》，中华书局 1962 年版。

顾广圻：《墨子》，载《顾千里集》，中华书局 2007 年版。

郭庆藩：《庄子集释》，中华书局 2006 年版。

姜宝昌：《墨经训释》，齐鲁书社 1993 年版。

李渔叔：《墨辩新注》，台湾商务印书馆 1968 年版。

李渔叔：《墨子今注今译》，台湾商务印书馆 1974 年版。

梁启超：《墨经校释》，《饮冰室合集》第八卷，中华书局 1989 年版。

刘向著，向宗鲁校证：《说苑校证》，中华书局 1987 年版。

孙诒让：《墨子间诂》，中华书局 1986 年版。

谭家健、孙中原：《墨子今注今译》，中华书局 2009 年版。

谭戒甫：《墨辩发微》，中华书局 1964 年版。

谭戒甫：《墨经分类译注》，中华书局 1981 年版。

谭业谦：《公孙龙子译注》，中华书局 1997 年版。

王符著，汪继培笺：《潜夫论笺》，中华书局 1979 年版。

王琯：《公孙龙子悬解》，中华书局 1992 年版。

王先谦撰：《荀子集解》，中华书局 2012 年版。

王先谦、刘武撰：《庄子集解·庄子集解内篇补正》，中华书局 2012 年版。

王讚源主编：《墨经正读》，上海图书馆、上海科学技术文献出版社 2011 年版。

吴毓江：《墨子校注》，中华书局 1993 年版。

严灵峰编：《墨子集成》，成文出版社 1977 年版。

孙星衍：《尚书今古文注释》，中华书局 2004 年版。

许维遹：《吕氏春秋集释》，中华书局 2017 年版。

王安石：《王文公文集》卷第二十六，上海人民出版社 1974 年版。

程颐、程颢：《二程集》，中华书局 2004 年版。

黎靖德编：《朱子语类》，中华书局 1986 年版。

黄震：《黄震全集》第 5 册，张伟、何忠礼主编，浙江大学出版社 2013 年版。

宋濂：《宋濂全集》第 2 册，浙江古籍出版社 2014 年版。

焦竑：《澹园集卷二十三·经籍志论·子部·墨家》，中华书局 1999 年版。

《王阳明全集》卷一，上海古籍出版社 1992 年版。

焦循撰：《孟子正义》，中华书局 1987 版。

2. 研究文献类

A. 墨学类

蔡仁厚：《墨家哲学》，东大图书公司 1993 年版。

蔡尚思主编：《十家论墨》，上海人民出版社 2004 年版。

陈顾远：《墨子政治哲学》，上海泰东图书局 1934 年版。

陈柱：《墨学十论》，华东师范大学出版社 2015 年版。

方授楚：《墨学源流》，商务印书馆 2015 年版。

胡子宗、李权兴、李今山、齐一、吴炯：《墨子思想研究》，人民出版社 2007 年版。

李绍昆：《墨子：伟大的教育家》，湖南教育出版社 1985 年版。

梁启超：《子墨子学说》，台湾中华书局 1985 版。

钱穆：《墨子惠施公孙龙》，九州出版社 2011 年版。

舒大刚：《墨子的智慧》，中央编译出版社 2008 年版。

孙中原：《墨学通论》，辽宁教育出版社 1993 年版。

孙中原、邵长婕、杨文编：《墨学大辞典》，商务印书馆 2016 年版。

孙中原：《墨子解读》，中国人民大学出版社 2013 年版。

谭家健：《墨子研究》，贵州教育出版社 1995 年版。

王桐龄：《儒墨之异同》，上海书店 1931 年版。

伍非百：《中国古名家言》，中国社会科学出版社 1981 年版。

伍非百：《墨子大义述》，山东文艺出版社 2018 年版。

吴进安：《墨家哲学》，五南图书出版公司 2003 年版。

邢兆良:《墨子评传》,南京大学出版社 1993 年版。

徐希燕:《墨学研究——墨子学说的现代诠释》,商务印书馆 2001 年版。

薛柏成:《墨家思想新探》,黑龙江人民出版社 2006 年版。

杨建兵:《先秦平民阶层的道德理想——墨家伦理研究》,中国社会科学出版社 2012 年版。

杨俊光:《墨子新论》,江苏教育出版社 1992 年版。

杨武金:《墨经逻辑研究》,中国社会科学出版社 2004 年版。

郑杰文:《中国墨学通史》,人民出版社 2006 年版。

朱传棨:《墨家思想研究论稿》,人民出版社 2020 年版。

Chris Fraser,*The Philosophy of the Mòzǐ*:*The First Consequentialists*,New York:Columbia University Press,2016.

B. 中国哲学史类

[美]本杰明·史华兹:《古代中国的思想世界》,程钢译,江苏人民出版社 2008 年版。

蔡元培:《中国伦理学史》,商务印书馆 2010 年版。

陈来:《古代宗教与伦理——儒家思想的根源》,生活·读书·新知三联书店 1996 年版。

陈来:《古代思想文化的世界——春秋时代的宗教、伦理与社会思想》,生活·读书·新知三联书店 2002 年版。

冯友兰:《中国哲学简史》,北京大学出版社 2013 年版。

冯友兰:《中国哲学史》上册,商务印书馆 2011 年版。

冯友兰:《中国哲学史新编》上卷,人民出版社 1998 年版。

郭沫若：《十批判书》，人民出版社 1954 年版。

胡适：《中国哲学史大纲》，商务印书馆 2011 年版。

李泽厚：《中国古代思想史论》，人民出版社 1985 年版。

梁启超：《先秦政治思想史》，天津古籍出版社 2003 年版。

梁涛主编：《中国政治哲学史》第一卷，中国人民大学出版社 2017 年版。

刘泽华：《中国政治思想史集》全 3 卷，人民出版社 2008 年版。

钱穆：《先秦诸子系年》，九州出版社 2011 年版。

任继愈：《墨子与墨学》，商务印书馆 1998 年版。

萨孟武：《中国政治思想史》，东方出版社 2008 年版。

孙晓春：《中国传统政治哲学史论》，江苏人民出版社 2020 年版。

宋宽锋：《先秦政治哲学史论》，中国社会科学出版社 2019 年版。

唐君毅：《中国哲学原论》原道篇，中国社会科学出版社 2006 年版。

萧公权：《中国政治思想史》，新星出版社 2010 年版。

徐复观：《中国人性论史》先秦篇，上海三联书店 2001 年版。

张岱年：《中国哲学大纲》，商务印书馆 2017 年版。

张立文：《中国哲学范畴发展史》人道篇，中国人民大学出版社 1995 年版。

周桂钿：《中国传统政治哲学》，河北人民出版社 2001 年版。

Bryan Van Norden，*Virtue Ethics and Consequentialism in Early Chinese Philosophy*，New York：Cambridge University Press，2012.

Christoph Harbsmeier，*Science and Civilization in China*，*Volume7*，

Part 1: *Language and Logic*，Cambridge：Cambridge University Press，1998.

Steven M. Cahn，*Classics of Western Philosophy*，Indianapolis：Hackett Publishing Company，1995.

C. 政治哲学译著类

［英］戴维·米勒、韦农·波格丹诺：《布莱克维尔政治学百科全书》，邓正来译，中国政法大学出版社 2002 年版。

［美］列奥·施特劳斯：《什么是政治哲学》，李世祥等译，华夏出版社 2011 年版。

［英］乔纳森·沃尔夫：《政治哲学导论》，王涛等译，吉林出版集团有限责任公司 2009 年版。

［美］斯蒂芬·B.斯密什：《政治哲学》，贺晴川译，北京联合出版公司 2015 年版。

［英］亚当·斯威夫特：《政治哲学导论》，佘江涛译，江苏人民出版社 2008 年版。

［古希腊］亚里士多德：《政治学》，吴寿彭译，商务印书馆 2019 年版。

［法］耶夫·西蒙：《权威的性质与功能》，吴彦译，商务印书馆 2015 年版。

D. 研究论文类

晁福林：《春秋时期的鬼神观念及其社会影响》，《历史研究》，1995 年第 5 期。

陈道德：《墨家"兼相爱、交相利"伦理原则的现代价值》，《哲学研究》，2004 年第 11 期。

陈科华：《仁爱与兼爱的辨合》，《学术论坛》，1999年第6期。

陈来：《中国早期政治哲学的三个主题》，《天津社会科学》，2007年第2期。

陈来：《殷商的祭祀宗教与西周的天命信仰》，《中原文化研究》，2014年第2期。

陈来：《从"儒墨不相用"到"儒墨必相用"》，《文史哲》，2021年第4期。

陈乔见：《墨家之义道及其伦理精神》，《中原文化研究》，2021年第2期。

陈卫平：《墨子：孔孟之间的重要环节——以古今之辩为中心的考察》，《文史哲》，2021年第4期。

褚丽娟：《晚清传教士——汉学家艾约瑟的墨学思想初探》，《哲学与文化》，2019年第12期。

［比利时］戴卡琳：《墨家"十论"是否代表墨翟的思想？——早期子书中的"十论"标语》，《文史哲》，2014年第5期。

［比利时］戴卡琳：《〈墨子·兼爱〉上、中、下篇是关于兼爱吗？——"爱"范围的不断扩大》（上）（下），《职大学报》，2011年第4、5期。

董平：《"差等之爱"与"博爱"》，《哲学研究》，2015年第3期。

董楚平：《圣字的本义与变义》，《杭州师范大学学报（社会科学版）》，2009年第3期。

董志铁：《墨子的政治哲学思想及其现代启示》，《职大学报》，2012年第6期。

丁为祥：《墨家兼爱观的演变》，《陕西师范大学学报（哲学社会科学版）》，1999 年第 4 期。

高华平：《墨家远源考论——先秦墨家与上古的氏族、部落及国家》，《文史哲》，2022 年第 3 期。

高华平：《墨家对先秦诸子的学术批评》，《文史哲》，2020 年第 5 期。

胡晓明：《争议下的墨家"尚同"之说："民约"还是"专制"？》，《南京师大学报（社会科学版）》，2015 年第 5 期。

黄伟合：《墨子的义利观》，《中国社会科学》，1985 年第 3 期。

黄裕生：《普遍伦理学的出发点：自由个体还是关系角色？》，《中国哲学史》，2003 年第 3 期。

孔德立：《关于墨子"非儒"与孟子"辟墨"》，《北京师范大学学报（社会科学版）》，2009 年第 6 期。

李存山：《仁爱与兼爱异同论》，《文史哲》，2021 年第 4 期。

李建中：《兼性思维与文化基因》，《光明日报》，2020 年 12 月 16 日第 15 版。

李贤中：《墨家的天人关系》，《哲学与文化》，2012 年第 4 期。

梁涛：《不是请回上帝，而是多元一体——中西天人关系之异同》，《江苏行政学院学报》，2016 年第 1 期。

梁涛：《仁学的政治化与政治化的仁学——荀子仁义思想发微》，《哲学研究》，2020 年第 8 期。

刘丰：《"为民父母"与先秦儒家的政治哲学》，《现代哲学》，2019 年第 1 期。

刘清平：《论墨家兼爱观的正当内涵及其现代意义》，《浙江大学学报（人文社会科学版）》，2010 年第 3 期。

林晓媚：《"以义治性"何以可能——墨家人性论新探》，《哲学动态》，2022 年第 3 期。

林振武：《亚里士多德与墨子政治哲学比较研究》，《齐鲁学刊》，2003 年第 5 期。

庞朴：《试析仁义内外之辨》，《文史哲》，2006 年第 5 期。

钱穆：《中国文化对人类未来可有的贡献》，《中国文化》，1991 年第 4 期。

秦彦士：《儒墨会通与中西会通——人类命运共同体的再思考》，《文史哲》，2021 年第 4 期。

施明智：《从"仁"与"兼爱"的差异看中国古代文学中儒显墨微的原因》，《学术月刊》，1997 年第 5 期。

孙中原：《中国逻辑元研究》，《中国人民大学学报》，2005 年第 2 期。

孙中原：《墨学与现代社会》，《人民政协报》，2017 年 4 月 24 日第 11 版。

王新生：《什么是政治哲学？》，《哲学研究》，2014 年第 6 期。

王中江：《权力的正当性基础：早期儒家"民意论"的形态和构成》，《学术月刊》，2021 年第 3 期。

魏义霞：《论墨子"以尚贤使能为政"的政治哲学》，《齐鲁学刊》，2010 年第 1 期。

吴根友、丁铭：《"共同善"视角下墨子"尚同"思想新解》，《哲学动态》，2022 年第 3 期。

吴进安：《墨子政治哲学的政道与治术》，《哲学与文化》，1999 年第 11 期。

武云：《墨家主张专制吗》，《哲学动态》，2022 年第 3 期。

向世陵：《仁爱与博爱》，《哲学动态》，2013 年第 9 期。

徐希燕：《墨子的政治思想研究》，《政治学研究》，2001 年第 4 期。

杨海文：《"本心之明"的遮蔽与唤醒——夷子逃墨归儒的伦理学解读》，《哲学研究》，2019 年第 9 期。

杨建兵：《先秦墨家眼中的人性图景》，《中州学刊》，2014 年第 5 期。

杨武金：《墨家的政治哲学》，《职大学报》，2015 年第 2 期。

杨武金：《儒与墨的殊途与同归》，《文史哲》，2021 年第 4 期。

杨武金：《中西逻辑比较研究》，《哲学与文化》，2010 年第 8 期。

杨泽波：《天志明鬼的形上意义——从天志明鬼看道德学说中形上保证的重要作用》，《哲学研究》，2005 年第 12 期。

曾繁仁：《千年"绝学"的伟大"复兴"——墨学研究的百年回顾与前瞻》，《文史哲》，1999 年第 6 期。

赵威：《试析墨家"天志"正义观的超验性》，《哲学研究》，2017 年第 1 期。

张分田、张鸿：《中国古代"民本思想"内涵与外延刍议》，《西北大学学报（哲学社会科学版）》，2005 年第 1 期。

张斌峰、张晓芒：《新墨学如何可能》，《哲学动态》，1997 年第 12 期。

张继文，高华平：《论墨子"仁义观"——从〈墨子〉中"义"字的原始形体来考察》，《社会科学家》，2012 年第 7 期。

周桂钿：《政治哲学是中国传统哲学的中心》，《哲学研究》，2000 年第 11 期。

周桂钿：《领导干部应从中华文化中汲取哪些政治智慧》，《党建》，2014 年第 3 期。

E. 学位论文类

盖立涛：《墨家仁义政治哲学研究》，中国人民大学博士学位论文，2017 年。

贺更行：《墨子伦理思想研究》，中国人民大学博士学位论文，2002 年。

钱永生：《论墨子思想结构的生成》，首都师范大学博士学位论文，2002 年。

张万强：《墨家辩学"同异生是非"论研究》，中国人民大学博士学位论文，2016 年。

后　记

　　自 2012 年我到中国人民大学跟随杨武金师学习墨学，已经过去10 年了。在这 10 年多一点的时间里，我对墨学经历了一个由懵懂到大致了解再到逐渐热爱的思想历程。当然，在我现今的读书、工作与生活中，墨家的兼爱情怀与任侠气派，对"义"的执着与坚守，及其察类明故的致思方式，也都在一定程度上影响和塑造着我为人处事的态度与作为。我也常对自己说：虽非墨者，但当效墨者言行一二，守不亏人以自利的道义底线，当平等爱人助人。

　　这些年来，我主要学习了墨学中的两个主题。一个是墨家的论辩理论与实践，另一个是墨家的治道主张与政治意识。事实上，这两方面的内容也是近代墨学复兴以来，前贤着墨极多、研思极精的两个主题。前者多被命之为墨家逻辑学说或墨家的逻辑思想，后者则多称作墨家政治哲学或政治思想。而我对这两个主题的学习、了解和思索，也多受惠于前贤的著述与讲述。反过来，我在阅读前贤论墨的过程中也愈加体会到，墨学虽内生于中华传统思想与文化，但也有其能与西学和现代社会相应的一面，真可谓是当今世界的"天下之大器"。

　　墨学立论，既有因时因地因事制宜的"择务而从事"的几变，也有"爱人若爱其身"和不可"亏人以自利"的朴素诫命。墨学的根本精神，则在于"兴天下之利，除天下之害"。但墨家所说的"天下"，非"普天之下莫非王土，率土之滨莫非王臣"的王之

"天下"，而是"国家百姓人民之利"的万民之"天下"。墨家极重"利"，但这"利"却是以牺牲自利而去求天下和万民之大利，也就是去求国家和万民的"众""富""治"。墨家也好"辩"，但这辩并非只是为了逞一时的口舌之快，而是要理性地去"明其故""察其类"和"摹略万物之然，论求群言之比"。窃以为，墨家要追求的无非就是一个大不欺小、强不侮弱、众不欺寡、诈不欺愚、贵不傲贱、富不骄贫、壮不夺老的理想社会。若我们读史阅世，反观自身所处的历史与世界，亦不难发现，墨家所求的不也正是我们还在渴求的国际秩序和人际关系吗？无怪乎墨家弟子会说"天下无人，子墨子之言犹在"了。

正所谓"珠玉在前，瓦石难当"，面对诸多前贤论墨力作，我思忖只有多读多学，才可能增进对墨学的稍许"同情之理解"。由此，我在学习的过程中，整理和记录了一些所感所思所得，勉力录以成文。其中，对墨家政治思想的阅读与理解，就延伸为了此小书之所述。坦率地说，我在小书中对墨家政治哲学的理解与叙述，还有许多值得进一步思考的问题与主题，但受学时和能力所限，也就只能大略呈现为当前这个状态了，不足之处，敬请批评指正！

墨子在劝学时说："何以视人，不强为之。"作为学习墨学的末学后进，或也应当秉持这种"强为"的学思践悟态度，不断增益对墨学、对世间和对生命的体知与理知，并在积极学习、传承和弘扬墨学的过程中，不断求得心之坚贞、念之坚定和行之坚强了。

小书的写作与出版，得到了不少老师和同仁的鼓励、支持与帮助。我首先要感谢杨武金老师多年如一日的教导、指正与提携，没有他当年的收列门墙，就断没有我识解墨学的殊胜机缘。同时，我还要感谢李波、程橙、汪楠等诸位同门的多次学术讨论与情谊。其次，我还要感谢西安电子科技大学人文学院的诸多同仁，尤其是张蓬老师等诸多哲学系师友的鞭策、扶助与鼓励。再次，我还要特别感谢我的前同事、现中国计量大学人文学院教授朱锋刚兄对我的多年关爱与督促，以及为本书出版所作的耐心的牵线搭桥工作。此外，我还要感谢本书责编陈明晓老师的专业与细心校对，她的诸多中肯建议减去了小书中的一些不适当之处。最后，本书的出版受到了西安电子科技大学人文学院"智慧社会视域下的人文学科发展研究"和"墨家政治思想中的若干核心概念研究"（ZYTS23118）等项目的部分经费资助，在此也一并致谢！

张万强

2022 年 9 月 26 日于终南山下